英语教学与思维培养研究

李志坤　龚明星　著

华中师范大学出版社

新出图证（鄂）字 10 号

图书在版编目（CIP）数据

英语教学与思维培养研究/李志坤，龚明星著．—武汉：华中师范大学出版社，2022.4

ISBN 978-7-5622-9645-4

Ⅰ．①英…　Ⅱ．①李…　②龚…　Ⅲ．①英语课—教学研究—中学　Ⅳ．①G633.412

中国版本图书馆 CIP 数据核字（2021）第 270920 号

英语教学与思维培养研究

© 李志坤　龚明星　著

编辑室：高等教育分社　**电话**：027-67867364

责任编辑：刘满元　**责任校对**：肖绪旭　**封面设计**：胡　灿

出版发行：华中师范大学出版社

社址：湖北省武汉市洪山区珞喻路 152 号　**邮编**：430079

销售电话：027-67861549

网址：http://press.ccnu.edu.cn　**电子信箱**：press@mail.ccnu.edu.cn

印刷：武汉市籍缘印刷厂　**督印**：刘　敏

开本：710mm×1000mm　1/16　**印张**：17.5

版次：2022 年 4 月第 1 版　**印次**：2022 年 4 月第 1 次印刷

字数：290 千字　**定价**：68.00 元

序

思之建维

一切有机体，凡有脑皆可思，但无维之思只是生物性的思，不是人类行为层面的思。所以，建构其本质性维度的思，才是人类意义的思。

如何建构思之维，尤其是深度之维、本质之维、批评之维，需要学习。李志坤教授经年探索研究，形成诸多理论发现与有效实践路径，著为一卷，以辨析思维体系、穷究思维教育本质、探索英语教育路径为体，以转型英语课堂、深化英语教育、培养英语人才为用，既富真知，更具灼见。当阅读之，学习之，实践之。

是为小序。

鲁子问
中国民族师范教育研究中心主任
教育部英语新课标研制组核心成员
教授、博士生导师

前 言

本书研究中国文化背景与语境下英语教学与思维的关系，以及探讨如何在英语教学实践过程中培养学生的思维能力。本研究是同名湖北省社科基金课题项目，属基础研究与应用研究相结合的跨学科、综合性研究，涉及思维科学、语言学、教育学、人才学、教学法等多个学科，具有较好的理论价值和应用价值。

源于对英语教学的执着和热爱，以及对研究英语教学的浓厚兴趣，早在本课题开始之前的十多年时间里，笔者就已开展了零散、有效、与时俱进的教改实验，为本课题积累了大量研究素材，比如部分教学案例和教师专题培训。从早期的个人教学摸索、理论学习、团队教改实践，到后来外出学习观摩、大范围问卷调查与访谈，再到最后总结提升、著书立说和课堂验证，历时近二十年。本研究瞄准世界前沿，立足中国国情，开展从实践到理论再到实践的教学和研究工作。研究目标是理清英语教学中语言、文化、思维之间的关系，以及英语教学中隐含的思维方式和能力要素，通过解剖真实教学案例，推进英语教学中学生思维能力的培养。

本研究也是典型的从实践上升到理论，再回到实践、指导实践、服务实践的课题类型。本书所研究的英语教学包含基础教育和高等教育（大学公共英语和专业英语）等广义的英语教学；思维范畴包含抽象（逻辑）思维、形象（直观）思维、灵感（顿悟）思维、创造（创新）性思维和批判（思辨）性思维五个类别的思维能力和思维方式，突出创造（创新）性思维和批判（思辨）性思维。

长期以来，国内外学者对外语（含英语）教学中的思维认识不足，研究不足，成果极少。一部分原因是人们对语言、文化与思维究竟是什么关系还存在争议，另一部分原因是外语思维与母语思维究竟如何作用于人类的大脑也存在差异。但是，从孔子的“不愤不启，不悱不发”，“学而不思则罔，思而不学则殆”，到苏格拉底的“助产士发问”，再到杜威的“语文虽不是思想，却为思想所必需，思想可以由之而表达”，“教育的目的是反省思维”，都强调了教学过程中思考与思维的重要性。杜威 20 世纪初首次提出批判性思维（critical thinking），但直到八十年代才得以广泛研究、探索和发展。批判性思维的基本要素是断言（claims）、论题（issues）和论证（arguments），识别、分析和评价这些要素是批判性思维的关键。最近三十年，英、美、加等发达国家纷纷把批判性思维列为高等教育重要目标和任务，认为这是培养全球化时代创新型高端人才的必由之路。国际上从事批判性思维研究与实践，颇具影响力的还有美国学者保罗和加拿大学者希契柯克等，他们都对批判性思维的定义、概念、层级结构、量具开发、测试、评估，以及如何纳入课程和实施教育等做出了自己的贡献。我国的批判性思维研究及教育起步于21世纪。林崇德、谷振诣、武宏志等从心理学、逻辑学和哲学的角度对批判性思维做了较多研究。2003年，北大等高校有了“逻辑与批判性思维”课。2014年，全国第四届高校批判性思维教学研讨会召开，与会者对批判性思维在未来的价值和该课程的必要性达成了共识。最近十年，以批判性思维为契机，全国掀起了新一轮研究思维科学、培养思维能力的高潮。其实，思维科学（noetic science）这一概念早在1931年就由南叶青在《科学与哲学》一文中提出来了。1980年，著名科学家钱学森提出创建思维科学技术部门，并把思维科学的基础科学细分为抽象（逻辑）思维、形象（直观）思维和灵感（顿悟）思维三个部分。思维科学涉及哲学、心理学、逻辑学、生理学、脑科学等多个学科，由于多种原因，在国内外发展比较缓慢。

英语教学在我国历史较短、基础较弱、理念较落后，虽然近年发展迅猛，但目前基本停留在知识传授和技能培训阶段，鲜有上升到文化意识和思维能力的层次。国家层面上，2013年前，我国从基础教育到高等教育，公共英语教学课标或大纲的官方正式文件中，均没有提到过“思维能力”。最接近的术语也只是“学习策略”和“综合应用能力”。近十年，文秋芳、常俊跃等团队从中国大学生外语学习与思辨能力（批判性思维）关系的角度开展了实证研究，证实我国外语类大学生思辨能力较弱的事实及其可能原因，并尝试构建我国自己的大学生思辨能力量具。黄源深、孙有中、徐锦芬、束定芳等也多次倡导加强英语专业学生思辨能力的培养。至此，越来越多的研究者和教师通过开设类似英语演讲和辩论课程，突出批判性思维能力的培养。但是，他们都没有系统论述英语教学可以培养的思维能力，以及如何分门别类地因材施教。

新时代的英语教学要超越知识传授和技能训练，培养以思辨能力为代表的多种思维能力，已成为共识。但目前既缺乏理论研究，又缺乏教学实践。有鉴于此，本研究旨在达到三个目的：一是开展英语教学的思维能力研究，理清语言、文化、思维之间的关系，以及英语教学中隐含的各种思维方式和能力要素；二是精选真实的英语教学案例进行描述，同时进行点评，帮助教师扎实推进教学中学生思维能力的培养；三是开展英语学科教改研究，促其结构转型。以此为突破口，推进教育创新，培养思维严密、眼界开阔的创新型人才。

本书的主要学术思想与观点有三条：

一、我国的英语教学虽然在过去四十多年里进展神速，成效巨大，但也明显存在疏忽思维能力培养的隐患。绝大多数课堂只停留在知识传授、技能培训层面，没有上升到文化意识和思维培养的高度，学生死记硬背，耗时低效，以批判性思维能力为代表的思维能力明显偏弱。这种状况需要引起一线教师、专家学者和社会的关注。

二、英语教学和学习不是简单模仿或机械重复等技能训练，而是与思维能力密切相关的大脑活动。本研究有助于理清语言、文化、思维之间的关系，分析汉语思维及英语思维的异同，以及英语教学中隐含的各种思维方式和能力要素。

三、一个国家的核心实力不是经济实力、军事实力或者工业、农业、商业实力，而是文化与科技实力，尤其是原始创新能力。科技的关键靠人才，尤其是高端人才，而高端人才的核心是具备创造性思维能力。在一个面大、人多、时空广的“全民学英语”的时代，我们的英语教学须及时向培养学生思维能力转变，这包括教学策略、学习策略、教学风格和学习风格的调整。

本书首先强调基础研究，贴近应用。语言与文化及思维关系、思维分类等属基础研究，但在英语教学中进行思维能力的培养属应用研究，因此源于、超越和服务课堂的综合性研究是其特点。由英语改革研究带动其他外语和其他学科教学的改革，深入推进教育创新发展研究，有利于培养更多适合国家需求，特别是“一带一路”倡议和科技发展所急需的创新人才。其次，深入浅出，适于阅读。本书的理论部分涉及语言、文化、思维之间的关系，以及思维科学的定义和分类，内容较深奥，为方便读者理解，笔者用生动的语言讲述了较多故事。再次，大胆原创，超前思维。目前，搜索关键字“英语教学 ＋ 思维培养”，还找不到类似成果的专著。本研究通过大量调研和分析归纳，原创性地提出六种教学风格（娓娓道来说书型、狂风暴雨讲练型、无为而治阅读型、搭台唱戏导演型、满场喝彩演员型、天马行空随性型）和六种学习风格（精耕细作型、博览群书型、大胆表现型、捕捉灵感型、考场杀手型、博采众长型），对英语教学研究是一种突破，并由此提出在“全民学英语”的时代，英语教学须从知识、技能向文化、思维转向，由工具性向人文性转向，由知识向思维转向，这无疑有利于推进英语学科的深度发展。最后，精选案例，操作性强。思维能力和素质教育一样，在现实的学校教育中说起来无比重要，无处不在，但实施起来就变得不痛不痒，若有若无。究其根本，在于缺乏抓手，缺乏示范。本专著的一大亮点就是鲜活的课堂案例。笔者从上千个案例中精选了100多个案例，案例来源广（从普通年轻教师到资深特级教师、知名教授，以及英美外教）、跨度大（从改革开放初期的乡下简陋教室到如今的多媒体教室，历时四十多年）、类型多（从一个个精彩的课堂瞬间到集体智慧的总结提炼）、主题多样（从回顾中国历史，到展望世界未来，再到幽默笑话）、分类齐全（从抽象思维、形象思维、灵感思维到创造性思维和批判性思维）。这些案例经过二次、三次加工，写成了英语版（并经外教审阅）的案例，分门别类，并加上了笔者汉语版的专业解说与点评。解说与点评有感而发，涉及文化、思维、教学法以及时事，可谓不拘一格。解说与点评可能不尽全面，但亦是一种大胆的尝试，可供一线教师参考。

诚然，英语教学与思维培养是一个广阔而深邃的领域，需要更多有识之士携手同行，共同努力。所幸，我们已经出发了。

目　录

第一章 绪 论

第一节 缘 起

你知道外语的起源吗？对，你知道外语，而不是英语或者法语的起源吗？换言之，你知道英语或者法语作为非本族人学习和使用的外语，是什么时候、什么地点、如何开始的吗？这不是一个简单的语言问题，而更多地是一个历史、经贸、军事、外交和文化的问题。笔者没有仔细研究英国、美国等英语国家历史和文化的详细进程，也没有准确查阅这些国家的邻邦、友邦和敌国与之交往的历史进程，因此，无法知道英语作为非本族人的外语起源的诸多疑问。

但是，外语的起源，无论是中国人学英语，还是英国人学汉语，都与各民族各国间的交流、沟通、学习、发展，抑或相互竞争、相互斗争和相互征服有着千丝万缕的关系。众所周知，美国“9·11事件”之后就及时调整了其高等教育的政策，特别是突出了对阿拉伯语、波斯语和普什图语等小语种的重视。同样，无论是主张“文明冲突论”的西方学者亨廷顿（代表作为《文明的冲突与世界秩序的重建》和《变化社会中的政治秩序》），还是主张“天下大同”和“文化自觉”的东方学者费孝通（代表作为《江村经济》《乡土中国》和《十六字箴言》），虽然其观点截然相反，但都同样重视外语的学习和运用。

堪当我国历史上最牛“海归”的玄奘（602—664），也是中国汉传佛教唯识宗创始人，中国历史上家喻户晓的高僧和旅行家，其实也是我国历史上有记载的最早最有名的佛经翻译家。玄奘除了将其行程5万多千米、历时17年、足迹遍布多个国家的丰富多彩的旅行和游学经历写成了颇具学术价值的《大唐西域记》以外，还翻译了佛经75部，并受命将《道德经》翻译成梵文，为古代中印及中亚和南亚文化交流做出了重大贡献。在这里，很显然是中外文化交流的动机促进了玄奘等对外语的学习和掌握，而外语又促成了中外文化的顺利交流和发展。

其实，玄奘及其传奇故事只是中国古代浩荡雄浑的丝绸之路上的一个节点、一束彩带和一颗明珠。当2013年中国发起“一带一路”（“丝绸之路经济带”和“21世纪海上丝绸之路”）倡议时，学界、商界和企业界意识到了外语教育面临的巨大挑战和机遇。同时，大家对玄奘掌握的外语种类之多、听说读写译水平之高、生活外语与学术外语实力之强更加钦佩。

外语，特别是英语，作为一门学科，大规模的发展和繁荣源于三个事件。

一是科学技术与文化教育的长足发展。从16世纪至20世纪，世界科学中心发生了5次大的变迁，即：意大利，约1540年—1610年；英国，约1660年—1730年；法国，约1770年—1830年；德国，约1810年—1920年；美国，约1920年—20世纪末，转移周期大约为70年。美国因是以自动化为主要特征的第三次技术革命和以电子技术广泛运用为标志的第四次产业革命的策源地，而成为世界的科学中心。美国的崛起与其不断地促进科技进步、科技创新和体制创新内在相关。在20世纪以前的大多数历史条件下，科学和技术一直是处在彼此要么部分分离、要么完全分离的状况下向前发展的，而且在智识上和社会学上都是如此。因此，各国科学家和技术人员彼此了解很少，而真正的沟通交流更是寥寥无几。20世纪的重大科学发明以飞机、电视、电脑、因特网等为标志。19世纪开始到20世纪，各国科学家、技术人员和普通民众更关心科学、更关心他人，也更有可能相互学习和取长补短。文化教育也是如此，特别是新闻出版行业直接促进了文化教育的繁荣。科学技术与文化教育的传播、普及与交流发挥了外语的作用，比如翻译，而互联网更是放大了外语（尤其是英语）的功用，将其推向了前所未有的高度。

二是世界强国的更替与其语言推广战略。世界近代史以来的强国，从意大利到英国，再到法国、德国、苏联，以及当今的美国，都有意无意实施了有助于其自身利益的语言推广战略。英法两国间持续到今天的英语、法语之争就是一个典型，不仅仅因为英法百年战争，也不仅仅因为英语、法语太相近却又各有特色，或是“一战”“二战”及欧盟的纠葛，还因为大家都心照不宣：大国强国必须有强势语言相伴随。古人云，欲亡其国，先亡其史，继而云，欲亡其史，先亡其语。正如北美一位印第安酋长说：从前，我们拥有土地，白人拥有《圣经》和枪，现在，我们有了《圣经》，但是我们失去了土地，而白人则拥有了我们的土地，并且依然拥有《圣经》和枪。强势的《圣经》有多种版本。同样，在美国一超独大的世界，英语无疑是其他非英语国家的第一外语。你想参与世界大事，拥有你的话语，就必须学英语讲英语；你想学习世界上最先进的科学技术，了解世界上最新的时尚，就必须学习英语并将它们翻译成母语。但是，英语的全球化也给中国人的汉语和其他民族的母语带来了前所未有的冲击。

三是工业化、全球化与信息化的浪潮及与之相伴的旅游潮、留学潮和移民潮（包括部分难民潮）。如今，每时每刻，我们都可以感受到工业化、全球化与信息化三股浪潮与英语的无孔不入和无所不在。三股浪潮与英语深刻地改变着当今世界，给各个国家与个人带来正面和负面的影响，以及挑战和机遇，而其中最引人瞩目的是旅游潮、留学潮和移民潮。英语越来越成为事实上的全球语言、通用语言和公共语言，个体游客、学生和移民的母语越来越多地成为他人的低频使用外语。在许多输出移民（emigration）和外来移民（immigration）的国际家庭里，外语的使用也成为新常态。

在当前，甚至未来十到二三十年的中国，学英语，会英语，意味着实力、时尚、前言，也意味着工作机会、薪酬提升、生活多样。

一位名叫沃克（Jay Walker）的美国人在一篇题为“英语狂热（English Mania）”的 TED 演讲中将当今世界有一种学英语的过度而异化的狂热归咎为：不是因为美国有意促成，而是全世界都在推波助澜（Not because America is pulling it，but because the world is pushing it）！

这么多人在学英语，这么多人在教英语。如何学得有效？学得高效？教得有效？教得高效？教学者或者教育者清楚哪些该教必教吗？

一个世纪以前，美国著名心理学家、哲学家、教育家杜威在其经典教育哲学著作《思维与教学》（*How We Think*）中有这样一些精彩而深刻、至今仍发人深省的文字：“思维的价值在于使行动有目的，使预防和发明有可能，使事物的意义更丰富。”

兽类遇着下雨，身体受着刺激，便往洞里跑。人类能思维，看到可以将要下雨的事实，就会依着预期，采取适当的行动。凡播种、施肥、收获，都是有意的动作，都非现在经验中认取其所预兆的价值者不能为，非能思维者不能为。哲人们常用“大自然之书”“大自然之语”等比喻。对于一个会思维的人，事物是过去的记录，例如从化石中可以发现地球的远古史，从天体的位置可以预测很远的日食。莎翁（Shakespeare）诗里所谓“树中有舌，溪中有书”（tongues in trees，books in the running brooks），正写出了一个能思维的人所能加于事物的意义。

教育的目的是反省思维（reflective thinking）。反省思维不是碰巧出现的“心中的闪念”，也不是头脑中的任意想象，更不是无法言说的神秘境界，而是具有教育意义的“最好的思维方式”，是指对某个问题进行反复的、严肃的和持续不断的深思。反省思维包含“感觉问题所在，观察各方面的情况，提出假定的结论并进行推理，积极地进行实验的检验”等五个步骤。任何思维的两端都是疑难的情境和确定的情境，思维就在这两端间进行着。两端之间，思维有以下五个形态（也称“思维五步”）：①暗示（suggestions）；②问题（problem）；③臆说或假设（hypothesis）；④推理（reasoning）；⑤试证或检验（testing）。但这五个阶段的顺序不是固定不变的，“思维五步”在每一阶段均可展开。

教课要达到什么目的呢？有三项：①教课要刺激理智的热忱、学问的爱好——这主要是情绪上的态度。②学问的兴趣已引起了，照着它的程度，教课要引导这兴趣使人进入理智工作的轨道，好像我们引导河流，使之于发生动力运转机器的轨道一样。③教课要帮助儿童组织理智的所获，检验它的质和量，试验所有的态度习惯，而保证它们将来的效用。

在人类文明史上，中国的孔子（公元前551年—公元前479年）与古希腊的苏格拉底（公元前469年—公元前399年）的名字穿越了几千年的历史长河，至今仍在熠熠闪光，令人景仰。他们分别是古代中国和古代希腊教育思想史上极为重要的文化巨人，其思想是中西方教育和文化的基础与源泉。因其在政治理想和教育思想上有很多惊人的相似之处，同时也都对当地及世界文化、教育事业有着重大的影响，因此人们常把孔子称作“东方的苏格拉底”，而把苏格拉底称作“西方的孔子”。令人惊诧和意味深长的是，二者都主张培养治国人才与构建理想社会的教育目的，有教无类、兼容并包的教育对象，以及启发式教学的教育方法。当然，孔子所主张的“不愤不启，不悱不发”（《论语·述而》）和“学而不思则罔，思而不学则殆”（《论语·为政》）有别于苏格拉底的“助产士发问”。孔子采取的方式是通过交流引导，使学生自悟。在教学中，或直接回答学生的提问，或采用反诘的方式鼓励、启发学生通过思考自己去寻找答案，或与学生展开讨论，共同寻求结论，而且根据学生的个性特点因材施教。而苏格拉底则是通过逻辑推理，使学生因势利导地明白自己的错误，从而认识真理。苏格拉底习惯且擅用的是问答法，他根据不同的对象、时间、地点、场合，灵活机动地进行教学，课堂变化无穷，妙趣横生，机智善辩，容易使各种学生饱含学习的热情。

吾教故吾思。我思故我在。

第二节　思维与语言教学

思维与语言的关系是语言学家、人类学家、心理学家、哲学家、教育家、神经科学家，甚至是人工智能专家关注的问题，但迄今为止还没有一个公认的、毫无争议的和无懈可击的说法。苏联著名心理学家维果斯基（Lev Vygotsky）认为，关于思维和语言的关系，主要存在两种观点：一种是以柏拉图（Plato）、华生（Watson）为代表所主张的“等同说”（identification，fusion）；另一种是以皮亚杰（Piaget）、格赖斯（Grice）和塞尔（Searle）为代表所主张的“分离说”（disjunction，segregation）。与“等同说”相似的还有两个理论：美国语言学家萨皮尔及其弟子沃尔夫的“萨皮尔-沃尔夫假说”，即“语言决定论”；苏联心理学家鲁利亚（Luriya）的“思维依赖语言论”。

我国外语教育家、心理语言学家桂诗春（2000）指出：“语言的起源与思维并非同时。从种系发展与个体发展来看，语言发展中存在非思维阶段，思维发展中存在非语言阶段。但是语言和思维一经产生后却又常常相互作用和影响，互相推进和制约。在很多情况下，语言和思维直接联系，但也确实存在语言和思维分离的生理和心理现象。”因此，思维可以分为语言思维和非语言思维，语言不等于思维，却是思维的主要形式之一。思维先于语言，大于语言，快于语言。

在全球化到来之前和全球化初期，英语作为一门外语，包括语言知识、语言技能、文化与思维四样东西，依次包含以下四个阶段：先学英语的语言与文化知识，再学英语的听说读写译五种技能，然后才是英美文化和中国文化背景之上的跨文化交流意识，最后才是英语语言（知识与技能）与文化的思维。

笔者有幸结识三位朋友，都是教英语的，还都教得不错。

第一位是典型的无为而治型。课堂内外，他都要求多听多读多写，熟能生巧。对于学生和家长的各种疑问，他都答曰：英语是我们的外语，不要问那么多为什么，惯用法，无解。少见多怪，多见少怪，模仿成习惯，习惯成自然。

第二位是高效的快刀斩乱麻型。他教学生记单词就是典型的“单词三部曲”：一读（老师带读、学生跟读）、二背（反复背拼写、背意义、背词性和背例句，背到滚瓜烂熟）、三写（每次每个单词抄写五遍，错一次罚抄十遍，错两次罚抄一百遍，错三次罚抄一千遍）；教语法也是“语法三部曲”：一背（背诵经他理解清理出来的具有中国特色的语法规则）、二讲（让学生讲出自己理解的语法规则中的道理，讲不出来就向老师提问）、三做（做大量的强化作业，主要是翻译、造句和选择题）。

第三位是活泼的表演示范型。年轻、漂亮、活泼、大方，而且嗓门大，声音又好，加上才思敏捷，这位朋友特别善于在学生面前表演和示范，夸张的单词发音、流利的情景配音、地道的英语歌曲，甚至即兴演讲和现场作文等，手到擒来，词到口张，把英语的神韵和魅力表现得淋漓尽致。“女神”“犀利姐”和“学霸才女”都是众多学生粉丝送给这位老师的雅号。每当老师到场之前，教室里早已座无虚席，鸦雀无声，当老师上完课后，学生还陶醉其中，久久不肯离去。

想想，以上三位教师朋友是否教了以上四样东西？分别到了哪个阶段呢？

想想，英语教学与学科素养、教学策略、教学风格、学习策略以及学习风格又是什么关系呢？在以记忆、模仿、操练为主的英语教学中有必要开展思维培养吗？

前些年网上有一个“三个苹果改变了世界”的段子：世界上最著名的水果是什么？苹果！因为有三个最著名的苹果改变了世界！第一个是圣经中亚当和夏娃吃掉的那个苹果（改变了地球上的世界）。第二个是砸在牛顿头上的苹果（改变了物理界）。第三个是乔布斯手中被咬了一口的苹果（改变了数码界）。这三个苹果，连同这个段子本身，都是创造性思维的好例子。

这个段子，通过独到的构思和语言勾画出一幅精妙的图画，改变了思维科学界对这个世界的认识。

第三节　本书主要内容

本书是笔者从事英语教学实践和研究的成果三部曲（《英语演讲与修辞》《英语辩论与逻辑》和《英语教学与思维培养研究》）的最后一部。2006 年，我国高校刚刚兴起学习英语演讲的风气，但只有零星学校开设了有关的课程，绝大多数学生只是出于强烈的兴趣爱好在学习和训练。造成这种结果有两个原因：一是专业师资的匮乏，二是教材的紧缺。三年后的 2009 年，在威斯康星大学著名学者、《演讲的艺术》的作者卢卡斯的指导下，笔者的《英语演讲与修辞》应运而生。2012 年，我国有超过 300 所大学开设英语演讲或英语演讲与辩论课程，不少重点中学和外语特色学校也开设了类似选修课，预示着英语演讲与辩论在中国的蓬勃发展。笔者敏感地发觉，英语辩论和英语演讲固然有很多相似之处，但最大和最核心的不同是逻辑。由于历史与文化传统的缘故，中国人相比西方人在逻辑方面明显偏弱（这也是近十年来国人开始强调批判性思维的重要原因），结合英语辩论增强逻辑思维能力无疑是一个一举两得的事情。经过两年的理论思考和教学实践，《英语辩论与逻辑》在2014年问世。几乎是在这本书付梓的同时，笔者就已开始构思《英语教学与思维培养研究》的框架。英语修辞、英语辩论都离不开作为语言的英语（包括语言知识、语言技能及跨文化交流意识），也离不开以逻辑为核心的思维能力。

冷静而客观地观察，中国现在的英语教学虽然进展神速，成效巨大，但也明显存在忽视思维能力培养的巨大隐患，这引起了学界的热烈关注，以及教师们身体力行的实践。

本书第二章“语言、文化与思维”将研究三者复杂而辩证的关系。本章包括作为外语的英语语言、英语文化和英语思维的关系，也包括普通语言、文化和思维的关系，以及语言知识与语言技能的关系。此外，还有如下内容：语言、文化与思维的“三位一体”和“一体两翼”；“语言决定论”与“思维依赖语言论”；最有影响的四个跨文化交际理论：六大价值取向理论（克拉克洪和斯乔贝克）；文化维度理论（霍夫斯塔德）；个体主义—集体主义理论（蔡安迪斯）。

本书第三章“英汉语言对比”将从语音对比、词汇对比、语法及句子对比和语篇与修辞对比四个方面对两种语言进行对比研究，旨在由浅入深、由外而内、由单一到综合的方式比较英汉两种语言的共性与个性。在此基础上，侧重挖掘两种语言深层次的思维属性，以及思维迁移的可行性。

本书第四章“思维能力与分类”将从抽象（逻辑）思维、形象（直观）思维、灵感（顿悟）思维、创造性思维和批判性思维五个类别展开研究，并结合文学艺术、科学技术、管理学、哲学、教育学等学科的例子分析。最后给出培养思维能力的一般性建议。

本书第五章“英语教学、学科素养与思维培养”主要聚焦三个问题：学科素养、个性气质与思维能力的关系，英语教学和英语学习的策略与风格，英语学科素养与思维能力培养研究。

本书第六章“英语教学与思维能力培养实践”立足于笔者长期而丰富的教学实践，以及观摩研究大、中、小学优秀英语教师的教学，提炼出了100

多个案例，写成了英语版，按抽象（逻辑）思维、形象（直观）思维、灵感（顿悟）思维、创造性思维和批判性思维做了分类，并加上了笔者的专业解说与点评。这些案例有教授英语单词、语法、听说、阅读、写作专项技能的，也有谈教学法运用的，更有探讨互联网时代课堂教学的，但都和思维训练的策略和技巧有机融合在一起。这一章将揭示，无论是教授单一的知识或者技能，如单词或听说，还是教授综合技能，如演讲或辩论，思维素养较高的教师都能跳出狭隘的机械记忆圈子，运用适当的策略和方法，培养学生的思维能力。

事实上，富有创造性的英语教师（英语学习者）往往就是善于运用各种思维的成功者。他们既是教得（学得）轻松愉快的舞者，又是教得（学得）高效成功的智者。

智者就是善于思考（thinking）、充满思想（thoughts）的人。

本章小结

很多人在学英语，很多人在教英语。如何学得有效？学得高效？教得有效？教得高效？教学者或者教育者清楚哪些该教必教吗？

研究英语教育的目的是反省。英语作为一门外语，包括语言知识、语言技能、文化与思维四样东西，依次为以下四个阶段：先学英语的语言与文化知识，再学英语的听说读写译五种技能，然后才是英美文化和中国文化背景之上的跨文化交流意识，最后才是英语语言（知识与技能）与文化的思维。

中国现实的英语教学虽然进展神速，成效巨大，但也明显存在忽视思维能力培养的巨大隐患，需要引起学界的热烈关注以及教师们的身体力行。在以上现实状况之下，本书应运而生。本书共分六章，将步步推进，层层深入，由理论到实践，探讨并努力解答以上问题。

第二章　语言、文化与思维

本书第二章“语言、文化与思维”将研究三者复杂而辩证的关系。本章包括作为外语的英语语言、英语文化和英语思维的关系，也包括普通语言、文化和思维的关系，还包括语言知识与语言技能的关系，语言、文化与思维的“三位一体”和“一体两翼”，“语言决定论”与“思维依赖语言论”等最有影响的四个跨文化交际理论。

第一节　语言、文化与思维

语言文字和文化与思想有特殊的关系，需要特殊的讨论。杜威在《思维与教学》（*How We Think*）中认为，关于语言与思想的关系，有三种代表性的说法：①它们是等同的；②语言是思想的外形，虽非思想之必需，而思想必有这外形才能有表著；③语言虽不是思想，却为思想所必需，思想可以由之而表达。杜威本人采用了第三种。

我国著名外语教育家桂诗春先生认为，语言的起源与思维并非同时。在很多情况下，语言和思维直接联系，但也确实存在语言和思维分离的生理和心理现象。著名物理学家唐孝威院士等认为思维可以分为语言思维和非语言思维，语言不等于思维，却是思维的主要形式之一。思维先于语言，大于语言，快于语言。非语言思维主要分形象思维（以意向为特征，建立在视觉印象、听觉印象、嗅觉印象、味觉印象和触觉印象的更直接、更明了、更清晰的思维活动）和副语言思维（如体势语言、身势语言、体态语言、肢体语言等）两大类。语言思维分为自然语言（如英语、汉语等世界上各民族语言）思维、特殊语言（不具备形音义结合特征）思维和形式语言（人工语言，专指构造数学与逻辑学等学科的形式化语言符号系统，如数字、逻辑符号、计算机语言等）思维三大类，其中特殊语言思维还可细分为盲文思维和手语思维。

思维和语言共时层面的关系非常密切，但两者并非是一个事物的两个方面。思维的过程是大脑的信息加工过程，是大脑对概念的处理过程，这当中可以涉及语言，也可以不涉及语言。思维可以脱离语言而独立进行，而语言却不能脱离思维而进行。幼儿在说话前没有语言（无论书面的还是口头的），却是有思维的，聋哑人、音乐人以及保持沉默而处于冥想（思考）中的普通人虽然没有规范的语言，但也是有思维的。而无论是用母语还是外语进行听说读写译活动的人，都是离不开思维的，只有思维的深浅、宽窄和繁简之分，没有有无之分。

语言与文化，自然有着十分密切的关系。早在20世纪20年代，美国语言学家萨皮尔（Sapir Edward，1884—1939）在他的《语言》一书中就指出："语言的背后是有东西的，而且语言不能离开文化而存在。"二者的密切关系体现在以下五个方面：

①文化包含语言。古德诺夫在《文化人类学与语言学》一书中也明确地指出了语言与文化的这种关系，他说："一个社会的语言是该社会的文化的一个方面。语言和文化是部分和整体的关系。""英语并非一个保持较强独立发展特征的语言，而是大量引入其他语言并结合自身的语言实践发展起来的一门语言，英语总是随着社会的发展和人们生活方式的改变而不断变化。"

②文化影响语音。在中国的东北三省，很多老人都会说简单的日语，这与日本对东三省的殖民和侵略有直接的关系。因为殖民统治而进行语言传播的不在少数，很多国家和地区都是以英语为官方语言，但因为各民族发音的特点，语言在传播的时候就呈现出不同的特点。

③文化影响语义。在单一语言当中，很难清晰地看到语言背后的文化含义，但是通过几种语言的对比，文化和语言之间的内在关系便会渐渐明了起来。在汉语里，与"狗"相关的词语多为贬义，如：狗仗人势、狗急跳墙……但是在英语中，与"dog"相关的词语或俗语却有怜悯、褒奖的色彩，如：clever dog（聪明的人），love me，love my dog（爱屋及乌），lucky dog（幸运儿）……再举个实例，在中国文化中，"龙"被视为吉祥、权威的象征，广大华人称自己为"龙的传人"。但在英语中，"dragon"则是指一种会喷火的怪物。"He is a dragon"表示的不是"他是一条真龙"，而是说"他是一个残暴的人"。近年来，"龙"与"dragon"之争已经成为一桩公案。不少中国学者要为龙"正名"，主张在英语中增加"loong"一词来对译汉语中的"龙"。这说明，人们越来越重视文化和语言之间的内在联系，力图从语言上来化解文化间的冲突与隔阂。

④文化影响语用。在语用方面，文化和语言的关系也是紧密的、牢固的。举个实例，从亲属称谓来看，在汉语中，关于姻亲、血亲和辈分都有明

显的区分，如在汉语中，爸爸的弟弟和哥哥，妈妈的兄弟姐妹都有特定的称谓，而英语中，叔叔、伯伯、舅舅、姨夫统称为“uncle”。再如，中国文化讲究长幼有序、尊卑有别，因此在语言上也特别强调尊卑关系。在汉语中，询问老者的年龄必须使用“贵庚”“高寿”一类的词，询问比本身年纪小的或是同辈之人可以使用“你多大年纪?”“你几岁了?”等语句。然而在西方国家，它们的语言当中是没有这种尊卑观念的。在英语中，询问年龄不论老少只有一种方式，即“How old are you?”。

⑤语言是一面镜子，它反映着一个民族的文化，揭示该民族文化的内容。透过一个民族的语言，人们可以了解到该民族文化的独特性。如，罗常培先生在《语言与文化》一书中讲的，我们可以从语源和变迁看过去文化的遗迹，从造词心理看民族的文化程度，从借字看文化的接触，从地名看民族迁徙的踪迹，从姓氏和别号看民族来源和宗教信仰，从亲属称谓看婚姻制度等。

总之，语言与文化一直并将会频繁地双向互动。语言首先是作为交际工具，但它并不是独立存在的，而是与文化构成一个整体。语言与文化相互依赖、相互影响。语言是文化的重要载体，文化对语言有制约作用。人类用语言创造了文化，文化反过来又丰富了语言的表达方式。总之，语言和文化是一对相互影响、相互制约的双向互动关系，语言对文化有影响和制约作用，文化对语言也有影响和制约作用。

一般而言，每一个民族都对其母语和母语背后深厚的文化情深意长，有着一种割舍不了的情结，尤其在特殊时期。读读下面的文字：

我的最后一堂法语课！

我几乎还不会作文呢！我再也不能学法语了！难道这样就算了吗？我从前没好好学习，旷了课去找鸟窝，到萨尔河上去溜冰……想起这些，我多么懊悔！我这些课本，语法啦，历史啦，刚才我还觉得那么讨厌，带着又那么沉重，现在都好像是我的老朋友，舍不得跟它们分手了。还有韩麦尔先生也一样。他就要离开了，我再也不能看见他了！想起这些，我忘了他给我的惩罚，忘了我挨的戒尺。

可怜的人！

…………

接着，韩麦尔先生从这一件事谈到那一件事，谈到法国语言上来了。他说，法国语言是世界上最美的语言，最明白，最精确；又说，我们必须把它记在心里，永远别忘了它，亡了国当了奴隶的人民，只要牢牢记住他们的语言，就好像拿着一把打开监狱大门的钥匙。

…………

屋顶上鸽子咕咕咕咕地低声叫着，我心里想："他们该不会强迫这些鸽子也用德国话唱歌吧!"

…………

忽然教堂的钟敲了十二下。祈祷的钟声也响了。窗外又传来普鲁士兵的号声，他们已经收操了。韩麦尔先生站起来，脸色惨白，我觉得他从来没有这么高大。

"我的朋友们啊，"他说，"我——我——"

但是他哽住了，他说不下去了。

他转身朝着黑板，拿起一支粉笔，使出全身的力量，写了几个大字："法兰西万岁!"

然后他呆在那儿，头靠着墙壁，话也不说，只向我们做了一个手势："放学了，你们走吧。"

这正是法国作家都德的经典名篇《最后一课》。作家通过主人公小弗朗士上最后一堂法语课的见闻感受，描写普鲁士侵略者对沦陷在他们铁蹄下的法国阿尔萨斯省人民进行文化专制，强令学校改教德语的暴行，以及当时人民对祖国的留恋和热爱的心情和强烈的爱国精神。朴实的小说以一个童稚的小学生的自叙和对他的心理活动的描写，刻画了小弗朗士和乡村教师韩麦尔先生的典型形象，真实地反映了法国沦陷区的人民惨遭侵略者统治的痛苦和对祖国的热爱，集中表现了法国人民的爱国主义精神。

众所周知，"To be or not to be，that is a question"是莎士比亚名作《哈姆雷特》著名独白的起始句，也是一句经典名句。这一充满张力的隐喻独白富含多种深层意义，揭示了哈姆雷特的内心活动。其隐喻性超越了通常的"生与死"（生存还是毁灭）的解读，自主性颠覆了自身与任何特定释义的确切联系，而其开放性更标示了悲剧的丰富内涵（蓝仁哲，2001）。不少学者认为，如果把《圣经》除外，这六个字（生存还是毁灭）便是整个世界文学中最有名的六个字。这六个字是哈姆雷特一次喃喃自语时说的，而这六个字也成为莎士比亚作品中最有名的几个字，因为这里哈姆雷特不仅道出了他自己的心声，同时也代表了一切有思想的男男女女的心声：是活还是不活，是要生活还是不要生活，是要生活得丰满充实、兴致勃勃，还是生活得枯燥委琐、贫乏无味。

据笔者所知，虽然中国莎翁的粉丝绝对数众多，但这句经典名言和这个经典命题在中国并没有引起太多太深的关注，因为我们的文化并不太涉及它。儒家思想追求今世今生，讲究这辈子如何成功和活得有意义，佛家及道家关注如何潜心修行和积善成德便可长生不死，都没有对生命本身的意义提出质疑。如果父母看见儿子的日记上写着“活还是不活，这是一个问题”，一定会紧张得不得了，关心其最近是否有自杀倾向。如果一个老师念念不忘“To be or not to be?”同样会令学生惶惶不可终日。

在西方文化中，这个却是哲学上的核心问题。基督教义处处体现出对人生存意义的终极关怀，人在世间是个救赎的过程，人生存的意义在于死后对其一生行为的审判，善者进天堂，恶者进地狱。To be or not to be，又可译为“干还是不干”，对这个命题的思索贯穿于他们对每件事的价值思考。提出这个命题的正是莎士比亚笔下的哈姆雷特。

《哈姆雷特》讲述了青年王子哈姆雷特为父亲复仇，最后与仇人同归于尽的故事。这部剧作是莎士比亚的代表作之一，它把西方对于不可抗拒的命运与个人追求之间的冲突推向了极致，可以说是达到了文艺复兴文学创作的最高峰，同时几乎也是其终点。被命运控制着去做自己不愿意做的事，同时又感无力反抗，哈姆雷特在剧中处处体现了这种悲剧精神。

以下仅就哈姆雷特的几段内心独白谈谈我对哈姆雷特这个形象的看法。剧目一开始，三重打击就同时落到了主人公哈姆雷特身上：父王的猝死，母亲的改嫁，王位的丢失，一下把一个对未来充满美好梦想的年轻王子置于一个不堪的现实，难怪他发出了这样的感叹！

我们普通中国人（以及其他东方人）在学习这句英语的时候绝不会想到那么多文学文化的背景和深层的哲学思辨，但作为研究语言的人或者教授语言的人，这就是必须的了！语言与文化的关系由此可见一斑。单是这句台词究竟该怎么念，就是每一个哈姆雷特演员必须琢磨的问题。但是，一千个人有一千个哈姆雷特。

在2016年4月23日莎士比亚逝世400周年的“Shakespeare Live!”纪念庆典上，演过哈姆雷特的一群英国老戏骨们在台上为“To be or not to be, that is the question”该怎么念吵了起来。虽是6分钟的小节目，却是惊喜不断。演技浮夸的Tim Minchin认为“or”是重点；本尼表示“not”才是；Harriet Walter说应该抒情地读第二个“be”；David Tennant说重音要在“that”上；Rory Kinnear表示，“is”这个音一定要飙得高；Ian爵爷霸气地说“the”最重要；老戏骨Judi Dench说重音要落在“to”上；最后查尔斯王子出现，给出了皇家权威答案——戏都在“question”上。

中央电视台1985年春节联欢晚会上有一首台湾音乐人侯德健的《龙的传人》获得广泛好评。其歌词为："遥远的东方有一条江，它的名字就叫长江；遥远的东方有一条河，它的名字就叫黄河。虽不曾看见长江美，梦里常神游长江水；虽不曾听过黄河壮，澎湃汹涌在梦里。古老的东方有一条龙，它的名字就叫中国；古老的东方有一群人，他们全都是龙的传人。巨龙脚底下我成长，长成以后是龙的传人……"

20多年后，与《龙的传人》相配的一首歌曲是《龙文》。其精彩歌词有："一弹戏牡丹，一挥万重山，一横长城长，一竖字铿锵。一画蝶成双，一撇鹊桥上，一勾游江南，一点茉莉香。洒下床前明月光，上下千年一梦长，古今如一龙凤凰，黑眼黑发真善良。宫商角徵羽，琴棋书画唱；孔雀东南飞，织女会牛郎。深爱这土地，丝路到敦煌，先人是炎黄，子孙血一样……"

歌词概括了中华文明的点点滴滴，书法、古诗词、茗道、戏曲……思绪纷飞与之一起贯穿中华五千年的文化脉搏，自然而然娓娓道来，让人禁不住沉醉于中华文明的璀璨。从大漠敦煌到小桥江南，从丝路驼铃到壮丽三峡，从民间民俗到阳春白雪，从文人墨客到历史传说，一幅幅画卷从眼前掠过，似乎又看到了《牡丹亭》上演时的热闹，看到了《梁祝》化蝶的悲情。歌词所描述的不仅仅是历史风物，还蕴含着几千年来炎黄子孙一脉相承的美德和智慧，山水萌动之间隐匿着黄皮肤、黑眼睛身上特有的真善美，彰显了华夏文明的深邃大气。整首歌词含蓄而刚强别生，描绘的是一个民族的情怀，信手拈来皆是神妙之笔！

论曲调，《龙文》运用了中国特有的五声调式，由宫商角徵羽这五个音符变化而来的旋律古香古色，流淌着龙子之情，是自豪？是怀古？是依恋？……智者见智，每个人都会有不同的理解和感受，总之像是青茶在口，让人回味无穷！在配器上，作者并没有大量运用传统的二胡、古琴等乐器，而是运用弦乐配以钢琴柱式和弦，显得深沉、厚重、内敛。

论演唱，老中青四位歌者也很好地体现了文化传承之意。四位歌者在演唱上大量运用了气声，气断声不断，依恋和不舍的情结在曲调间徘徊荡漾。李谷一的京腔京韵，小虫的古香古色，小柯的朴实无华，谭晶的干净清亮，四人声线的完美结合让整首歌显得不张扬，轻吟浅唱，暗香浮动。副歌部分加入了童声，又让人想起一群顽童背《三字经》的场景。

从语言与文化的关系来看，秦始皇为中华民族，为龙的传人做的巨大贡献莫过于"书同文，车同轨"，而汉武帝做出的最具争议的莫过于"罢黜儒家，独尊儒术"。

第二节　英语、汉语及其文化与思维

我们已经探讨了一般意义上的语言、文化、思维之间的关系，即任何语言与其文化和思维的密切而又复杂的联系。事实上，一门作为母语的语言与作为外语的语言，对应的文化思维关系，则更为错综复杂。恩格斯曾说过，你只有将本族语同其他语言进行比较，才能真正懂得自己的语言。恩格斯还对几门欧洲语言做过精彩比喻：意大利语像和风一样温柔清新，它的词汇犹如最美丽的花园里的白花；西班牙语仿佛林间的清风；葡萄牙语宛若长满鲜花芳草的海边的细浪；法语好似小溪一样湍湍而流，水声悦耳；荷兰语如同烟斗里冒出的一缕香烟，显得多么舒适安逸。

印度国父甘地，则把外语及外国文化和母语及民族文化的关系概括为两句名言：一个外语学得越多越到位的人，越是珍视他（她）的母语，我不希望印度人忘记或忽视他的母语，或者为母语感到羞耻。我希望他用自己的本国语言来思考或表达最杰出的思想。

1922 年，英国哲学家、数学家、历史学家罗素在访问中国之后，写了一篇题为《中西文明比较》的文章，其中有这么一段富含深意的文字：

不同文明之间的交流过去已经多次证明是人类文明发展的里程碑。希腊学习埃及、罗马借鉴希腊、阿拉伯参照罗马帝国、中世纪的欧洲又模仿阿拉伯，而文艺复兴时期的欧洲仿效拜占庭帝国。

至此，我们可以得出三点结论或者启示：

一、学习任何一门外语的同时，必须了解与该语言密不可分的文化。比如，对学英语的中国人而言，必须了解《圣经》、莎士比亚、马克·吐温。对学汉语的英美人而言，必须了解孔子、儒家文化、唐诗宋词、琴棋书画。

二、母语和母语文化是一种文化基因，一种血脉，与生俱来，源远流长。学好外语并不意味着舍弃或者影响母语。辩证地看，母语与外语、母语文化与外语文化、母语思维与外语思维是相辅相成、互为补充、相得益彰的关系。

三、英语、汉语及其文化与思维的关系正好体现了中西文明的三大差别。西方学者马克斯·韦伯曾经说过，欧洲文明有三大特点，即城市性、沿海性和奴隶性。我国学者辜正坤补充了一点，即掠夺性或者好战性。辜正坤认为中国文明正好相反，具有乡村性、内陆性和抗奴隶性。中西文明的差别预示着学好外语（英语或汉语）的必要性和复杂性。当然，学好了一门语言技能及其背后的文化与思维，就会大大丰富我们的“智”(intelligence)。

2016年英国脱欧公投对于英国、欧洲和世界而言都是一个历史性大事件，而对于学英语的中国人而言也是一个不同寻常的事件。欧盟决定或把英语剔除出欧盟官方语言。

一向造词能力很强的英语中出现了一个新词 Brexit 或 Brixit（脱欧），并且一下火了！2012年年初，大家都在讨论希腊退出欧元区的问题，代表这个话题的新词 Grexit 应声出炉，即“希腊退出欧元区”。受此灵感启发，2012年6月，Brixit 由《经济学人》杂志一位专栏作家首创，而 Brexit 则出自民族主义组织“英国抵抗”。2013年1月23日英国首相卡梅伦就是否退出欧盟发表讲话后，这两个词立即广泛传播。Brexit 或 Brixit 的准确解释，就是 British exit or Britain exiting from the EU，翻译为中文即为“英国退出欧盟”。

有趣的是，Brexit（Brixit）已有如下衍生词：

Regrexit （后悔脱离，悔脱）
Brexiter （脱欧派）
Regrexit Day （悔脱日）
Bremain （留欧）
Bremainer （留欧派）

国外社交媒体上甚至兴起了名为“我为脱欧写首诗”＃Write A Poem About Brexit＃的活动，英国人民的创作热情根本停不下来：

Roses Are Red 玫瑰是红的
Violets Are Blue 紫罗兰是蓝的
Went To Vote 你们去投票
Without Knowing What is EU 却不知道欧盟是个嘛玩意儿……

更有趣的是，广大网民（包括中国网民在内的所有关心该事件并善于创新的人士，不论国籍、职业等等）已为英国（UK）、欧盟（EU）及“英国脱欧”(Brexit 或 Brixit）准备好了接续衍生词：

Grexit (Greece ＋ exit) （“希落”）
Italeave (Italy ＋ leave) （“意大离”）
Fruckoff (France ＋ off) （“法客”）
Departugal (Departure ＋ Portugal) （“葡逃牙”）
Czecheout (Czech ＋ out) （“捷帐”）
Slovakout (Slovakia ＋ out) （“斯洛伐客”）

Outstria (Out + Austrial) (“奥地离”)
Finish (Finland + finish) (“芬完”)
Latervia (Later+ Latvia) (“拉脱维亚”)
Byegium (bye + Belgium) (“拜利时”)
Germanlonely (Germany + lonely) (“德一只”)

如此悲观推断，到那时，所有的欧盟国家将会像《太阳报》的这个绝妙标题一样说：See EU later (再见欧洲)。

不过，最具创意的还要数 ScotLond (Scotland + London) (“苏格伦”)。

公投结果公布后，许多苏格兰民众畅想能不能与这次同样多数选择留欧的伦敦一起宣布独立，然后成立一个新的国家“苏格伦”。国外社交媒体上有网友及时发布了一幅漫画，讽刺英国当初想脱欧，现在却悲情挽留苏格兰。

我们可以这样说，能看懂这段调侃英国脱欧创意文字的读者至少具备四个素质：掌握了较好的英语知识、文化和思维；掌握了较好的汉语知识、文化和思维；关注英国及欧盟的渊源及相关背景；有较好的分析、联想、推理、归纳思维能力和较强的幽默感。

我们再看一篇讲述英语单词 Money 一词多义，且涉及很多文化小侧面的文章。

Money has different names! (英语的“钱”有多种称谓!)
In temple or church, it's called donation (捐赠)
In school, it's fee (学费)
In marriage, it's called dowry (嫁妆)
In divorce, alimony (离婚赡养费)
When you owe someone, it's debt (债务)
When you pay the government, it's tax (税金)
In court, it's fines (罚金)
Civil servant retirees, it's pension (退休金)
Employer to workers, it's salary (薪水)
Master to subordinates, it's wages (工资报酬)
To children, it's allowance (零用钱，津贴)
When you borrow from bank, it's loan (贷款)
When you offer after a good service, it's tips (小费)
To kidnappers, it's ransom (赎金)

Illegally received in the name of service，it's bribe（贿赂）

The question is，“When a husband gives to his wife，what do we call it”?

ANSWER：

Money given to your wife is called DUTY（关税；责任），and every man has to do his duty. because wives are not DUTY FREE（免税，免费）.

想必读者都能看懂这篇文章，归纳出大意，并受到些许启发。笔者有三个问题：

（1）你能把文章翻译成汉语吗?

（2）你能掌握英语中 Money 的一词多义吗?

（3）你能在不同的真实场合因地制宜、客随主便地用好 donation（捐赠）、fee（学费）、dowry（嫁妆）、alimony（离婚赡养费）、debt（债务）、tax（税金）、fines（罚金）、pension（退休金）、salary（薪水）、wages（工资报酬）、allowance（零用钱，津贴）、loan（贷款）、tips（小费）、ransom（赎金）、bribe（贿赂）、duty（关税；责任）和 duty free（免税，免费）这些词吗?

三个问题代表了外语学习的三个层次：从语言（包括语言知识和语言技能）到文化，再到思维。

第三节　智识的两翼：语言与思维

美国著名教育家杜威认为，教育的目的是培养反省思维。教育在理智方面的任务，在于培养灵敏、缜密而透彻的思维习惯。传统的学校把学习科目分为三类，即技能科目、知识科目和思维训练科目。但遗憾的是，学校里流行的教育理想就是简单的机械的技能熟练和抽象的知识增加！杜威早在一个多世纪以前（1910 年）就警醒我们，“知识不就是智慧这句老话，是常值得复述的。知识是材料的积累，而智慧是能够引导能力，并且能在生活中改进的知识”。

本书认为，随着科学技术的迅猛发展（特别是互联网技术的普及），全球化对我们生活产生深刻影响，当今教育在理智方面的首要目标应该演变为培养和提升智识（intelligence），即智慧型知识（wise knowledge），或者说“精准智慧＋广泛知识”（intensive wisdom＋extensive knowledge）。由于语言与思维的密切关系（本章前两节已讨论），加上现代通信技术的发展和人们文化水平的提高，语言（母语和外语）的作用愈发彰显。仅以智能手机为例，查收阅读也罢，发送发布也罢，无论母语或者外语，也无论文字或者语音，我们每个人几乎每天都在通过手机运用语言！博观约取等古训在信息时代显得尤为恰当。因此，获得智识的两翼就是：语言与思维。

我们知道，培养适于运用最好的思考或思维方法是态度，主要包括“三心”：①虚心（open-mindedness）。即没有偏见、党见和任何闭塞心思而不愿考虑新问题、新观念的习惯，但虚心不等于“无心”（empty-mindedness）或者“心不在焉”（absent-mindedness）。②全心（whole-heartedness）。凡对于一种事物感到充足的兴趣时，人就会全心全意投入，聚精会神，一心一意，排除一切杂念。③责任心（responsibility）。这一特质与前一种一样，更多地是指理智方面的而不仅仅是道德方面的，它既包括虚心和热忱，也包括责任和信念。

那么，什么是最好的掌握语言（含母语和外语）的方法呢？归纳起来，主要方法有背诵记忆、大量做题、生活交际、培养语感等四种。四种方法各有利弊，也有其特殊历史背景。比如我国古代科举考试和私塾学习就是侧重汉语经典的，因此背诵记忆成为当时的流行学习方式，但显然很呆板，枯燥乏味。再比如，20 世纪 80 年代我国改革开放之后，以英语为代表的外语成为急需而紧缺的语言，学习者众多，但外语教师和学习资源匮乏，大量做题成为必然，效率很高，但应试色彩浓厚，严重忽视了语言技能。仔细审视，我们会发现以上四类方法都没能从思维上加以启发和诱导，让语言学习和教学变成了脱离大脑思维的单纯机械性、记忆性和模仿性活动，阻碍了思维的正常发展。难怪，很多爱思考、爱动手、爱挑战的男生对语言学科的学习既无兴趣也无动力呢！

在全球化的网络时代，互联互通和无所不在是其典型特点。联结主义（connectivism）告诉我们，重要的不是你有多少知识，而是如何通过联结和链接获取知识。网络是个动态的系统，它由类似于神经元的基本单元和结点构成，每个单元都有不同的活性，外部的输入、其他单元的活性传递随着时间的衰减都会使一个单元的静息活性发生动态的改变。联结主义赋予网络以核心性的地位，采纳分布表征和并行加工理论，强调的是网络的并行分布加工，注重的是网络加工的数学基础。20 世纪 80 年代以来，网络取向的联结主义取代了符号取向的认知主义，成为现代认知心理学的理论基础。如果你拥有了智识（intelligence）及其两翼：语言与思维，就会成为“网络达人”，在这个时代游刃有余。

帮助今天的语言教师特别是外语教师成为“有思想”的人，以更多惊疑（wonder）而不只是疑难（doubt/difficulty/problem）或者好奇（curiosity）的方式教会更多学生更多的智识，便是本书的宗旨。古希腊哲学家说过，惊疑是一切科学哲学的创造者。好奇不等于惊疑，但好奇达到了理智的程度，也就是惊疑了。

本章小结

本章介绍了任何语言与其文化和思维都有密切而又复杂的辩证的关系。语言不等于思维，却是思维的主要形式之一。思维可以脱离语言而独立进行，而语言却不能脱离思维而进行。语言与文化一直并将会频繁地双向互动，是一种相互影响、相互制约的双向互动关系，语言对文化有影响有制约，文化对语言也有影响和制约作用。

英语、汉语及其文化与思维也有着密切的关系，学习任何一门外语的同时，必须了解与该语言密不可分的文化。母语与外语、母语文化与外语文化、母语思维与外语思维是相辅相成、互为补充、相得益彰的关系。

当今教育在理智方面的首要目标应该是培养和提升智识（intelligence），即智慧型知识（wise knowledge）。获得智识的两翼就是：语言与思维。

第三章　英汉语言对比

谈到英汉两种语言的对比，我们必然会涉及英语文化（西方文化）和汉语文化（中国文化）的对比，以及英语思维（西方思维）和汉语思维（东方思维）的对比。但是，本章甚至有意放大两种语言内在的切分对比，就像植物学家用显微镜观察两棵树的年轮一样，或者医生用显微镜观察两片肺叶的切片一样，更好地看清、比较和分析它们的共性和个性。按照多数中国学者的观点，我们将从语音、词汇、语法、修辞和语篇五个方面（何善芬等，2002），借助实例进行英汉对比，这也是一种由表及里、由浅入深、由小到大和由简单到复杂的对比顺序。

笔者曾经设想做一个历时 20～30 年的实验：跟踪一对双胞胎，从上小学开始（约 7 岁），一直到大学毕业或者硕士、博士毕业（约 27 岁），再到参加工作和成家立业（约 37 岁）。除了一位学汉语专业、一位学英语专业之外，双胞胎所上学校、居住城市、生活条件甚至从事工作都一样，我想研究的问题是，7 岁的思维方式和能力非常接近的他们，到了 27 岁和 37 岁时有多大区别。换言之，学了英语（外语）和没学英语（外语）究竟在思维上有什么区别。

那么，英语究竟如何影响我们中国人的思维？

第一节　英汉语音对比

语音，即语言之声音，是语言的物质外壳，是语言符号系统的载体。语音是最直接地记录思维活动的符号体系，是语言交际工具的声音形式。语音在语言的音、形、义三个基本属性当中是第一属性，人类的语言首先是以语音的形式形成。语音一般有物理属性、生理属性和社会属性三个属性。本书侧重语音的物理属性，即语音的音高、音强、音长、音色四个要素。西方的语音学（phonetics）研究语音的物质属性，根据言语交际过程可以分为发声语音学、声学语音学、听觉语音学和音位学，音位学也叫音系学（phonology）。而我国研究汉语语音现象之间的相互关系历史悠久，称之为音韵学。中国音韵学就是专门研究汉语语音系统中的声母、韵母的产生、分类，以及它们之间如何互相制约、互相配合、互为补偿的复杂关系的一门科学。

由于英语、汉语是非亲属语言，分属于印欧语系和汉藏语系，二者的语音差异远远大于共性，造成了中国人学英语和英美人学汉语的第一大障碍。但从思维的角度看，则是一大惊喜，有利促进思维的发展。犹如西北游客第一次见到大海，又如珠三角的食客第一次品尝川菜，或者演唱中国民歌的歌手第一次听到西洋歌剧，那种好奇和新鲜一定是难以言表的。而对于互为外语的英语和汉语而言，若老师教得好，学生学得好，则又惊又喜，溢于言表。

下面我们从英语和汉语的元音和辅音、音节和重音、声调和语调，以及节奏四个方面进行简要对比（陈瑞琳等，2007）。

一、元音和辅音

先看元音。英语的元音相当于（但不等于）汉语的韵母。英语有元音20个，汉语有韵母24个，加上整体认读音节16个，分别是：zhi（织），chi（吃），shi（狮），ri（日），zi（字），ci（刺），si（丝），yi（衣），wu（乌），yu（鱼），ye（爷），yue（月），yuan（圆），yin（因），yun（云），ying（鹰），合起来是40个，是英语元音的两倍。但英语单元音有长短之分，汉语没有，发音的音长介于英语长短元音之间。以下有几例：

例1：This is a big fish and it isn't a busy bee. 这是一条大鱼，它不是一只忙碌的蜜蜂。

句中的单词This、is、big、fish、it、busy都发短元音［i］，只有bee发长元音［iː］。而汉语的“大鱼”“蜜蜂”或者其他任何字，除非有特别的语境或者歌唱表演需要，都没有明显拖长或者缩短的发音方式。因此，节奏感也是学英语的国人经常忽略的地方。

例2：bit vs beat，ship vs sheep，sit vs seat，slip vs sleep
fit vs feet，rich vs reach，live vs leave，MIT vs meet
sick vs seek，hit vs heat，pick vs peak，foot vs food，shoot vs cook，etc.

有些元音是某一语言特有的。比如，英语有音素/e/ /æ/ /eə/ /ʊə/ /ɔi/，而汉语没有，汉语有音素ü，而英语没有。

再看辅音。英语的辅音相当于汉语的声母。英语有辅音28个，而汉语声母只有20个，英汉辅音最大的差别是英语中两个辅音可以相连，而汉语不行。有些音是两种语言都有的，但是发音部位有细微差别。比如汉语中的［x］，［q］与英语中的 sh，ch 组合的发音，还有［r］，［h］在两种语言中的发音。

与元音类似，有些辅音是某一语言特有的，英语有而汉语没有，比如：［θ］，［ð］；也有汉语有而英语没有的，比如：zh，ch，sh。

英语单词结尾可以是元音或者辅音，汉语的每个字结尾都一定是韵母。请看：

例 3：Love means never having to say you're sorry. 爱就是永远不必说对不起。

句中的英语单词 love、means、having 的发音都是辅音结尾；而汉语中每个字都是韵母结尾。

这意味着什么呢？汉语的字正腔圆，铿锵有力，掷地有声，便于押韵、朗诵和歌唱（诗歌的民族）。英语的节奏更复杂，重音和语调更突出，转换更多，轻重缓急更丰富。

二、音节和重音

关于音节。英语的音节由韵头（onset）、韵腹（peak）、韵尾（coda）三部分构成，而汉语音节由声母（initial）、韵母（final）、声调（tone）三部分构成。相同的是，英汉音节中的核心一般都是元音，必不可少。英语典型的音节结构有 V、CV、VC、CVC，而汉语的音节结构中，没有 VC 这种类型。汉语中，一般是一个元音一个辅音构成一个音节，而由于英语可以有辅音组合，所以一个音节中，可以有多个辅音，一个音节中，前面最多可以有三个辅音，音节末尾可以有四个辅音，CCCVCCCC 这是英语音节的极限，典型例子如：scrambles。

汉语中，基本上一个字一个音节；英语中，一个单词可以有多个音节，世界上最长的英语单词可能是：honorificabilitudinitatibus，这个单词是由 27 个字母组成的，出现在大文豪莎士比亚的剧本 *Love's Labor's Lost*（《空爱一场》）里。也有人说是 floccinaucinihilipipification，这个单词是由 29 个字母组成的，《牛津英文辞典》里收录有这个单词，意思是"把某事的价值加以抹杀的行为或习惯"。专业字典里能够查到最长的英文单词可能是：pneumonoultramicroscopicsilicovolcanoconiosis（尘肺病），由 45 个英文字母组合而成。

关于重音。英语每个单词都有重音，重音是单词读音的一部分，一般是固定的，不可随意改动。重音的变化可能导致意义的变化，比如 desert，重音在第一个音节是名词，意思是“沙漠”，如果将重音放在第二个音节上，则变成了动词“抛弃”，词性和意义都发生了根本的变化。短语也是这样，hot dog，重音在第一个音节，意思是“热狗”，一种食物，当重音在第二个音节，意思是“热的狗”，是动物而非食物。green house 重音在第一个音节，意思是“温室”或“大棚”，重音在第二个音节，意思是“绿色的房子”。

相比之下，汉语中，单字没有重音，词重音偶尔会造成意义的变化。“大意”这个词，可以是名词，如“段落大意”，也可以做形容词，如“粗心大意”，后一个字轻音。类似的还有“下场”这个词，做动词，如“运动员下场”，做名词，后一个字轻音，如“坏人的下场”。

这意味着什么呢？汉语的单字独立性更强，可塑性强，便于押韵、朗诵和歌唱。英语的节奏更复杂，意群更重要。

三、声调和语调

汉语是一种声调语言（tone language），每个音节都有声调（四声），它以音节或词作为旋律的基本单位。汉语中每个音节都有高低升降的变化，这种变化具有区分词义的功能，如果声调发生了变化，那么词义也会随之变化。

如：“妈”“麻”“马”“骂”四个汉字都是来自同一个音节［mɑ］，但它们的意义却完全不同，它们的区别就在于声调的差异。汉语中整个句子的语调升降起伏的幅度不大，只在句末的最后一个音节上进行调整。

而英语是一种语调语言（intonation language），“语调的变化主要在超音节范围内整体音域的高低升降变化”，亦即其旋律的基本单位通常是短语或句子，而某一个单词不会因为声调的变化而改变词义。例如，good 不管使用升调还是降调读都是同一个意思，而由同样一些单词组成的短语或句子会由于语调的不同而导致话语意义的差别。

总之，汉语是声调语言，制约汉语音高变化与基频模式结构的因素首先是声调，其次是语调。英语是语调语言，没有字调。在英语音高变化及基频模式结构中起决定作用的是语调，其次是重音。因此，以英语为母语的人学汉语时，总感到字调难掌握，更不知道如何处理字调与语调的关系，往往把英语的调型套在汉语的句子上。

四、节奏

汉语是“以音节计时”（syllable-timed）的语言，它的节奏是以“断奏音”（staccato）的方式一个音节一个音节连续出现的。每个音节都有其声调，除少数需要轻读的语气词以外，每个音节都需要几乎相同的时间，清清楚楚地念出来，音节之间的界限比较明显。

而英语被认为是“以重音计时”（stress-timed）的语言，即每个重音所需的时间大致相同，其节奏表现为“连奏音”（legato）的方式，重、轻读音节交替出现，一般说来实词才重读，虚词被弱化。重读音节的相对调值比较高，发音较清晰，发音时间也较长。相反，轻读音节则调值较低，发音含糊、短促，音节与音节之间存在连读、略读、顺、逆和混合同化等发音变化的现象。这就是中国学生感觉英语很难听懂的原因。

上面从元音和辅音、音节和重音、声调和语调、节奏四个方面，详细探讨了英汉语音的异同点。总体来说，汉语中，元音占优势，没有复辅音（辅音组合）。汉字是单音节，没有重音，而英语单词可以是单音节或者多音节，有重音；汉语是声调语言，英语是语调语言；汉语是“以音节计时”的语言，节奏是“断奏音”，而英语是“以重音计时”的语言，节奏是“连奏音”。

英汉语音对比的启示如下：

英汉两种语言的语音差异既源于英美人和中国人在文化传统和地理环境的差异，也源于英美人和中国人在人体生理结构的部分差异。熟悉这种差异，并在学习外语（英语或汉语）时发挥联想，让大脑、肺、喉、口、耳、眼等多种器官协同作战，尽力模仿，才能惟妙惟肖，活灵活现，让语言和思维（形象思维）同步发展。

学会一种崭新的语言，这种语言的语音就会天天敲打你的耳鼓，不断作用于你的感知器官，既在模塑你的语音感知能力模式，也在模塑你的思维模式。天长日久，你就学会了一套用语音来认知这个世界的方式。

辜正坤（2007）把英汉语音的差异在诗歌的运用上分别称为“多元韵式”和“一元多韵”，并认为，英语的多音节词导致押韵较难，故而英美诗人如莎士比亚在创作中经常转韵换韵，英诗显得杂而不乱，而汉字的一元韵式一韵到底，声音单一、响亮，音乐感和艺术感染力更强。不难理解，为什么中国的大量经典传统格律诗（也包括部分辞赋）极易吟唱，妇孺皆知，能流传至今，为什么中国被称为诗的国度。

第二节 英汉词汇对比

英语是以字母为基础的文字，由字母构成的英语单词（除个别字母，如A，I可以独立成词）才是有意义的独立运用的语言单位。汉语是以汉字为基础的文字，单个汉字就有意义，可以独立运用。学界普遍认为，英语主要是拼音文字，而汉字主要是象形文字（是由象形文字转化而来的，属于表意文字），因为汉字悠久的历史造就了六种构造方式，即象形、指事、会意、形声、转注和假借，其中形声字比例最大，象形字最早。

最新富有争议的研究说明，英语的26个字母都是英语中最原始的英文字（如同汉语中的字），是英语中最基本的字，每一个字（现在叫字母）都具有特定的起源意义，且大写与小写表示不同的意义。如大写字母具有静态特性，表示具有相对静止性的事物，如人名、地名等；小写字母具有动态特性，表示某一动作，或某一事物的动态形象。

本节的英汉词汇对比，研究的是英语单词及词组与汉字及词组的构成形式和所指意义，前者为词汇形态学（morphology），后者为词汇语义学(semantics)。

一、词汇形态学

Cruse认为，许多语言中的词通常有两个总特征：词是句子中位置可以移动的最小单位；词是在其组成成分之间不容插入其他成分的最大语言单位。

英语词汇符合第一特征（即位移灵活），例如：

①John saw Jack.

②Jack saw John.

③John (and) Jack saw (each other).

汉语词汇符合第二特征（即组词严密），例如：

①“算盘”与“盘算”。

②“小说”与“小”和“说”。

③“喜欢”与“喜”和“欢”。

事实上，英汉词汇构词法的对比才是词汇形态学的焦点。

英语单词一般分成词根、前缀和后缀三部分，这是其构词法的突出且区别于汉语的特点。在此基础上，英语构词法细分为转化、合成、派生、缩略（截短、缩成）四种类型。下面以act为例，说明英语构词法的变化：

①act 一词有独立的含义和词性，不能再细分，所以是独立的单词；同时它又可作为核心词，与其他前缀或者后缀构成新词，所以也是词根词。

②act 的本意是“行动、执行、表现、表演”，作动词。但后来逐渐也被用作名词，表示“（一种）表现、法令、一幕”等，基本意义未变，只是词性变化了，成为转化词。

③当动词 act 和副词 out 合在一起，组成新词 act-out，就改变了原来的词性，变成了名词，丰富了各自的词意，表示“表演出来的，假装的，非真实的”，成为合成词。

④act 作为高活性词根，加上前缀或后缀，构成大量派生词，比如：

actor　n. 男演员	actress　n. 女演员
action　n. 行动，行为	actable　adj. 能演出的，能行动的
active　adj. 活跃的，积极的	activate　v. 激活
activism　n. 激进主义	activity　n. 活动
inaction　n. 无行动，不活跃	inactive　adj. 不活动的
enact　v. 制定法律，扮演	enactive　adj. 制定法律的
enactment　n. 颁布，扮演	enactor　n. 法律制定者
exact　adj. 精确的，确切的；	v. 强求，索取
exactly　adv. 精确地，完全地	exaction　n. 勒索
exactitude　n. 精确性	exactor　n. 勒索者
react　v. 作出反应	reaction　n. 反应，反作用
reactive　adj. 发动的，反应的	reactor　n. 反应堆
retroactive　adj. 有追溯效力的	transact　v. 做交易
transaction　n. 交易	transactor　n. 经营人，做交易的人

⑤act 本身不能再缩略了，但是 ACT 可以是其他词（组）的缩略词（acronym），比如：ACT 考试，即 American College Testing，美国大学入学考试；ACT 地区，即 Australian Capital Territory，澳洲首都地区新南威尔士州东南部；ACT 理念，即 Academic · Civilian · Technical，笔者所倡导的“学术 · 平民 · 技术”理念。

事实上，英语构词法中有大量的前缀和后缀，这些词缀既使英语单词不断变化，海纳百川，与时俱进，又为英语学习者提供了一条捷径。不过，弄懂弄通这些词缀也是要花大量功夫的，因为一些词缀来自拉丁语或者希腊语，带有异域文化。例如：

1. 表示“否定”的前缀

①dis-加在名词、形容词，动词之前。

disadvantage（缺点），dishonorable（不光彩的），disagree（不同意）。

②in-加在形容词，名词之前。

incorrect（不正确的），inability（无能，无力），inaccurate（不准确的）。

③im-加在字母 m，b，p 之前。

impossible（不顺能的），impolite（不礼貌的），impudence（厚颜无耻）。

2. 表示“前（before)”的前缀

①pre-

preconception（成见），pre-exsiting（先于……而存在的），pre-selection（选举前的），preface（前言）。

②ante-

anteroom（前室，接待室），antecessor（先行者，先驱者）。

③fore-

forehead（前额），foreground（前景），foreman（工头，领班），foresee（预见，先见），foretell（预言）。

3. 后缀

①-ster，-eer，-er（or）意为从事某种职业或参与某种活动的人，如：gangster，songster，engineer，profiteer，teacher，director，professor。

②-ship 意为才能、状态、资格、品质等，如：leadership，friendship，membership，lectureship，sportsmanship。

与英语不同的是，汉语的构词法没有严密的规则，单字构词相对灵活，且多属习惯传承，因此基本没有派生词。

首先，汉语没有明显的词根和词缀之分，一些可称之为词缀的数量也没有英语丰富，且主要是表示名词性的，尤其是人和物件的。比如“子”的用法。

①表示人的身份、称谓及戏称。

妻子、儿子、老子、小子、孩子、孙子、老爷子、太子、好小子、老妈子、嫂子、弟子、男子、女子、娘子、老头子、母子、父子、狗腿子、疯子、瞎子、瘸子、癫子、瘸子、傻子、骗子、叫花子、浪子、呆子、胖子、矮子、瘦子、高个子、矮个子等。

②表示东西物件和人体。

房子、屋子、车子、票子、鼻子、眼珠子、脖子等。

③表示衣服。

裤子、袖子、扣子、带子、帽子等。

④表示家居和工具。

轮子、钳子、起子、桌子、椅子、凳子等。

⑤表示武器。

棍子、枪子、炮子、刀把子、枪杆子等。

⑥表示动物和鸟类。

猴子、兔子、狮子、豹子、驴子、骡子、鸽子、燕子等。

⑦表示蔬菜和水果。

豆子、橘子、柿子、种子、梨子、李子、栗子、桃子、柱子等。

再比如汉语的量词，也可以称一种前缀词，也是习惯沿用，极其特殊。汉语里有很多量词，常见的如“个”“只”，其中有几十个量词在英语里没有对应词，这些量词使得在描述事物时显得丰富多彩。现把它们按功能归类说明，以词组形式出现。

①表示人的量词：“个、位、条”是比较正式客气的用法。

一个人、一个大人、一个小孩、一个女孩、一个工人、一个农民、一个士兵、一个朋友、一位同学、一位老师、一位客人、一位长官、一位代表、一条好汉等。

②表示动物的量词：“只、匹、头、条、峰”。

一只狗、一只鸟、一只猴子、一只鸡、一只老鼠、一只蝴蝶、一匹马、一头牛、一头大象、一头羊、一头驴、一头骡、一条鱼、一条虫、一峰骆驼等。

③表示人和动物器官部位的量词：“个、只、颗、根、张、片、条”。除了“个”和“只”以外，其他大都表示形状。

一个脑子、一颗脑袋、一根头发、一只眼睛、一个鼻子、一张嘴、一片嘴唇、一颗牙齿、一个下巴、一条胳臂、一只手、一个手指头、一条腿、一条尾巴、一颗心等。

④表示植物的量词：“棵、株”。

一棵树、一棵白杨、一棵草、一棵松、一株水稻、一株麦子、一株小草等。

⑤表示水果的量词：“个、粒、根、串”。

一粒（串）葡萄、一根香蕉、一个苹果、一个橘子、一个李子等。

⑥表示植物部位的量词："朵、片、条、颗、粒"。它们大都表示形状。

一朵花、一朵玫瑰、一朵红梅、一片叶子、一条根、一颗种子、一粒米等。

⑦表示食物的量词："顿、份、个、根、片、块、道、根、粒"。

一顿饭、一份早餐、一份西餐、一份点心、一根油条、一个包子、一个馒头、一根鸡腿、一个鸡蛋、一块牛肉、一个三明治、一道菜、一道汤、一片面包、一块蛋糕、一根冰棒、一片饼干、一粒糖果、一根棒棒糖等。

⑧表示餐具的量词："根、把、张"。

一根筷子、一把叉子、一把汤匙、一张餐纸等。

⑨表示家庭用品的量词："张、把、条、只、台、盘、帖、服"。

一张桌子、一把椅子、一条板凳、一条沙发、一张床、一条棉被、一条毛巾、一根火柴、一根蜡烛、一盏灯、一个灯泡、一把牙刷、一条牙线、一块香皂、一块桌布、一块手表、一面镜子、一个脸盆、一个桶、一只桶、一把伞、一条绳子、一部电话、一台电视机、一盘录影带、一根香、一帖膏药、一服药等。

⑩表示穿戴用品和装饰品的量词："件、顶、枚、条、只、副"。

一件衣服、一条裤子、一顶帽子、一条围巾、一只手套、一只鞋、一副眼镜、一副耳环、一枚胸章、一枚戒指等。

⑪表示建筑物的量词："座、条、栋、幢、扇、面、堵、间"。

一座城、一座桥、一条路、一栋房子、一座别墅、一座高楼、一幢楼房、一座塔、一座庙、一扇窗、一扇门、一面墙、一堵墙、一间房等。

⑫表示交通工具的量词："辆、列、架、条、枚、艘"。

一辆车、一辆汽车、一列火车、一架飞机、一条船、一枚火箭、一艘军舰等。

⑬表示工具的量词："把"。

一把锤子、一把锁、一把剪刀等。

⑭表示文具的量词："支、张、块、方、台"。

一支笔、一张纸、一块墨、一方砚台、一台电脑等。

⑮表示文艺作品的量词："封、则、首、篇、道、张、台、个、幅"。

一封信、一则日记、一首诗、一篇文章、一幅照片、一张照片、一幅画、一台戏、一道命令、一首歌、一支曲子、一篇报告、一个字、一个词、一个句子。

⑯表示事件和动作的量词："件、个、顿、场、通、阵"。

一件事、一个事件、一个动作、一通电话、一顿毒打、一顿吵架、一顿臭骂、一场球赛、一场风波、一场战争、一场大火、一个案例、一通报告、一阵骚动、一阵掌声等。

⑰表示武器的量词："把、面、张、发、门、支、枚"。

一把刀、一面盾、一张弓、一支箭、一支枪、一发子弹、一门大炮、一枚炮弹、一枚导弹等。

⑱表示地理天文气候的量词："座、道、条、个、片、轮、朵、阵、颗、场、道"。

一座山、一道梁、一条江、一条河、一个池子、一个湖、一片海、一个月亮、一轮明月、一颗星星、一个太阳、一朵云、一阵风、一场雨、一个响雷、一道闪电等。

其次，现代汉语也在吸收外来词，特别是一些简洁有趣的前缀和后缀。除了我们耳熟能详的"……主义""……意识""……化""……特色""……运动""……工程""……潮（热）"作为后缀词以外，还有当下较热门的"……控"。简言之，在极度喜欢某种东西或人之前就加上"控"字，与加上"癖"或"狂"字很类似。它出自日语"コン（con)"，取英语"complex"（情结）的前一个音节。例如：萝莉控、游戏控、手机控、电脑控、QQ控、微信控、美少年控、御姐控、丝袜控、眼镜控等。

"……控"的出现和流行，正折射了当今社会的文化生活思潮，特别是青少年的时尚。

另外一个热词，受英语影响而产生的前缀词就是"零……"。追根溯源，当代汉语类前缀"零……"的起源也与英语"zero"有关。比如吴光华主编的《汉英大词典》和陆谷孙主编的《英汉大词典》中，就收有大量的专科术语：

零标记（zero flag)、零保持（zero hold)、零电路（zero circuit)、零重力（zero gravity)、零长度（zero length)、零税率（zero rate)、零插入（zero insertion)、零词缀（zero affix)、零域址（zero address)、零电荷（zero charge)、零动量（zero momentum)、零功率（zero power)、零流量（zero delivery)、零排放（zero release)、零动能（zero energy)、零交叉（zero crossing)、零平衡（zero balance)、零频率（zero frequency)、零强度（zero intensity)、零博弈（zero game)、零误差（zero error)、零相关（zero correlation)、零信号（zero signal)、零压缩（zero compression)、零增长（zero growth)、零向量（zero vector)、零质量（zero mass)、零状态（zero condition)、零阻抗(zero impedance),等等。

从构词的角度看,英语的“zero X”大都还是尚未定型的复合式短语,只有少数中间加有“-”的已经趋向凝固,而汉语的“零X”则基本上都已是加缀式单词了。

张道生在《当代新词“零X”词族探微——兼论当代汉语构词方式演化的动因》中认为,从运用的角度看,迄今为止,上述“零X”大都还只在有限的专业范围内流通,并没有进入汉民族共同语,只有“零误差”“零排放”“零增长”“零容忍”“零翻译”“零基础”“零装饰”“零利率”“零伴奏”等词真正进入了当代汉语的通用领域。以“零排放”一词为例,随着人们对环保的重视,其使用率相当高。从社会语言学的角度看,“零X”的广泛流行,除了可以满足人们追求新颖和超常的表达效果的需要,显然还同人们固有的趋利避害心理倾向有关。

类似“零X”构词方式的新前缀词还有“正……”和“负……”,比如“正相关”“正态分布”“正能量”以及“负能量”“负面清单”“负利率”“负增长”。

不难发现,“零”“正”“负”三个字都是典型的数学用语!数学崇尚逻辑,讲究严密,从思维角度看,随着全球化的发展,汉语作为侧重形象思维的语言,不也正在吸收英语的逻辑思维吗?例如,“伪+X”:伪君子、伪科学、伪宗教、伪环保、伪交际、伪时尚、伪牛逼、伪装、伪娘、伪善、伪证、伪作(赝品)。

再次,汉语中的重叠构词法是其独特用法,一般英语不具有。重叠构词法主要是名词、动词、形容词、量词的重叠。例如:星星、欣欣、本本、笨笨、想想、默默、摸摸、陌陌、沫沫、看看、认认真真、马马虎虎、娃哈哈、火辣辣,面面观、娘娘腔、滔滔不绝、源源不断、谆谆教诲、兴致勃勃、大雪纷纷、人才济济、得意洋洋、风度翩翩,以及妈妈、爸爸、姑姑、叔叔等。

以上例子中只有表示人的几个叠词可以有英语的对应词(即便如此,哥哥、弟弟、姐姐、妹妹、叔叔、格格在英语中也没有对应),如:

妈(mum)→妈妈(mummy);爸(dad)→爸爸(daddy);姑(aunt)→姑姑(auntie)。

最后,汉语词汇在复合构词法和缩略构词方面与英语词汇有很多共性。例如(汉英复合词比较):

辛苦的工作→hard-work;工作很卖力→hard-working;心碎→heartbroken；令人心碎→heart-breaking；磨磨嘴皮→pay lip-service（talk the talk）；实实在在地去做→walk the walk；给力→gelivable。

又如（汉英缩略语比较，均取重要的首字或首字母）：

奥委会→IOC；阿联酋→Saudi Arabia；世贸组织→WTO；联合国教科文组织→UNESCO；人大→NPC；政协→CPPCC。

当然，不能按此规律去进行汉英对等，如“长三角”“珠三角”“211 工程”和“985 工程”等，这些带有典型中国文化特色的缩略语就无法套用英语的缩略语。

二、词汇语义学对比

词的表达形式（拼写与读音）和词义（也包括词性）之间有时，只是有时，有某种内在联系，从这些表达形式中可推断出词的意义，这就是词的理据性。词的理据性主要包括语音理据、形态理据、语义理据和文字理据四类。由于英语属字母文字、表音文字，而汉语属象形文字、表意文字，二者在词汇的语义方面相差很大，且对比难度也很大，这里选取有趣的拟声词进行对比。

先看拟声词（onomatopoeia）。有个故事说，一对中国夫妇带着三岁的小孩移民到美国，一年后生了二胎。没多久，妈妈发现，刚学说话时叫的“妈妈”和“爸爸”竟然和第一个小孩一样，带有中国腔！爸爸纳闷，就决定再生第三胎试试看。一年后，结果还是一样，第三个小孩依然说的是带有中国腔的“妈妈”和“爸爸”！于是，夫妇俩决定回中国，生了第四胎，但刚学说话时叫的“妈妈”和“爸爸”竟然和第一个还是一样，只是带有美国腔而已。

这个故事可以从多个侧面探讨：语言是先天的还是后天的？语言有地域特色吗？婴幼儿早期的语言是受父母影响大还是受同伴影响大呢？人类的语言有共性（共同词汇和发音）吗？

事实证明“妈妈”（Mama，Mum，Mummy，Mother，etc.）一词就是人类不同语言的通用词，基本发音大体相同，只是中国腔、美国腔、南方腔、北方腔略有不同。学界认为，“妈妈”（Mama）就是一种特殊的拟声词。

英汉拟声词的共性是真的拟声、似声、像那种声音，但英语拟声词更多的是一个单词，虽然也可能是单音节、双音节或者多音节，但汉语拟声词习惯用叠词或者词组。

英语的拟声词又名象声词，是利用英语中某些单词的发音类似于自然界和人类真实声音的特性而运用的一种辞格。诗歌（含歌词）、散文、小说、新闻、演讲和广告等文学作品都常用拟声辞格烘托气氛，增强表现力。英语拟声其实和汉语象声词有很多相似之处，最常见的莫过于一些动物的叫声和动作声，如：meow（猫叫声）、hiss（蛇动作声）、roar（狮子吼叫声）、toot（火车呜呜跑）、bang（门板梆梆响）、rattle（窗户沙沙开）、crackle（火焰啪啪燃）、babble（泉水潺潺流）、cuckoo（布谷咕咕叫）、murmur（人们窃窃私语）。

最后，我们看几个汉英对照的拟声句子：①观众发出唏嘘，连声喝倒彩。炉子上的茶壶也发出了嗞嗞声。The audience booed and hissed. The teakettle hissed on the stove. ②一闪一闪小星星，我多想知道你是什么呀！Twinkle，twinkle，little star. How I wonder what you are！③炸弹，炸弹，这里成了炸港。嘣，嘣，整个城市完全崩溃了！（这是描述2008年11月印度孟买遭恐怖袭击，泰国曼谷骚乱惨状的句子）Bomb，bomb，this is the bay of bombs. Bang，bang，the city has become bankrupt！

英汉拟声词的对比启示：

英汉拟声词的对比告诉我们，学好这类词汇是不需要死记硬背的，一靠朗读，读出声，读出感情来；二靠联想，依靠形象思维。仔细体会飞禽走兽到底怎么叫，究竟是怎么表达喜怒哀乐的。

三、英汉词汇背后的文化对比

我们接着看源自英汉两种文化背景的引申词。多数文明和文化都有其传承性语言、文字和代表性经典。一般认为，英、美、加、澳等国家的英语经典应该是《圣经》和莎士比亚作品，中华民族的汉语经典则是“经史子集”和“唐诗宋词”。因此，英汉语中都有大量源于这些经典的词汇，富有特定来历和引申意义，不能望文生义。

英语中的apple就是一个典型。首先要澄清，《圣经》里面苹果就是苹果的意思，并不是指亚当和夏娃吃的那果子（So when the woman saw that the tree was good for food，that it was pleasant to the eyes，and a tree desirable to make one wise，she took of its fruit and ate. She also gave to her husband with her，and he ate）。他们吃的那果子是“善恶树”（the tree of the knowledge of good and evil ）上的果子，并不是苹果。当然，《圣经》里的确有不少关于apple的句子，比如：

一句话说得合宜，就如金苹果在银网子里。（箴言25：11）

我的良人在男子中，如同苹果树在树林中，我欢欢喜喜坐在他的荫下，尝他果子的滋味，觉得甘甜。（雅歌2：3）

求你们给我葡萄干增补我力，给我苹果畅快我心，因我思爱成病。（雅歌 2：5）

那靠着良人从旷野上来的是谁呢？我在苹果树下叫醒你，你母亲在那里为你劬劳，生养你的在那里为你劬劳。（雅歌 8：5）

葡萄树枯干，无花果树衰残，石榴树、棕树、苹果树，连田野一切的树木也都枯干；众人的喜乐尽都消灭。（约珥书 1：12）

归纳起来，英语中的 apple 有“欲望”“爱”和“智慧”三种引申意义。故而，英语中常有以下九个典故：

apple of love　（爱情的信物）
apple of one's eye　（掌上明珠）
as American as apple pie　（地道美国式的）
in apple pie order　（井然有序）
apple polish　（讨好，拍马屁）
apple of discord　（祸根，争端）
apples and oranges　（风马牛不相及）
Adam's apple　（喉结）
rotten apple　（害群之马）

“月亮（月）”则是汉语中一个运用非常广、含义非常多，且在诗词中频频出现的意象式词语。月亮可以象征忠诚、守信、美丽、温柔，也可以代表坎坷、遥远、思念、故乡、梦想或者浪漫诗意；月亮既可以是具象的物质世界，也可以是抽象的精神世界。国际汉学界甚至有“不懂月亮就不懂中国诗词，不懂中国文化”的说法。

下面是一组含“月亮（月）”的成语：

峥嵘岁月、日月如梭、披星戴月、花好月圆、海底捞月、吟风咏月、风花雪月、众星捧月、闭月羞花、风清月明、月黑风高、残冬腊月、花前月下、经年累月、月朗风清等。

下面是十首关于“月亮（月）”的中国古诗词：

李白《把酒问月》

青天有月来几时？我今停杯一问之。
人攀明月不可得，月行却与人相随。
皎如飞镜临丹阙，绿烟灭尽清辉发。
但见宵从海上来，宁知晓向云间没。
白兔捣药秋复春，嫦娥孤栖与谁邻？

今人不见古时月，今月曾经照古人。
古人今人若流水，共看明月皆如此。
唯愿当歌对酒时，月光长照金樽里。

张若虚《春江花月夜》(节选)

江畔何人初见月？江月何年初照人？
人生代代无穷已，江月年年只相似。

欧阳修《生查子·元夕》

去年元夜时，花市灯如昼。月上柳梢头，人约黄昏后。
今年元夜时，月与灯依旧。不见去年人，泪满春衫袖。

苏轼《水调歌头》

明月几时有？把酒问青天。不知天上宫阙，今夕是何年。我欲乘风归去，又恐琼楼玉宇，高处不胜寒。起舞弄清影，何似在人间？

转朱阁，低绮户，照无眠。不应有恨，何事长向别时圆？人有悲欢离合，月有阴晴圆缺，此事古难全。但愿人长久，千里共婵娟。

李煜《虞美人》

春花秋月何时了，往事知多少。小楼昨夜又东风，故国不堪回首月明中。

雕栏玉砌应犹在，只是朱颜改。问君能有几多愁，恰似一江春水向东流。

王建《十五夜望月寄杜郎中》

中庭地白树栖鸦，冷露无声湿桂花。
今夜月明人尽望，不知秋思落谁家？

张九龄《望月怀远》(节选)

海上生明月，天涯共此时。
情人怨遥夜，竟夕起相思。

白居易《琵琶行》(节选)

浔阳江头夜送客，枫叶荻花秋瑟瑟。
主人下马客在船，举酒欲饮无管弦。
醉不成欢惨将别，别时茫茫江浸月。
忽闻水上琵琶声，主人忘归客不发。

白居易《暮江吟》

一道残阳铺水中，半江瑟瑟半江红。
可怜九月初三夜，露似珍珠月似弓。

王维《山居秋暝》

空山新雨后，天气晚来秋。
明月松间照，清泉石上流。
竹喧归浣女，莲动下渔舟。
随意春芳歇，王孙自可留。

前面，我们讨论了当苹果遇到月亮时，就像情人节撞上元宵节（只是时间巧合而已）。笔者的一位美国朋友说，英语里的月亮也有些寓意，“每当皓月当空，月圆满庭之时，美国的街头事故率、怀孕概率和犯罪率等等就会上升……”（When there is a Full Moon in the US，we usually have an increase in accidents，pregnancies，crime … something having to do with the moon's gravitational pull on the earth's surface.）。有意思的是，这位朋友还给出了月球对地球引力变化的解释！还是那句话，语言、思维和文化既若即若离，又密切相关。

英汉两种语言关于动物的寓意也有诸多差异。今天，我们来看看英语中的 dog（狗）和汉语中的龙（dragon）两个字的字面意义和文化寓意。

我们中国人若将人比作狗，几乎都是骂人的，比如蝇营狗苟、狗皮膏药、狗嘴里吐不出象牙、狗屁不通、狗急跳墙、狗胆包天等等，但以色列人将人比作狗，却不含骂的意思，而是把狗当作不是同心或者不是本家的外人，仅仅称为外人而已，并不是骂。如果按照中国人的思维去理解这个比喻，那你就会疑惑“耶稣为什么骂人呢”？

如果你仔细读过《圣经》，你会发现这本经典中至少有三种狗。

第一种狗。“俗语说得真不错：‘狗所吐的，它转过来又吃；猪洗净了，又回到泥里去滚。’这话在他们身上正合适。”（彼后 2：22）这种狗是比喻从邪道转正道，然后又从正道返回邪道的人。

第二种狗。“不要把圣物给狗，也不要把你们的珍珠丢在猪前，恐怕它践踏了珍珠，转过来咬你们。”（太 7：6）这种狗是比喻从来没有信过耶稣的，没有尝过主恩的滋味的人。

第三种狗。“他回答说，不好拿儿女的饼，丢给狗吃。妇人说，主啊，不错。但是狗也吃它主人桌子上掉下来的碎渣儿。耶稣说，妇人，你的信心是大的。照你所要的，给你成全了吧。从那时候，他女儿就好了。”（太 15：26～28）这种狗就是愿意接受真道的外邦人。

莎士比亚笔下的“狗”出现很少，但也没有很严重的负面意义。请看两例：

一则来自《李尔王》。“为什么一条狗，一匹马，一只耗子都有生命，而你却没有一丝的呼吸。”（Why should a dog，a horse，a rat，have life，and thou no breath at all?）

二则来自《威尼斯商人》。“世界上有一种人，他们的脸上装出一副心如止水的神气，故意表示他们的冷静，好让人家称赞他们一声智慧深沉，思想渊博；他们的神气之间，好像说，‘我的说话都是纶音天语，我要是一张开嘴唇来，不许有一头狗乱叫！’……我看透这一种人，他们只是因为不说话，博得了智慧的名声；可是我可以确定说一句，要是他们说起话来，听见的人，谁都会骂他们是傻瓜的。”

最后，我们来学一组与狗相关的英语谚语和短语。

短语：

a lucky dog	幸运儿
lead/live a dog's life	过穷困潦倒的日子
not have a dog's chance	毫无机会
top dog	当权派；头儿
treat sb. like a dog	不把某人当人看
a hunting dog	猎犬
a lazy dog	懒汉
a gay dog	一个快乐的人
a dirty dog	下流坯
dog-days	三伏天；无所作为的时期，无精打采的日子
as [like] a dog with two tails	非常开心

be (old) dog at (a thing)	对……有经验；对……很内行
come like a dog at a whistle	一呼即来
teach an old dog new tricks	使守旧的人接受新事物
teach the dog to bark	教狗怎么叫（意指多此一举）

谚语：

A good dog deserves a good bone.	好狗应该啃好骨头，有功者受赏。
A living dog is better than a dead lion.	死狮不如活狗。
A staff [stick] is quickly [soon] found to beat a dog with.	欲加之罪，何患无辞。
An old dog barks not in vain.	老狗不乱吠（老狗一吠，就得小心）。
An old dog will learn no new tricks.	老狗学不了新把戏。
Barking dogs seldom bite.	爱叫的狗不咬人。
Beware of a silent dog and still water.	提防不吠的狗，小心静止的水。
Every dog has his day.	凡人皆有得意日。
Every dog is a lion at home.	狗是百步王，只在门前凶。
Fight dog，fight bear.	打个青红皂白，一决雌雄。
Give a dog a bad [an ill] name (and hang him).	一旦给人加一个坏名声，他就永远洗刷不掉。
It is ill to waken sleeping dogs.	别多事，别惹麻烦。
Love me，love my dog.	爱屋及乌。
Scornful [Hungry] dogs will eat dirty puddings.	饥不择食。
The dog returns to his vomit.	狗回头吃自己吐出来的东西。

大家知道，英语中的“dragon”寓意和汉语中的“龙”很不一样，因此很少有英美人或者有较高英语造诣的中国人把“中国龙”随意翻译成“Chinese Dragon”，而更倾向于说“Chinese Long”。

Dragon 是西方神话中一种强大的生物，外形类似一只长着蝙蝠肉翼的蜥蜴。Dragon 有很多种，生活环境从沙漠到森林，甚至海洋都有分布，习性和颜色也随种类的不同而不同，共通的特点是喜欢财宝，穴居，会喷火。在西方人眼里，dragon 是一种邪恶的生物。在《圣经》中，上帝是创世之主，与上帝作对的恶魔撒旦，曾被称为大龙（the great dragon），因此龙在西方文学中是罪恶的象征，邪恶的代表。《圣经》中所出现的其他邪恶的动物如引诱人犯罪的毒蛇 serpent，吞吐约拿的大鱼 the big fish，其实大部分就是龙的置换。

在西方文学中，龙多是好战、凶悍的代名词，代表了战争的残酷、血腥。西方关于龙的神话传说中，最有名的要算古希腊神话了。在古希腊神话中，较早被提及的龙是与众神之神宙斯作战的龙形巨人，这些龙形巨人是大地女神盖亚与天神乌拉诺斯所生，面目狰狞，须发杂乱，身后拖着一条带鳞的尾巴。龙大多扮演着反抗者角色，但却屡屡被神和英雄击败，甚至沦为被愚弄的对象。德国的《尼伯龙根之歌》是中世纪英雄史诗，同样也是北欧神话的延续，故事中尼德兰王子西格弗里德是位有名的勇士，他也曾杀死毒龙，获得尼伯龙根宝藏。

中国文化中龙的起源，可以追溯到八千年前。原始氏族对周遭的自然物象知之甚少，这样，他们就凭借着猜测，认定有那么一种具有超凡主宰能力的物种，它与降雨息息相关，控制着世界的秩序，而他们又与这种特定的物种有着亲缘关系，因此，他们将这种动物作为本氏族的象征和保护神，并将其取名为龙，遂自称为“龙的传人”。

据古代文献记载，中国有不少氏族曾以龙为图腾，从远古时期黄帝、炎帝的子孙到尧、舜、禹的族人，再到后来的吴国、越国的子民。这些关于龙的神话虽已经过后人的修改和加工，但仍然记载了当时的历史。约公元前26世纪，黄帝和蚩尤在涿鹿掀起大战，传说中，黄帝派出了“应龙”参与对战，应龙是一种掌管风雨、长有翅膀的巨龙。

在中国神话里，龙到底长什么样子，似乎没人能说得清。屈原在《离骚》中写道，“为余驾飞龙兮，杂瑶象以为车，何离心之可用兮，吾将远适以自疏”。庄子在《逍遥游》中写道，神人“不食五谷，吸风饮露，乘云气，御飞龙”。龙在古代人瑰丽的想象中都成为神仙的坐骑，腾云驾雾，被赋予了空灵飘逸的仙家之气。

在宋代，古人明确提出了一个九种图腾构成的龙的形象：“角似鹿、头似驼、眼似兔、项似蛇、腹似蜃、鳞似鱼、爪似鹰、掌似虎、耳似牛。”

唐朝刘禹锡在《陋室铭》中写道：“山不在高，有仙则名。水不在深，有龙则灵。斯是陋室，惟吾德馨。”在这三个排比对偶句中，文人将自己比作龙和仙，即使身居陋室，却心宁气静，怡然自得。“龙与仙”的境界其实正是古代文人难以割舍的情结，一种飘逸洒脱的人生态度。龙在中国文学中也是力量和权势的象征。

熟悉《三国演义》的人都知道，诸葛亮人称“卧龙”，庞统人称“凤雏”，这两个称呼颇值得玩味。古往今来，人们总是用龙、凤喻人中豪杰，被称为龙的人，若无缘生在帝王之家，就往往既才华横溢又品性刚直，有一点怀才不遇又有一点孤芳自赏。所以从本质上来说，龙是既可畏又可亲的。

到了当代，龙的形象可塑性更强，在卡通、电影中扮演着不同的角色。龙在中国的文学作品中出现的概率也极高。

对现代中国人来说，龙的形象更是一种符号、一种意绪、一种血肉相连的情感，“龙的子孙”“龙的传人”这些称谓，常令人们激动、奋发、自豪。龙的文化除了在中华大地上传播承继外，还被海外的华人带到了世界各地，在世界各国的华人居住区或中国城内，最多和最引人注目的饰物仍然是龙，因而，“龙的传人”“龙的国度”也获得了世界的认同。龙是中国人的独特文化创造、观念创造、符号创造。“龙的精神”是中华民族的象征，是中国五千年伟大历史的象征，是崛起的中国人勤劳勇敢、不屈不挠、大胆创造、诚信和谐地立于世界民族之林的精神。

总而言之，在中国，龙是伟大的，因为它得到了所有炎黄子孙的尊敬；龙又是虚无的，因为它只是一种精神，而不是一种物质。在龙的身上，附着中国人的信念，龙是适应国家的出现而被造就的，它也是多元文化的结晶。

最后，我们来学习、欣赏英语中八类关于动物的趣味表达。

①adj. ＋animal expression

eager beaver	干劲十足的人
big bug	大人物
early bird	早起或者早到者
black sheep	害群之马

②n. ＋animal expression

movie bug	电影迷
spring chicken	年轻的少女
iron horse	自行车
sea wolf	海盗
saw horse	锯木架

③-ing＋animal expression

spelling bee	拼字竞赛
sitting duck	容易攻击的对象
fighting cock	好斗的人
willing horse	自愿工作的人

④animal expression+n.

monkey business	不法或不道德的行为
flea market	旧货市场
crocodile tears	假慈悲
lion heart	勇士
calf love	少年时代的恋爱

⑤animal expression+-ed

chicken-hearted	胆小的
hen-pecked	妻管严的
dog-tired	疲劳的

⑥animal expression+animal expression

cock sparrow	公麻雀
hen sparrow	母麻雀
bull elephant	公象
cow whale	母鲸

⑦animal expression-and-animal expression

cat-and-mouse	折磨人的
horse-and-buggy	过时的
cat-and-dog	不和谐的

⑧as+adj. +as+animal expression

as brave as a lion	勇猛如虎
as timid as a hare	胆小如鼠
as hungry as a hawk	如同饿狼
as mute as a fish	噤若寒蝉

毫无疑问,英汉节日文化的对比最为典型的无疑是圣诞节和春节。

在很多年份，从中国春节到西方情人节（注意，不是圣诞节），就这一周，我们习惯于吃吃喝喝，走走逛逛，抢抢红包，搓搓麻将，马不停蹄，通宵达旦，直到嘴腻手软，筋疲力尽，的确很充实也很累。而当我们把中国春节和西方圣诞节两个盛大节日略作比较，我们就能体验到语言与文化的水乳交融，中英文的交相辉映。这正是，一方水土一方人，一桌菜蔬一桌人，一样风物一样情。

历史来源：中国春节源远流长，少说也有两千多年了吧，但无准确的来源说法；圣诞节历史较短，至多五百年，却有专门纪念基督诞生之意，宗教意味更浓。

主要活动：双方均有家庭团圆、走亲访友、豪放购物、盛大狂欢等必备项目。中国春节还有贴对联、放鞭炮（正在衰亡）、看春晚（正在式微）、吃饺子或年糕、收压岁钱或红包（正被网络抢红包逐渐代替）、上坟祭祖、烧香拜佛等特色活动。而圣诞节有去教堂参加仪式、装扮圣诞树、烘烤圣诞蛋糕、点燃圣诞蜡烛、唱圣诞颂歌、亲友交换礼物（圣诞老人给小孩送礼物）等特色活动。

规模影响：时间上看，中国春节时间更久，广义的春节假期包括整个腊月和正月，狭义的春节包括从腊月二十三或二十四（小年）到正月十五（含吃元宵、送花灯、猜灯谜、耍龙灯、舞狮子、逛庙会活动的元宵节）；空间上看，圣诞节至少是约21亿基督徒的节日，绝大多数西方国家的节日，几乎遍布全世界各个角落，而且随着全球化有逐渐扩大之势，因此其范围和影响更大，而春节只限于全世界大约15亿的华人（含国内和国外的），即使加上部分朝鲜、韩国、越南、蒙古等亚洲国家，人口也不超过20亿。

有趣的是，若从文化、文学、文字的角度对比，中国春节的对联文化是没有对手的，它是民俗、宗教、文字学、书法、诗词歌赋和音韵美学等多种中国传统的集大成者。

第三节 英汉语法及句子对比

在全球化和信息化如火如荼的今日中国，“Good good study，day day up.”已几乎家喻户晓，妇孺皆知。事实上，“Good good study，day day up.”已名列十大“洋泾浜英语”榜首！

不是还有“Long time no see.”吗？据说，“好久不见”的英语版大约在19世纪末由大批移民美国的华籍劳工而成了一个美式英语短句。其后，随着英美间商业和海事往来而进入了英式英语的领域。其他同样因此而进入英式英语词汇的洋泾浜英语还有“no can do”（不能做）和“chop chop!”(赶快!)

“Long time no see.”真的是“中式英语”吗？

其实，在1956年的美国电影《热情似火》（*Some Like It Hot*）中，竟然也出现了Long time no see这个短语。1981年Queen在Montreal的“We will rock you”演唱会上，主唱Freddie Mercury就说了这个短语。同样在1991年的电影《末路狂花》中，女主角在汽车旅馆里打电话给男友时，也说了这个短语。毫无根据地将其归为“中式英语”，有误导之嫌。此外，在影片《红潮风暴》中，丹泽尔·华盛顿扮演的上校在和潜艇成员见面时，也说到了此句。在《阿凡达》中，同样出现了“Long time no see”，原句是：What's going on brother，long time no see.

根据《牛津英语词典》，“Long time no see”这一短句最早收录在美国陆军上尉卓尔能（W. F. Drannan）所著的《平原上的三十一年》一书中。根据书中的描述，一名男性印第安人用不太纯熟的英语向旁白员打招呼：“Good mornin. Long time no see you.”（早上好，很久没有见到你了）其中Good mornin为“Good Morning”漏掉尾音“g”的误读。这句对白某种程度上也反映了北美洲原住民对英语特有的运用。

由于“中式英语”特殊魅力或者影响力的强大，“Long time no see”终于在1994年加入了国际标准英语词组的行列。在这些新增加词汇中，“中式英语”贡献了5%至20%，超过任何其他来源。当中国人在自嘲“中式英语”时，说英语的外国人却发起了类似拯救“中式英语”的活动，在这些拥护“中式英语”的外国人眼中，英语字典邂逅中国语法，“中式英语”错得“韵味十足”。

难道在将来，“Good good study”也会登堂入室，老外也会用“day day up”吗？笔者以为，语言自会与时俱进，因时而化；过度净化或者过度强推一种语言，母语也罢，外语也罢，都是徒劳。但是，学习外语是需要对比的，比较、鉴别和熟练运用外语和母语的异同，不仅有利于提高学习效率，而且有助于学到地道的语言。

著名语言学家沈家煊先生曾说，“英语不是汉语”这句话主要是针对中国人学英语而言的，强调英语和汉语的差别，偏重于汉语翻译成英语如何用地道的英语来表达；而从语言学或语言类型学的角度来谈两种语言的差异，强调的是“汉语不是英语”，偏重于英语翻译成汉语如何用地道的汉语来表达。著名古文字学家、语言学家朱德熙曾说过：“特点因比较而显，没有比较就没有特点。”

很显然，语言对比是语言学中应用研究的一种基本方法。在英汉两种语言的对比中，语法毫无疑问是关键之一。作为印欧语系的英语和汉藏语系的汉语，二者语法最本质的区别是：①汉语语法是隐性的，英语语法是显性的。汉语语法虽缺少严格意义的形态变化，但仍然以其内在机制运转着。②汉语语法是柔性的，英语语法是刚性的。英语语法才是真正意义上的成方圆的“规矩”。

我们看三个沈家煊先生的真假汉语例子：

1A. 他对我进行性骚扰。

1B. 他调戏我。

2A. 他是个素食主义者。

2B. 他吃素。

3A. 她嫁了个不理想的丈夫。

3B. 她嫁错了人。

例子中 1A、2A、3A 都是英语化语法的汉语，笔者称之为“假汉语”！

为了更好理解汉语语法的隐性和柔性，我们来看看一位酒鬼的年终总结：

酒好喝

好喝酒

喝酒好

好酒喝

喝好酒

酒喝好！

前面我们谈到了汉英两种语言语法的最大差异是：汉语语法是隐性的，英语语法是显性的；汉语语法是柔性的，英语语法是刚性的。

我们再看一组英语句子，试着将它们翻译成汉语。

He fly a plane.

Fly a plane is easy.

He flies plane.

这应该不难，相信大家的答案基本一致：

他开飞机。

开飞机容易。

他开飞机。

将上面三句回译成英语试试看，答案一定会与原句子不同，而且大家的翻译也会彼此不同。原因何在？上面那组英语句子原本就是典型的汉语语法句子，完全没有考虑英语的显性语法。

我们再看一段美国政治家 Earl Long（1895—1960 年）的精彩文字，试试将其翻译成汉语。

Don't write anything you can phone, don't phone anything you can talk face to face, don't talk anything you can smile, don't smile anything you can wink and don't wink anything you can nod.

翻译成中文如下：

能够在电话里谈的事情千万不要写在白纸上；当面能谈的事情千万不要在电话里说；轻轻一笑能带过去的就千万别唠叨；眨眨眼睛示意一下既然行了，那就不要微笑；点头可以了事的则不必使眼色。

上面的英汉语篇都是难得的佳作，且运用了较高级的语法，即沈家煊（2006）称为"糅合"的句子生成方式，也称论证复合，注意其中 phone，talk，smile，wink，nod 五词的词性和用法。

概括起来，由小到大、由基础到高阶，英汉语法的主要区别有以下五个方面：

第一，英语汉语的基本造句单位不同。英语的基本造句单位是词，一般都有相对固定的用法，汉语则是语素。汉语里的双音词很多是"离合词"或"短语词"，大多可以结合语境灵活使用。汉语的"日月"一词对应的英语是"the sun and the moon"或"time"，汉语的"季节"对应英语的"season"，汉语的"生活"对应英语的"life"或者"live"。英语单词 sun、moon、time、season、life、live 已是有意义的最小造句单位了，但在汉语中"日月""季节"和"生活"都可以继续分解。

更有意思的是，汉语里的双音词和复合词还可以根据语境演绎更多内涵，迸发更大活力，如：

慷慨——别慷我的慨。

放松——你就放你的松吧。

吃醋——拜托，你就别吃我的醋吧！

称职——你称得职，我可称不得职。

结婚/示威——你结你的婚，我示我的威。

学语言学的人也许会把最后两句推理成虽没意义但不乏幽默的句子：

你 quali-得-fy，我 quali-不-fy。

Youmar-your-ry，and I de-my-monstrate.

有时，即便是没有意义的汉语音节也会赋予一个新的诙谐意义，例如：管他是托尔斯太还是托她斯太，他都不是我太太！

第二，动词与名词在英语汉语中的显著差异。相信英语初学者和中级学者都知道英语中最难用好的就是动词和名词，因为它们需要经常规律性和非规律性地变来变去。动词则尤其复杂多变，及物动词、不及物动词、助动词、行为动词、情态动词，动词原形、不定式、过去式、动名词、现在分词、过去分词，以及时态、语态、语气，都是围绕动词“跳舞”，对着动词“打架”。英语中的名词也分可数、不可数、泛称、特指、集合名词、物质名词等等，非常麻烦。举例来说：

Like attracts like. Birds of a feather flock together.

物以类聚，人以群分。

Miss Li missed Mr. Li's class yesterday but missed being caught. Actually, Miss Li doesn't miss either Mr. Li or Mr. Li's class although Mr. Li yesterday, did miss meeting Miss Li and does miss Miss Li very much.

李小姐昨天没上李先生的课，没被发现。其实，李小姐一点都不喜欢李先生和他的课，虽然，李先生昨天没看到李小姐，心里一直很喜欢。

If you were President of South Korea, what would you do with the THAD system?

换作你是韩国总统，你会怎么处理“萨德”系统呢？

第三，“名词动用”和“动词名用”的不对称与隐喻用法。“名词动用”和“动词名用”可以分出程度不同的三个等级，即通常用法、临时用法、词类转变，这样就可以看清楚英语和汉语的异同。

英语句子：

Seeing is believing.

We tead at the victarary.

汉语句子：

笑比哭好。

我也来淑女一下。

根据沈家煊观点，英语里“动词名用”如 Seeing 和 believing 是临时用法，原型动词临时变为非限定形式，而“名词动用”如 tead 是词类转变，名词已经变成动词。汉语里“动词名用”如“笑”和“哭”是通常用法，无需任何词形变化，“名词动用”如“淑女”是临时用法，可以临时像动词一样加动量补语“一下”，但是不像英语那样有 tead 的词形变化，可以不算转变成动词。注意不要忽略英语和汉语的共同点，“动词名用”是较一般的现象，是语法现象，而“名词动用”是较特殊的现象，是修辞现象，这种不对称在两种语言里都存在。

第四，汉语的词类和句法成分的对应关系不如英语整齐。朱德熙先生坚持“词有定类”，不过他认为，在印欧语系里，词类和句法成分之间有一种简单的一一对应关系，如下所示：

名词	主语、宾语
动词	谓语
形容词	定语
副词	状语

而汉语词类和句法成分的关系没有这么整齐，甚至很难对应，为什么呢？因为英语（属印欧语系）的名词、动词和形容词是“分立模式”，少有交叉，而汉语（属汉藏语系）的名词、动词和形容词属“包容模式”，形容词是动词的一个词类，动词又是名词的一个词类，奇怪吧？其实，早在20世纪50年代，北大的高明凯先生就提出了“汉语的实词不分类”的观点！在普通中国人心目中，所谓“动词”都是“名词”，比如：“约”“网聊”“蓝瘦香菇”和“定个小目标”都是新名词儿。

此外，汉语的定语和状语一般前置，而英语的定语从句一般后置，英语的状语，包括状语从句，位置相当灵活。

第五，在构词和造句方面，汉语比英语更多地采用复合法。同时，汉语的“主语”就是“话题”，汉语的“句子”就是“话段”（utterance）。

一般认为，“主语”和“谓语”是句法范畴，“话题”和“说明”是语用范畴。句法范畴比较抽象，语用范畴比较具体。赵元任（1948：35）说，汉语句子的主语“其实就是话题”（literally the subject matter），谓语是对这个话题所作的说明。赵元任（1968/1979：45）在说明汉语里主语、谓语的语法意义时指出，“在汉语里，把主语、谓语当作话题和说明来看待，比较合适”。

Chafe（1976）说，不同的语言有不同性质的话题，英语的话题是句首具有对比性的成分，而汉语的话题是“为后面的断言确立一个空间、时间或人称的框架或范围”。例如：

The pláy，John saw yésterday.	（英语中话题是对比焦点）
星期天大家不上班。	（英语要在“星期天”前加介词）
天空乌云遮日。	（英语要在“天空”前加介词）

我国杰出语言文字学家周有光有句名言，“不要以中国的眼光看世界，要以世界的眼光看中国”。他还说：“中国人用国外的理论研究汉语，成果要对外国人有新的启发才算成果！”

毋庸讳言，英汉比较研究的主要目的当然是为了更快更好地学会两种语言。最新语言研究成果表明，学会两种及以上语言的人，比如英语和汉语，视野更开阔、语言更灵活、思维更理性而冷静！因为，使用外语时会降低表达内容的情感程度。

第四节 英汉语篇与修辞对比

语言学家沈家煊（2017）认为，西方学者提出了两种观点：一种是“离散范畴观”，一种是“连续范畴观”。前者从亚里士多德开始，已延续两千多年，一直在西方语言学界占主流；后者基于认知语言学，诞生较晚，却在中国大行其道。换言之，属于印欧语系的英语属于离散范畴，侧重“分立”，着眼“是”；属于汉藏语系的汉语属于连续范畴，侧重“包含”，着眼“有”。语言学的范畴观不仅关系到语言和文化，而且反映了背后的思维方式和哲学观念。而能反映这种差异的绝不仅仅是单词和句子、词法和句法，更重要的是语篇和修辞。

当代语言学家一般认为，语言跟语言之间总体上没有高低优劣之分，只有各自的长处和短处的差异。英语好在精确和规整，汉语好在单纯和灵活。所以，中国人要学好英语，或者英美人要学好汉语，恰恰应该取长补短。英汉语篇与修辞的对比不仅有利于我们在更高层次上学好英语和汉语，而且能提升文化和思维素养。

一、英语重形合，汉语重意合

所谓“形合”（hypotaxis），就是形式上合适，合得来，没问题，换言之，英语重形合是指语言符号之间有较强的逻辑关系，有时也指对称，有外在的美感。而汉语重“意合”（parataxis），则是指汉语句子主要通过字词的意义连接起来，有时也指汉语的内秀。我们来看看两个经典例句：

例 1：To be or not to be，that is the question.

这是莎士比亚笔下的神句，虽高度抽象，但内涵丰富，毫无疑问形合得体。如何翻成得体的汉语呢？“生存或毁灭？”“是生，还是死？”这里就涉及原句的上下文、文化背景，以及汉语的“意合”考虑了。

我们可以把“to be”译为“苟且偷生”，把“not to be”译为“奋起抗争”。为了简练起见，将“To be，or not to be，that is the question”译为“偷生，还是抗争，这是个问题”，或者“是忍辱偷生，还是一死了之？”

例 2：道可道，非常道；名可名，非常名。

这是老子《道德经》中开篇的两句话，千古名言，言简义丰。如何翻成合乎英语规范的英文呢？显然，信、达、雅是必须遵从的重要原则。

译文一：

The Tao that can be trodden is not the enduring and unchanging Tao. The name that can be named is not the enduring and unchanging name.

译文二：

The divine law may be spoken of,

but it is not the common law.

Things may be named,

but names are not the things.

译文三：

The Word that can be worded is not the Word per se; the Name that can be named is not the Name proper.

以上是中外三位翻译大家（James Legge、许渊冲、赵彦春）的不同风格的译文。笔者在这里不做优劣评判，只是想以此说明，三篇译文风格迥异，但都遵从了英语的"形合"原则。

二、英语化零为整，汉语化整为零；英语常用被动，汉语多用主动

语言学家王力先生指出了英汉篇章的不同特点，以及我们在翻译中需要注意的事项。"化零为整"指中国人用英语创作或者汉译英时应该将汉语的几个意义片段用不同的关联词按照英语的语法关系连接成并列句或者复合句；"化整为零"指英译汉时应把英语中较长的的并列句或者复合句理清语篇的时空排列和逻辑关系，切分意义片段，用结构紧凑的汉语短句译出来。我们看两个例子：

例 1.

汉语原文：

有一些书浅尝即可，有一些可囫囵吞枣，还有一些应该慢慢咀嚼消化。

英语译文：

Some books are to be tasted, others to be swallowed, and some few to be chewed and digested.

和汉语相比，英语多了两个 and；汉语句子不见被动踪迹，英语全是被动：to be tasted, to be swallowed, to be chewed and digested。

例 2.

英语原文：

Tom's mischievous daring, ingenuity, and the sweet innocence of his affection for Becky Thatcher are almost as sure to be studied in American schools today as is the Declaration of Independence.

汉语译文：

汤姆的顽皮勇敢、聪明机灵，以及他对贝基撒彻尔天真可爱的感情，这些几乎与《独立宣言》一样，成为现在美国学校里的必读之物。

和英语的长句相比，很明显，汉语变成了短而多的分句。

三、英语语序变换多，汉语结构较固定

英语语序变换多，汉语结构较固定，举例如下：

例 1.

英语原文：

Let us never negotiate out of fear，but let us never fear to negotiate.

汉语译文：

让我们永不因畏惧而谈判，也永不要畏惧谈判。

例 2.

英语原文：

United，there is little we cannot do in a host of co-operative ventures. Divided，there is little we can do，for we dare not meet a powerful challenge at odds and split asunder.

汉语译文：

只要团结，则在许多合作事业中几乎没有什么是办不到的。倘若分裂，我们则无可作为，因为我们在意见分歧、各行其是的情况下，是不敢应付强大挑战的。

四、英汉两种语言的修辞共性大于个性

令人吃惊而有趣的是，英汉两种语言在修辞方面的共性远远大于其个性。英语中的 rhetoric（言说术），在古希腊语里是“流水”的意思。不管西方所理解的修辞是被定义为说服艺术、良言学（the science of speaking well），还是通过象征手段影响人们的思想、感情、态度、行为的一门实践，它在语言的语意特定表达效果中所发挥的关键作用是不言而喻的。使用修辞格是为了使语言更加生动形象、鲜明突出，或者更加整齐匀称、音调铿锵，加强语言表现力和感染力，达到引起读者丰富联想的效果。修辞方式（格）的本质就是如何艺术而有效地运用语言形式来恰当地表达思想内容。在现代英汉语中，修辞手段均包括声音锤炼、意义锤炼、各种修辞格、篇章修辞等。

英汉两种语言共有不少常用修辞格，如：拟人、比喻、夸张、排比、对

偶、反问、双关、借代等。而有些修辞格则是较能体现汉语特点的，如：紧缩、镶嵌、通感、顶针等；有些则更能体现英语特点，如：头韵、脚韵和半谐音等语音修辞，圣经体、圣经典故等语意修辞。另外，还有些英汉修辞格，由于英汉两种语言在修辞资源、语言习惯、文化意识、审美观念等方面的差异，名称虽相同却存在不少运用区别，如：rhetoric question（设问、修辞问句）、anticlimax（突降）、antithesis（对仗、对偶）。

例 1.

《战狼》（Wolf Warriors）

The Fate of the Furious（《速度与激情》）

只有懂得英汉修辞的人才能完整欣赏 2017 年最流行的电影的标题含义。

例 2.

英语原文：

And so，my fellow Americans，ask not what your country can do for you；ask what you can do for your country.

My fellow citizens of the world，ask not what America will do for you，but what together we can do for the freedom of man.

汉语译文：

所以，同胞们：不要问你们的国家能为你们做些什么，而要问你们能为国家做些什么。

全世界的公民：不要问美国愿为你们做些什么，而应问我们在一起能为人类的自由做些什么。

这两句是美国总统肯尼迪就职演说的名句。英语原句中的圣经体（biblical style）和回环修辞（regression）是很难翻成汉语的。

例 3.

英语原文：

It was the best times. It was the worst times；it was the age of foolishness，it was the age of reason；it was the epoch of belief，it was the epoch of incredulity，it was the season of light；it was the season of darkness；it was the spring of hope，it was the winter of despair. We had everything before us，we had nothing before us，we were all going direct to Heaven，we were all going direct the other way.

汉语译文：

这是最好的时代，这是最糟的时代；

这是理性的时代，这是疑迷的时代；
这是信仰的时代，这是迷茫的时代；
这是希望之春，这是失望之冬；
人们面前拥有一切，人们面前一无所有；
人们由此升入天堂，人们由此坠入地狱。

这是狄更斯名作《双城记》中的经典段落。惊人而有趣的是，英语原文和汉语译文共享了排比、反讽、拟人、对仗、反语、婉曲等众多修辞手段。

本章小结

本章主要分析了英汉之间由语言本身的差异导致的文化和思维方式的不同，并通过大量实例从语音、词汇、语法、修辞及语篇等五个方面比较详尽地对比分析了英汉两种语言之间的共性和个性。这些差异源自地理环境、生理结构、饮食习惯、宗教信仰、文化差异、思维方式等方面，表现在单词读写、遣词造句、修辞手法以及句法篇章等多个方面。

英汉对比，异中求同，同中索异，既能使我们的教学和学习更为高效，又能避免鹦鹉学舌式学习，真正了解语言背后的文化内涵和思维方式。开放包容，取长补短，互惠互利，共存共荣，已成为全球化时代的主旋律。

正如林语堂先生“两脚踏东西文化，一心评宇宙文章”，英语老师也应怀揣如此理想。整体上说，学好汉语对学好英语是一种正迁移、正能量和正相关。

第四章　思维能力与分类

人类自从诞生开始就有思维和语言能力。人们从某些特定的角度对思维及其有关问题进行的探讨，也有很长的历史。20 世纪 50 年代以后，各学科的多层次和横向渗透发展，尤其是计算机科学的诞生，为全面、系统地研究思维现象开辟了新途径，催生了思维科学（noetic science）。我国著名科学家钱学森于 20 世纪 80 年代初提出创建思维科学技术部门，与自然科学、社会科学、数学科学、系统科学、人体科学并列为六大部门，并把思维科学划分为思维科学的基础、思维科学的技术科学和思维科学的工程技术三个层次。他把思维科学的基础科学细分为抽象（逻辑）思维、形象（直观）思维和灵感（顿悟）思维三个组成部分。

21 世纪以来，国内外学界尤其是教育界，为应对全球化、信息化和智能化所带来的人才竞争，越来越重视思维能力的研究和培养。“创造性思维”“批判性思维”等提法日渐成为思维科学的新范畴，受到了包括科学界、教育家在内的各行各业有识之士的重视。令人欣喜的是，关于思维能力的理论研究和实践探讨都取得了前所未有的成果，人类对自己大脑的研究渐趋深入。但随着人工智能（AI）和脑科学的进一步发展，更多关于思维科学的未知部分将会进一步浮出水面。

英语教学在我国历史较短、基础薄弱、理念落后，但也发展迅猛，特别是在改革开放的四十多年中取得了巨大成就。由于学科属性和地域属性，目前的英语教学，从小学、中学到大学，仍基本停留于知识传授和技能培训层面，鲜有上升到文化意识和思维能力的培育层面。业界也常听到“重视思维能力”“培养学生创造性思维和批判性思维能力”的声音，但几乎没有真正付诸系统实践的，更不用说理论成果了。英语教学中的思维训练，“知易行难”和“行易知难”的现象都存在。

本章将对抽象（逻辑）思维、形象（直观）思维、灵感（顿悟）思维、创造性（创新）思维及批判性（思辨）思维的起源、特性及应用领域简要说明和例释。我们将首先探讨思维科学传统意义上的三种思维（图 4.1），然后是现代意义上的两种思维（图 4.2）。

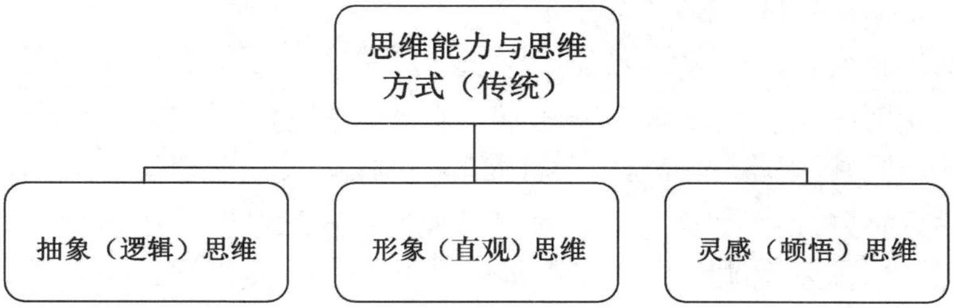

图 4.1　思维能力与思维方式（传统）

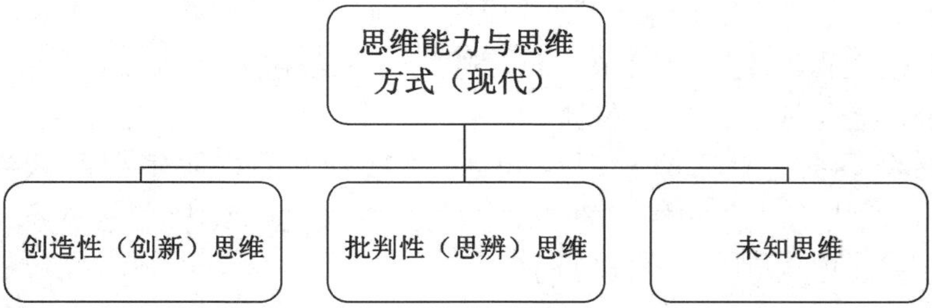

图 4.2　思维能力与思维方式（现代）

第一节　抽象（逻辑）思维

抽象（逻辑）思维（abstract thinking）和形象（直观）思维（imaginal thinking）相对应，是人类最早拥有的思维方式之一，也是人类区别于动物最显著的标志。抽象思维被定义为人们在认识活动中运用概念、判断、推理等思维形式，对客观现实进行间接、概括反映的过程。借助“概念”“判断”“推理”三个关键词，抽象思维广泛存在和运用于人类的生活、学习和工作中。美国著名政治家、物理学家、作家、思想家本杰明·富兰克林有句名言：Early to bed and early to rise，makes a man healthy，wealthy and wise. 翻译过来就是：早睡早起能使人健康、富有、明智。

如何理解“早睡”“早起”“健康”“富有”“明智”的概念？如何判断“早睡”“早起”导致“健康”“富有”“明智”的结论是否正确？你必须运用生活常识、本杰明·富兰克林的背景知识和有关科学原理，而不能盲从。以下是三条理由：

理由 1：长久以来，人们都主张早起早睡。在中国，就有“一日之计在于晨”的谚语。

理由 2：本杰明·富兰克林不仅是政治家、物理学家、作家、思想家，同时也是出版商、印刷商、记者、作家、慈善家，更是杰出的外交家及发明家。他是美国独立战争时重要的领导人之一，参与了多项重要文件的草拟，并曾出任美国驻法国大使，且在美国独立过程中成功取得法国的支持。本杰明·富兰克林曾经进行多项关于电学的实验，并且发明了避雷针，最早提出电荷守恒定律，还发明了双焦点眼镜、蛙鞋等等。他曾被选为英国皇家学会院士，曾是美国首位邮政局长。法国经济学家杜尔哥这样评价富兰克林："他从苍天那里取得了雷电，从暴君那里取得了民权。"

理由 3：根据天文学和生物学原理，地球上的人类作息若能和太阳同步，就能最大程度上获得阳光滋润。遵照一定的生物钟，早睡早起，保证适量的睡眠，就是科学的生活习惯。

2016 年，一公众号有这样一句话："每个人都有属于他所认为的'真相'，都有他认为'应该是'的世界。允许别人的世界与自己有所不同，你的世界就开始变大了!"初看很抽象、很枯燥，但越分析越有道理，越富哲理。原因就是这句话隐含了丰富的哲理，浓缩了精练的逻辑，它源自生活，超越生活，富有哲理。但要看懂，必须运用抽象思维。

此外，"概念""判断""推理"等关键词也是逻辑学的常用术语，抽象思维也称为逻辑思维（logical thinking），意为遵循传统形式逻辑规则的思维方式，是一种确定的，而非模棱两可的；是前后一贯的，而非自相矛盾的；是有条理、有根据的思维方式。也有学者将抽象（逻辑）思维定义为一种透过现象看本质的高级思维方式。

随着人类文明的发展，新学科和新行业的不断涌现，抽象（逻辑）思维变得越来越重要。一般认为，学习或者从事数学、语言学、计算机、心理学、教育学、管理学、哲学、逻辑学、统计学、经济学、理学、工学、法学、医学等专业的人，都必须有较强的抽象（逻辑）思维能力。

第二节　形象（直观）思维

形象（直观）思维（imaginal thinking）和抽象（逻辑）思维相对应，也是人类最早拥有的思维方式之一，是借助人的各种感官感受，如图像、声音、气味、味道、触觉，以及综合体验，用直观形象和表象解决问题的思维。形象（直观）思维是一种直观性认识和想象的思维过程。形象（直观）思维的基本特点是具体且形象。形象思维通常可划分为三种形态：①学龄前儿童（三至六七岁）的思维。只反映同类事物中最普遍的特点，而不是事物所有的本质特点。②成人思维。在接触大量事物的基础上，对表象进行加工的思维。③“艺术思维”。作家、艺术家在创作过程中对大量表象进行高度的分析、综合、抽象、概括，形成典型性形象的过程。

那么如何运用形象（直观）思维来理解富兰克林的名句“Early to bed and early to rise，makes a man healthy，wealthy and wise.”呢？整个分析过程比较复杂，以下列举的两种方法希望能为更好地理解和运用形象思维提供参考：①一幅包含太阳、月亮、一张床、一位体态威武的智者的漫画。②一段介绍富兰克林生平、成就和生活习惯的视频或录音。

与抽象（逻辑）思维类似，随着新学科和新行业的不断涌现，形象（直观）思维的重要性渐趋凸显。其中，与形象（直观）思维相关密切的学科和领域包括文学（文学作品创作与欣赏）、艺术（美术、音乐、建筑、雕塑的创作与欣赏）、文艺表演（表演作品创作与欣赏）、创意产业、动漫产业、娱乐产业、中医、宗教，以及许多其他重大的研究发现与创新等。

那么科学家需要形象（直观）思维吗？答案毫无疑问是肯定的，且形象思维在自然科学界的运用由来已久。阿基米德在澡盆中发现浮力，凯库勒发现苯结构等重大发现都是形象（直观）思维为科学带来巨大启发的经典例子。除此以外，爱因斯坦对他发现的相对论的通俗解释更有趣味：跟一个美女在一起的时间总觉得短，而坐在火炉旁，同样的时间总觉得长。这就是相对论！

再比如，诗人需要形象（直观）思维吗？中国古代以王维为代表的山水画诗人，把诗、书、画融为一体，将形象（直观）思维发挥到了极致。2016年央视的《中国诗词大会》则另辟蹊径，通过看沙画猜诗词的方式，再现了诗词所包含的故事梗概及其所传达刻画的意境，掀起了一轮又一轮的收视高潮。再比如，只要我们想一想，听一听，就不难看出诗歌“日照香炉生紫烟，遥看瀑布挂前川。飞流直下三千尺，疑是银河落九天”的磅礴与壮观，“两个黄鹂鸣翠柳，一行白鹭上青天。窗含西岭千秋雪，门泊东吴万里船”的明快与鲜活，“大漠孤烟直，长河落日圆”的雄浑与壮美，“接天莲叶无穷碧，映日荷花别样红”的绚烂与清新，“明月松间照，清泉石上流”的空灵与静谧。这些无一不是通过形象（直观）思维将诗歌之美展现得淋漓尽致的。

聪颖的耳朵和灵敏的鼻子常常能从《圣经》和莎士比亚那里嗅出点“文学”味来。英美文学界有一种共识，不读《圣经》和莎士比亚的著作就不要学英语。

要学好英语，教好英语，除了文字、文学功底之外，还要上升到“文化”和“文明”的层面。无论是古希腊文明的巴尔干城堡、爱琴海潮汐和“哲人三杰”，还是古代中国纵横捭阖的诸子百家、大汉疆域以及盛唐天下，无论是欧洲的文艺复兴人性奔放的气势，还是中国五四运动的“德先生”和“赛先生”的振聋发聩，一直甚至永远都是我们汲取营养的源泉和感悟智慧的圣殿。每当收看央视直播外交部记者招待会时，笔者都会紧盯两面五星红旗掩映的、以中国为中心的蓝色背景的世界地图，同时回想起在美国访学期间在公寓大堂常见的美国版世界地图的情景：那是美国在世界中间！美国诗评家迈克尔·特鲁教授在谈到他对中国的看法时曾感叹地说：“作为美国人，我也许仍然以美国为中心，但作为地球中央之国的中国比我二十年前所认识到的中国有着更强烈的吸引力。我在中国一年前居住的宿舍的进口处画着一幅世界地图，以中国为中心，表明看待世界的新视角。随着时间的推移，以中国为中心的形象给我越来越深的印象，导致我认为以欧洲为中心的世界观是傲慢的。”

那么，在过去，西方人如何看待中国呢？伊利诺伊大学比较文学教授欧文·奥德尔里奇在生前曾对此著文《西方作品中的慈禧太后：远东的一个刻板印象?》(*Empress Dowager Ci-Xi in Western Fiction：A Stereotype for the Far East？*)，试图这样概括西方人对中国人的看法：

一直到18世纪末，中国在西方被视为一个遥远的、美丽的、快乐和智慧的国度。诗歌、小说和游记夸奖它的哲学、艺术、文学，甚至它的风景。西方对中国的才华和智慧的这种赞美建立在启蒙运动形成的某种一致看法，认为所有的人和所有的社会在才智和审美上相似，异于西方标准的一切习俗和价值观都应当被劝阻。但是，19世纪的商业扩张和竞争造成这个态度发生突然的变化。当西方商人努力地加速他们对中国国内扩张的活动时，他们便加强了中国传统的仇外情绪，这转过来造成西方人猜疑和不信任的浪潮，最终反映在各种文学作品里。然而，西方早期对中国的浪漫看法并没有全部消失，而是与其现实的轻蔑看法并存。这两种看法部分地源于西方观察家本身的感性认识和期待的变化，部分源自中华民族在地理和文化上的多样性及中国民族文化多样性的程度几乎等同于中国民族文化与朝鲜文化或日本文化的区别。不过，一些观察家对这些区别不但熟视无睹，而且把远东文化视为单一现象，一种类似如今在文化理论上有争辩的东方主义的观念。

这就是用形象思维学英语、教英语的生动写照。

第三节 灵感（顿悟）思维

灵感（顿悟）思维（inspirational thinking）是指通过直觉（tuition）而进行的快速、顿悟性的思维。它不是一种简单的逻辑或非逻辑的单向思维运动，而是逻辑性与非逻辑性相统一的理性思维整体过程；也是兼有形象（直观）思维（imaginal thinking）和抽象（逻辑）思维的思维形式。灵感（顿悟）思维的两翼是灵感（inspiration）和顿悟（insight），二者都强调出其不意的创新性和稍纵即逝的瞬间性。我们常说的眼前一亮、豁然开朗、恍然大悟、醍醐灌顶、神来之笔、出奇制胜，以及“忽如一夜春风来，千树万树梨花开”等，都是灵感（顿悟）思维的体现或感受。现代科学研究表明，灵感是大脑的一种特殊技能，是思维发展到高级阶段的产物，是人脑的一种高级感知能力。钱学森说：“不能以为思维仅有逻辑思维和形象思维这两类，还有一类可称为灵感。也就是人在科学和文艺创作的过程中，突然出现的、瞬息即逝的短暂思维过程。它既不是逻辑思维，也不是形象思维，因为这两种思维持续的时间往往比较长，常致使人们废寝忘食。而灵感瞬间即来，转眼即逝。那么，灵感是否是又一种人为可以控制的大脑活动，是否有规律可循?”

灵感（顿悟）思维具有突发性、偶然性、独创性和模糊性四个明显特征。由于灵感（顿悟）思维内在活动的复杂性，比如稍纵即逝，加上人们对它缺乏足够的认识和重视，灵感（顿悟）思维的研究非常有限。迄今为止，“灵感（顿悟）思维的规律”并未真正被发现。但脑科学家、心理学家和教育家普遍认为，灵感（顿悟）思维的一般基础和前提是长久而专注的思考。正所谓“山重水复疑无路，柳暗花明又一村”，“众里寻他千百度，蓦然回首，那人却在，灯火阑珊处”。灵感（顿悟）思维发生的时机多数与正题无关，比较放松，无意追求之时，正所谓，“有心栽花花不开，无意插柳柳成荫”。所以，笔者认为，灵感有一定的规律性，但总体上说，灵感目前还是一种人为无法控制的大脑活动。

虽然我们无法控制大脑的灵感思维，却可以把握万变不离其宗的“宗”（窍门）：多用脑，巧用脑。独立思考和钻研探索，遇事多问几个为什么，多提出几个怎么办，不迷信，勿盲从，避免只用习惯的方法去认识问题，也不能一味迷信专家、权威，而要从客观事实出发，常思考，多探索，积极寻找新方法、新答案、新结论。

下面的故事正是对灵感思维运用的非常鲜活而生动的解读：

故事1：哥伦布与鸡蛋

1492年，哥伦布发现了新大陆。从海上回来，他成了西班牙人民心目中的英雄。国王和王后也把他当作上宾，封他做海军上将。可是有些贵族瞧不起他，他们鼻子一翘，说道："哼，这有什么稀罕？只要坐船出海，谁都会到那块陆地的。"

在一次宴会上，哥伦布又听见有人在讥笑他。"上帝创造世界的时候，不是就创造了海西边的那块陆地了吗？发现，哼，又算得了什么！"哥伦布听了，沉默了好一会儿，忽然从盘子里拿了个鸡蛋，站了起来，提出了一个古怪的问题："女士们，先生们，谁能把这个鸡蛋竖起来？"

鸡蛋从这个人手上传到那个人手上，大家都把鸡蛋扶直了，可是一放手，鸡蛋立刻倒了。最后，鸡蛋回到哥伦布手上，满屋子鸦雀无声，大家都想看他怎样把鸡蛋竖起来。

哥伦布不慌不忙，把鸡蛋的一头在桌上轻轻一敲，敲破了一点儿壳，鸡蛋就稳稳地直立在桌子上了。

"这有什么稀罕？"宾客们又讥笑起哥伦布来了。

"本来就没有什么可稀罕的，"哥伦布说，"可是你们为什么做不到呢？"

宾客们一个个强词夺理："鸡蛋都破了，那算什么呢？"

哥伦布却继续保持不以为意的态度："我在刚开始定条件时，曾有说过不允许把鸡蛋敲破？"

哥伦布离席而去时还留下了一句令人回味的话："我能想到你们想不到的，这就是我胜过你们的地方。"

宾客们一时哑口无言。

哥伦布回应贵族讥讽的方式，以及鸡蛋被立起的方式都可堪称灵感（顿悟）思维的典范。古今中外，唯一能和哥伦布立鸡蛋具有异曲同工之妙的当属诸葛亮的空城计了。当然，诸葛亮的空城计也与创新思维、逆向思维和博弈思维等不无关联。

此外，灵感（顿悟）思维多用于科学研究、创造发明、文学创作、广告策划、市场营销、竞技性活动、军事指挥、风险投资等领域，还可作为个人应对处理突发性事件之用。

学界比较一致的观点是：抽象（逻辑）思维、形象（直观）思维和灵感（顿悟）思维是传统上相对稳定的三种思维方式，也是人类生活、学习和工作上不可或缺的思维武器。三种方式各有利弊，相辅相成。我们在实际运用过程中既要实事求是，尊重科学，又要灵活大胆，取长补短。

德国人喜欢让孩子玩游戏，特别是数字类游戏、下棋、走迷宫、搭积木、玩魔方，给一个故事设计出不同结尾等。还有，德国人的独创：在父母的启发下，让三四岁的孩子在海滨的沙滩上用小木棍画出记忆中的家宅或学校，周边的房屋、花园、商店等也一一清楚地标示出来。这些游戏培养的也主要是抽象（逻辑）思维，因为孩子们需要分析、选择、舍弃和讨论，也需要概念、判断和推理。也许，这就是德国人以思维严密著称于世的重要原因吧。

故事 2：乔布斯和苹果公司

众所周知，苹果手机始终以不断更新的先进技术和唯美而人性化的设计而傲视群雄，广受欢迎。苹果手机的软件设计和主要硬件材料靠抽象（逻辑）思维，但其唯美的设计，特别是“苹果”标志，则是形象（直观）思维的杰作。事实上，乔布斯一直认为自己是个艺术家，他有着浓浓的艺术家的情怀，也允许将这种情怀注入到商业设计中去。因此，苹果系列产品都饱含了乔布斯的设计理念——简约主义、极佳的品味以及对一体化系统的偏爱。此外，他还鼓励人文与科学不分家，他认为人文与科学的这种相交有种魔力，而这种魔力促使了人与苹果的产品产生共鸣。

乔布斯的人生和苹果产品也处处体现着灵感（顿悟）思维的火花，最值得一提的是他的印度之行和瑜伽修行。《重返小王国》里说，一直是佛教徒的乔布斯来到印度后，发现那里十分贫穷落后，并不是某些西方狂热印度崇拜者宣扬的宗教净土，从而萌生出“比起宗教，技术发明和企业也许更能改变世界的想法”。1974 年酷热难耐的夏天让乔布斯对他幻想中的印度产生了许多疑问。他发现印度的真实状况与它神圣的光环之间存在触目惊心的差距。他透过瑜伽导师高深莫测的说教，透过黄色的保健符、印度教的功德、能量、隐士和礼拜桌，明白了一个深刻的道理：“我们找不到一个地方，能呆上一个月，得到醍醐灌顶的顿悟。我生平第一次开始思考，也许托马斯·爱迪生对改变世界作出的贡献，比卡尔·马克思和尼姆·卡洛里·巴巴两个人加起来还要大。”乔布斯的印度之旅给他的震撼，我们无法知晓，正如他那句禅意浓厚的口号“The journey is the reward”一样不能释义。但他回国后，几乎变了一个人，沉默寡言，整天穿着橘黄色的外袍，头发也剃光了。于是，他决定以一种与过去不同的方式重新开始。

故事 3：“给我一个支点，我可以撬起地球。”

古希腊物理学家阿基米德不仅在澡盆里发现了浮力定律，而且说了一句全世界家喻户晓的名言："给我一个支点，我可以撬起地球。"这是一句充满极度想象力的科学名言，令古往今来的诗人、旅行家、探险家、地理学家、天文学家、物理学家如痴如醉，为之疯狂。从力学角度来看，他充分阐明了力的三要素（大小、方向、作用点）和杠杆原理；从地理学和天文学角度看，地球固然很大很重，但在浩瀚的宇宙里却是微不足道，因此当然可以被撬起；从文学想象的角度来看，"给我一个支点"意为假如给我一个合适的支点，何为合适？支点究竟放在哪里？太平洋、太阳系、银河系？杠杆用什么材料？动力臂和阻力臂究竟多长？比例多大？每当看到这个句子，笔者都会心潮澎湃，遐想无限，跃跃欲试。力学、地理学、天文学侧重抽象（逻辑）思维，文学侧重形象（直观）思维。阿基米德的这句名言完美地体现了两种思维，超越了科学家和文学家两组精英的智识。他不仅撬起了地球的质量，更撬起了人类的能量！

现代科技已经证明，人工智能擅长逻辑思维、抽象思维，尤其是快速捕捉信息、搜索记忆、超级运算和精细分析，欠缺（至少目前）的正是形象思维、直觉思维、灵感思维，以及与之密切相关的创造性思维。因此，机器人可以胜任语言，但不胜任文学，胜任数学，但不胜任哲学，再现过去，但不能预测未来。那么，"阿尔法狗"打败李世石的关键是什么呢？专注！因为专注到极致（concentration makes perfection）。据悉，为了这场巅峰对决，"阿尔法狗"不断与"自己"对战，下了3000万盘棋局，对以往世界上围棋大师的经典棋局早已烂熟于心。

北宋欧阳修曾记述一位卖油翁，能酌油沥之，自钱孔入，而钱不湿，自语"我亦无他，惟手熟尔"，就形象地说明了熟能生巧和实践出真知的道理。

意大利著名画家、雕塑家达·芬奇的老师弗罗基俄，则是另一位深谙专注之道的大师。有一次，达·芬奇问老师，"为什么老是让我画鸡蛋呢?"老师告诉他："鸡蛋虽然普通，但天下没有绝对一样的鸡蛋，即使是同一个鸡蛋，角度不同，上、下、左、右、正面、侧面，投来的光线不同，画出来也不一样，因此，画鸡蛋是基本功。基本功要练到画笔能圆熟地听从大脑的指挥，得心应手，才算功夫到家。"达·芬奇遵从师训，打牢基础，最终创作出《最后的晚餐》《蒙娜丽莎》等许多世界名画，成为一代宗师。

世界上有两种征服：一种是蚕食，一种是鲸吞。但事实上，鲸吞是极其有限的，更多的是蚕食。事实上，蚕食并不是简单的水滴石穿，磨杵成针，而是拥有瑞士钟表匠的自由心灵和完美痴迷。

塔·布克是法国的一名天主教徒，钟表大师，1536年，因反对罗马教廷的刻板教规，被捕入狱，被安置做钟表。在那个失去自由的地方，他发现无论狱方采取什么高压手段，都不能制作出日误差低于1/10秒的钟表。可是，入狱前的情形却不是这样。为什么会出现这种情况呢？起初，塔·布克把它归结为制造的环境。后来，他越狱逃往日内瓦，才发现真正影响钟表准确度的不是环境，而是制作钟表时的心情。1560年，他在游历埃及金字塔时，发现这么大的工程，竟然建造得那么精细，金字塔的巨石之间连一块刀片都插不进去，各个环节的衔接真是天衣无缝！因此他断言，金字塔建造者必定是一批怀有虔诚之心且欢快的自由人，很难想象，建造金字塔的会是一群有懈怠行为和对抗思想的奴隶。

2003年，埃及最高文物委员会宣布，通过对吉萨附近600处墓葬的发掘考证，金字塔是由当地具有自由身份的农民和手工业者建造的，而非希罗多德在《历史》中所记载的由30万奴隶建造的，从而证实了400多年前瑞士钟表匠塔·布克的断言。

的确，在过分指导和过严监管、缺乏信任的地方，别指望有奇迹发生。人的能力，唯有在身心和谐的情况下，才能发挥到最佳水平。

专注到极致，毫无疑问是极为重要的，但其前提是，和谐自由。在教育、科学、文化、艺术，甚至不少企事业单位和政府管理中，都是如此。专注加自由，等于灵感。

曾经有位高中生问笔者："抽象（逻辑）思维不就是做数理化作业吗？形象（直观）思维不就是写作画画听音乐吗？要不，就是呆呆地想。"客观来说，这位学生的问题已经很有水平和深度了，只是略显单一，缺乏逻辑常识。做数理化作业要运用抽象（逻辑）思维，但不是抽象（逻辑）思维的全部；写作画画听音乐要运用形象（直观）思维，但不是形象（直观）思维的全部。第二问就更有趣了，"呆呆地想"把抽象（逻辑）思维和形象（直观）思维区别开来了，但问题的实质是，如何找到合适的思维工具呢？思维导图不失为一种有效的工具。

思维导图（mind map）又称脑图、心智地图、脑力激荡图、灵感触发图、概念地图、树状图、树枝图或思维地图，是一种图像式思维的工具。由英国学者托尼·博赞发明的思维导图，运用图文并重的技巧，把各级主题的关系用相互隶属与相关的层级图表现出来，把主题关键词与图像、颜色等建立记忆链接。思维导图充分运用左右脑的机能，利用记忆、阅读、思维的规律，协助人们在科学与艺术、逻辑与想象之间平衡发展，从而开启人类大脑的无限潜能，因此具有人类思维的强大功能。思维导图，自20世纪传入中国以来，发展迅猛，被广泛运用于教育、商业、企业、事业、政府等各行各业和个人。最近十年，人们与时俱进地开发出思维导图的各种软件，如Mindmanager、Xmind、iMindMap、FreeMind和MindMapper，使这种思维工具更加便捷实用。“让思维可视化，让思想逻辑化，让灵感有着落”是思维导图的最大亮点，完美地整合了抽象（逻辑）思维、形象（直观）思维和灵感（顿悟）思维。

第四节 创造性思维

相比传统的抽象（逻辑）思维、形象（直观）思维和灵感（顿悟）思维，创造性思维（creative thinking）的提出（具体时间和人物不详）、研究和发展相对较晚，大约在20世纪中期，尽管人类社会自有文明以来都伴随着零零碎碎的创造性思维。比如，早期的钻木取火、张弓搭箭，鲁班发明木锯和云梯，张衡发明侦测地震的地动仪，以及哥白尼提出日心说的过程中，都或多或少地体现了创造性思维的运用。

创造性思维也被称为创新思维（innovative thinking）、原创思维（original thinking），后二者范围略小、层次略高。思维科学家认为，创造性思维，是一种具有开创、革命、颠覆意义的思维活动，即开拓人类认识新领域、开创人类认识新成果的思维活动。创造性思维是以感知、记忆、思考、联想、理解等能力为基础，以综合性、探索性和求新性为特征的高级心理活动，这种心理活动过程中人们需要付出艰苦的脑力劳动。一项创造性思维成果往往要经过长期的探索、刻苦的钻研，甚至无数次挫折的考验方能取得，而创造性思维能力也要经过长期的积累和磨砺。至于创造性思维的过程，则离不开复杂的推理、想象、联想、直觉等思维活动。换言之，创造型思维也与传统的抽象（逻辑）思维、形象（直观）思维和灵感（顿悟）思维不可分割。

除了传统常规的思维外，我们需要创造性思维是因为创造性思维是人类独有的高级心理活动，是在一般思维基础上发展起来的，是人类思维的最高形式，是以新的方式解决问题的思维活动。创造性思维是创新（创造性）人才的智力结构的核心。

创造性思维具有开拓性和突破性、灵活性和变通性、跨越性和独特性三大特性。另辟蹊径、别开生面、别具一格是创造性思维，天马行空、挥洒自如、无拘无束是创造性思维，不盲从、不守旧、不设限也都是创造性思维的表现。

创造性思维分为差异性创造思维、探索式创新思维、优化式创新思维和否定型创新思维四大基本类型，包括辐射思维、多向思维、换元思维、转向思维、对立思维、反向（逆向）思维、原点思维、连动（联想）思维等细小的富有创意的思维途径。

20世纪末本世纪初以来，以全球化背景下的世界高科技竞争和高端人才争夺为导火索，触发了创造性思维的火花。创造性思维的理论研究和实践已经在各国高等教育和著名跨国公司蔚然成风，也因此带动了全社会对创造性思维的认识和重视，同时催生了大量创意产业（creative industry）。虽然，从某种程度上说，创造性思维已进入我们的日常生活，但其主要运用于文学艺术创作、科学技术研究、人文社科研究、高科技产业、刑侦破案和创意产业等领域。

对于一个国家的产业而言，剽窃（copy）、仿造（imitate）、制造（make）、创造（innovate）是四个不同的生产模式，所以，新时代的中国提出要从“中国制造”（made in China）到“中国智造”（created/innovated in China）转变。可喜的是，我们已经有了被外国人冠名的“新四大发明”：高铁、移动支付、共享单车、网购。

不论种族、国籍、行业和时空，创造性思维和创新思想无处不在，无时不有。要是你有一双慧眼、一颗聪明的脑袋、一双巧手，创造创新就属于你。牛顿、瓦特、达尔文、诺贝尔、莎士比亚、汤显祖、乔布斯、任正非、爱迪生、爱因斯坦，还有钱学森、袁隆平，如此等等，都是创造性思维极发达的杰出代表。但是，创造性思维并不是名人名家垄断的专利，小时候的高斯就是一个例外。

高斯7岁那年开始上学。10岁时进入第一个数学班，这个班也是首次创办，孩子们之前甚至都没有听说过算术这么一门课程。数学教师是布特纳，他对高斯的成长起了特殊作用。一天，老师布置了一道题，1＋2＋3＋…＋100等于多少？高斯很快就算出了答案，起初老师并不相信高斯算出了正确答案：“你一定是算错了，回去再算算。”高斯非常坚定地说答案就是5050。高斯是这样算的：1＋100＝101，2＋99＝101，……，50＋51＝101。从1加到100有50组这样的数，所以1＋2＋3＋…＋100＝50×101＝5050。

10岁的高斯有很强的逻辑思维？很强的直观思维？还是很好的灵感呢？答案都是否定的。不可否认，他不缺乏逻辑运算能力、观察分析能力和顿悟能力，但高斯优于其他同学甚至老师的是他不拘一格、另辟蹊径地总结规律，而不是呆板地去运算，这就是创造性思维。

第五节 批判性思维

20世纪80年代以来，美国、英国、加拿大、澳大利亚、新西兰，以及发展中国家委内瑞拉，都把批判性思维的培养（critical thinking）作为高等教育的目标之一。世界高等教育会议（巴黎，1998年10月）发表的《面向二十一世纪高等教育宣言：观念与行动》，该宣言第一条的标题就是“教育与培训的使命：培养批评性和独立的态度”。其中，第五条“教育方式的革新：批判性思维和创造性”中指出，高等教育机构必须教育学生，使其成为具有丰富知识和强烈上进心的公民——他们能够批判地思考和分析问题，寻找社会问题的解决方案并承担社会责任。为实现这些目标，课程需要改革以超越对学科知识的简单的认知性掌握，课程必须包含获得在多元文化条件下批判性和创造性分析的技能，以及独立思考、集体合作的技能。那么，批判性思维究竟是一种什么样的“新式思维”呢？

著名学者阿列克·费舍尔（Alek Fisher）在《批判性思维入门》（*Critical Thinking—An Introduction*）一书中称美国心理学家和教育家约翰·杜威为现代批判性思维之父，因为杜威把批判性思维定义为：

Active, persistent, and careful consideration of a belief or supposed form of knowledge in the light of the grounds which support it and the further conclusions to which it tends, constitutes reflective thought.

之后，罗伯特·恩尼斯（Rovert Ennis）对批判性思维作了进一步研究，给出了更具体的定义：

Critical thinking is reasonable, reflective thinking that focuses on deciding what to believe or do.（批判性思维是合理的、反思性思维，其目的在于决定我们的信念和行动。）

奥斯汀·弗里莱等更详细地定义和解释了批判性思维的内容：

Critical thinking is the ability to analyze, criticize, and advocate ideas; to reason inductively and deductively; and to reach factual or judgmental conclusions based on sound inferences drawn from unambiguous statements of knowledge or belief.

20世纪90年代，鉴于批判性思维定义的严重分歧，美国哲学学会运用德尔菲（Delphi）方法（反复询问调查＋专家意见＋直观结果的方法），将批判性思维界定为：“有目的的、自我校准的判断。这种判断导致解释、分析、评估，推论以及对判断赖以存在的证据、概念、方法、标准或语境的说明。”

批判性思维没有学科边界，任何涉及智力或想象的主题都可从批判性思维的视角来审查。批判性思维既体现思维技能水平，也凸显现代人文精神。它是一种不可缺少的探究工具，是教育的解放力量，是人们的私人生活和公共生活的强大资源。

我国著名外语教育学者、北京外国语大学文秋芳教授在她关于中国大学生外语教育的思维能力研究中，把批判性思维称为“思辨能力”或“高级思维能力”。

事实上，世界各国学者对批判性思维的定义并不一致，也不清晰。本书亦不能对批判性思维给出准确的定义，笔者重在说明批判性思维能力的重要性，以及其包含的主要内容及其与英语辩论的关系。

一直以来，我国的教育就有重视勤勉而严谨地传道、授业和解惑的传统，而学生也是以严谨、系统、踏实、自律为准则。这种教育传统有其优势，也有劣势。在改革开放、全球化和信息化的今天，我们传统教育的劣势暴露得愈加明显。其中，学校师生缺乏批判性思维成为标志性短板。于是，“钱学森之问”问醒了众多教育决策者和教育专家，引起了越来越多国民的思考。2010 年，在南京举行的第四届中外大学校长论坛上，牛津大学校长安德鲁·汉密尔顿教授就在其演讲中表示，中国留学生缺少批判思维。美国耶鲁大学校长理查德·莱文也认为，“跨学科知识的广度、批判性思维是中国学生缺乏的”，中国的确需要创建一种课程以及教学法。在国外，很多学校都设有“批判性思维”课程。

审视国内，放眼全球，笔者认为，今天的中国迫切需要更多具有批判性思维的人才，中国的教育要责无旁贷地担负起加强批判性思维的教育重任。但是，批判性思维不等于批判式思维。无论在官方语境还是在民间闲谈，我们的身边都充斥着太多的批判式思维，而不是批判性思维。

那么，批判性思维与一般普通思维、逻辑思维、辩证思维和创造性思维是什么关系呢？

批判性思维和逻辑思维、辩证思维、创造性思维一样都属于高级思维，源于普通思维而高于普通思维。普通思维是人类区别于动物的根本属性，大脑正常的人都有普通思维。

批判性思维不等于逻辑思维，但两者有重叠部分，即批判性思维是严格按逻辑推理的一部分，特别是演绎推理。

批判性思维也不等于辩证思维，但两者有重叠部分，因为辩证思维是逻辑思维的一部分。

批判性思维是创造性思维的主要部分，但创造性思维包括但不等于批判性思维。

读者或许奇怪，为什么批判性思维不等于逻辑思维呢？国际非形式逻辑和批判性思维协会的创始人和第一任会长、加拿大学者戴维·希契柯克（David Hitchcock）教授，在其2011年新作《作为教育理想的批判性思维》（*Critical Thinking as an Educational Ideal*）中提出了“批判性思维不等于对论证的逻辑分析”的观点，因为批判性思维有全面自我反思的要求：①批判理性主义：蔑视“确定真理”；②考察证据、理由的可接受性；③考察证据、观念和推理的背景情境；④考察隐含前提；⑤考察判别评价的标准、方法；⑥考察概念的性质、抽象、发展过程；⑦培养阐释、解释、分析、抽象、判断、自律的认知能力；⑧对论证的多理论模式的辩证考察；⑨要求通过创造替代更好的论证来考察别人的论证。

希契柯克还以下图（图4.3）形象地指出了二者的关系。

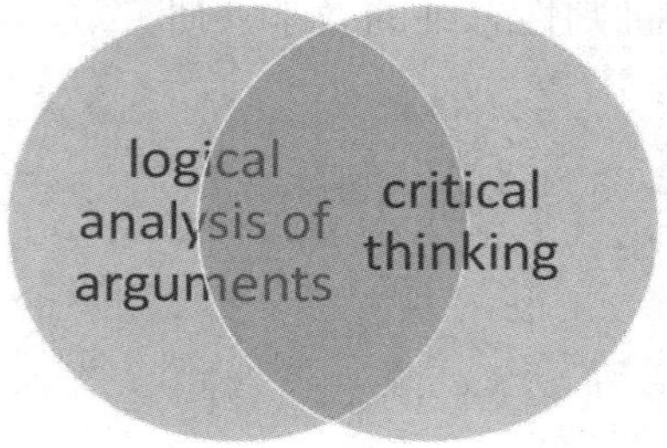

图4.3 批判性思维与逻辑分析的关系

美国密歇根大学彼特（Peter Facione）通过研究，在《批判性思考》（*Think Critically*）一书中提出了批判性思维的六种突出思维技巧和习惯：①怀疑，但不否定一切（Be skeptical without being cynical）；②开放，但不摇摆不定（Be open-minded without being wishy-washy）；③分析，但不吹毛求疵（Be analytical without being nitpicky）；④决断，但不顽固不化（Be decisive without being stubborn）；⑤评价，但不恶意臆断（Be evaluative without being judgmental）；⑥有力，但不偏执自负（Be forceful without being opinionated）。

我国率先在高校开展批判性思维教学的华中科技大学教授董毓在《批判性思维原理和方法：走向新的认知和实践》一书中引用了美国学者保罗和埃

尔德关于七种批判性思维者的理性品德（习性）：①理性的谦虚（Intellectual Humility）；②理性的勇气（Intellectual Courage）；③理性的自主性（Intellectual Autonomy）；④理性的换位思考（Intellectual Empathy）；⑤理性的诚实（Intellectual Integrity）；⑥相信推理（Confidence in Reasoning）；⑦公正的心态（Fair-mindedness）。

因此，我们可以推断，批判性思维应该包含这样的特征或者能力：①公正求真：对信息、观念力求辨伪求真；②理性态度：观念和行动必须建立在合适的证据、推理上；③具体思考：要求具体的证据，在具体环境中分析论证；④深入思考：挖掘论证下面的深层假设；⑤广阔思考：通过不同的、替代的选择来论证；⑥善于反思：思考的思考——关于自己的思考；⑦注重建设："批判"——分析和判断；寻求新知。

我们还可以继续推理，具有批判性思维能力的人喜欢"较真""抬杠"，常常"不随大流""与众不同"，甚至"吹毛求疵"。其实，正是因为"较真""抬杠""不随大流"和"吹毛求疵"的人少了，这些具有批判性思维能力的人才显得"与众不同""特立独行"。

我们为什么要开展批判性思维的教学、研究和活动呢?

（一）冲破盲从

批判性思维考查和破除产生盲从的四大来源：①理由的虚假性；②推理的无关性；③隐含的假设性；④论证的单一性。

（二）独立思考

"独立思考"不在于结果而在于过程，不在于受到什么影响，而在于是否意识到了影响和局限。在分析和比较不同观点的基础上来达到自己的判断，分析事实和结论之间的具体联系。

（三）学术精神和传统

反对固守成规、脱离实际、空洞、无关、模糊不清、包罗万象、单调、雷同、肤浅而又故弄玄虚的学风、"学问"和"大师"。学术研究来自怀疑和细致、具体、实际和全面的探讨。

（四）认知能力和知识增长

批判性思维是认知能力的核心部分，只有批判性的学习和探索才能创造知识。知识是质疑、分析、推理、评价和检验后的结果。

（五）决策和行动的合理化

批判性思维是合理决策和行动的必要条件。"民主"的合适性，是社会的理性水平和思维能力的函数。开放社会，需要以真理和责任为中轴线。

由此可见，批判性思维主要运用于与高级智力、高级思维和复杂管理相关的领域和行业，如高等教育、研究机构、高科技企业、企业管理、员工培训、市场营销、外交事务、政府和企事业单位项目的综合评估、论证和决策，以及律师、法官和各级管理者的工作中。

现实生活的批判性思维都离不开复杂的思辨和辩论活动，或以探求真理、检验真理（truth-testing）为目的，或以运用和发现真理，并寻求大多数人支持的决策（decision-making）为目的。其实，广义的决策早已渗透到我们生活的方方面面，正如弗里莱等所言：

Decision making is a thoughtful process of choosing among a variety of options for acting or thinking. It requires that the decider make a choice. Life demands decision making. We make countless individual decisions every day. To make some of those decisions, we work hard to employ care and consideration; others seem to just happen. Couples, families, groups of friends, and coworkers come together to make choices, and decision-making bodies from committees to juries to the U. S. Congress and the United Nations make decisions that impact us all. Every profession requires effective and ethical decision making, as do our school, community, and social organizations.

We all make many decisions every day. To refinance or sell one's home, to buy a high-performance SUV or an economical hybrid car, what major to select, what to have for dinner, what candidate to vote for, paper or plastic, all present us with choices. Should the president deal with an international crisis through military invasion or diplomacy? How should the U. S. Congress act to address illegal immigration? Is the defendant guilty as accused? The *Daily Show* or the ball game? And upon what information should I rely to make my decision?

Certainly some of these decisions are more consequential than others. Which amendment to vote for, what television program to watch, what course to take, which phone plan to purchase, and which diet to pursue all present unique challenges. At our best, we seek out research and data to inform our decisions. Yet even the choice of which information to attend to requires decision making. In 2006, TIME magazine named YOU its "Person of the Year." Congratulations! Its selection was based on the participation not of "great men" in the creation of history, but rather on the contributions of a community of anonymous participants in the evolution of information. Through blogs, online networking, YouTube, Facebook, MySpace, Wikipedia, and many other "wikis," knowledge and "truth" are created from the bottom up, bypassing the authoritarian control of news-people, academics, and publishers. We have access to infinite quantities of information, but how do we sort through it and select the best information for our needs?

The ability of every decision maker to make good, reasoned, and ethical decisions relies heavily upon their ability to think critically. Critical thinking enables one to break argumentation down to its component parts in order to evaluate its relative validity and strength. Critical thinkers are better users of information, as well as better advocates.

作者在最后一段总结性地归纳了批判性思维与决策和辩论的紧密关系：每一位决策者要想做出明智、缜密以及合乎伦理的决策，很大程度上取决于批判性思考。

在西方发达国家，培养和提高批判性思维能力的一种常见活动就是辩论课。在近十年，辩论也走进了我国高校校园，大受师生欢迎。这些辩题通常就是政府部门的一些很难简单说"YES"或"NO"的棘手问题或社会热点问题。

我们来看一些热点话题：

(1) 年轻人的文凭和能力哪个更重要?

(2) 中国未来发展的挑战是来自内部还是外部?

(3) 物质待遇是否体现人才价值?

(4) 越自由的市场越有效率吗?

(5) 年纪越大是否越有智慧?

(6) 新时代的大学毕业生应该逃离北上广深还是逐鹿北上广深?

既然批判性思维如此重要，那么，如何将批判性思维运用到实际英语辩论中去呢?

保罗和埃尔德提出的保罗-埃尔德批判性思维模式（Paul-Elder Critical

Thinking Model）正好为我们提供了难得的借鉴，如图 4.4 所示：

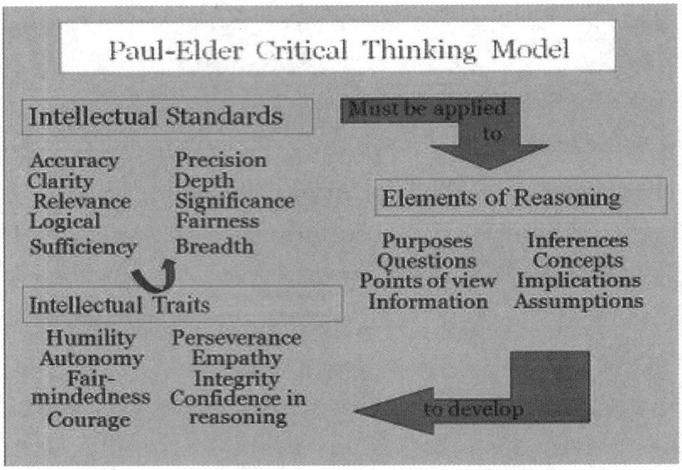

图 4.4 保罗-埃尔德批判性思维模式

保罗-埃德尔模式包括三个部分：①理性特征（Intellectual Traits）；②理性标准（Intellectual Standard）；③推理要素（Elements of Reasoning）。理性特征是理性标准的外在体现，理性标准是理性特征的提炼；理性标准必须运用到推理要素中去，在推理过程中进一步发展理性特征。三个部分的核心环节就是推理要素，而推理刚好是辩论的核心环节。

根据保罗和埃尔德在其新作《批判性思维的概念与工具指南》（*The Miniature Guide to Critical Thinking Concepts and Tools*）中的解释，为了达到那些批判性思维的理性标准，辩手或者其他想提高批判性思维能力的人应学会经常性地问如下几个维度的问题：

1. Clarity

(1) Could you elaborate?

(2) Could you illustrate what you mean?

(3) Could you give me an example?

2. Accuracy

(4) How could we check on that?

(5) How could we find out if that is true?

(6) How could we verify or test that?

3. Precision

(7) Could you be more specific?

(8) Could you give me more details?

(9) Could you be more exact?

4. Relevance

(10) How does that relate to the problem?

(11) How does that bear on the question?

(12) How does that help us with the issue?

5. Depth

(13) What factors make this difficult?

(14) What are some of the complexities of this question?

(15) What are some of the difficulties we need to deal with?

6. Breadth

(16) Do we need to look at this from another perspective?

(17) Do we need to consider another point of view?

(18) Do we need to look at this in other ways?

7. Logic

(19) Does all of this make sense together?

(20) Does your first paragraph fit in with your last one?

(21) Does what you say follow from the evidence?

8. Significance

(22) Is this the most important problem to consider?

(23) Is this the central idea to focus on?

(24) Which of these facts are the most important?

9. Fairness

(25) Is my thinking justifiable in this context?

(26) Am I taking into account the thinking of others?

(27) Is my purpose fair given the situation?

(28) Am I using my concepts in keeping with educated usage, or am I distorting them to get what I want?

学会提问，问自己、问他人、问已有答案的问题或暂无答案的问题，这些都是批判性思维者的特征之一。美国学者布朗（M. Neil Brtuart）和基利（Stuart M. Keele）在《学会提问——批判性思维指南》(*Asking The Right Questions—A Guide to Critical Thinking*）中，以读书为例，提出了由“海绵式思维”向“淘金式思维”的转变，详见表 4.1：

表 4.1 海绵式思维与淘金式思维比较

海绵式思维	淘金式思维
顶多是选择性获得信息	主动思考并与信息提供者互动
阅读句子：这个句子的意思是?	提出问题：为什么提出这个观点?
标注重点：这个段落的关键是?	质疑推理：推导过程合乎逻辑吗?
总结观点：找到并理解作者意思	评估材料：这些论据可信度高吗?
被动接受作者观点及推理，但不能评价	主动发现最有意义的论点和观念并评价

批判性思维与英语辩论（也包括其他语言的辩论）的具体关联体现在以下六个方面：①每一个好的辩题都是一种源自现实社会和研究领域的批判性思维的成果。②正确审题是运用批判性思维开展辩论的第一步。③写好提纲是运用批判性思维开展辩论的关键步骤。④全文撰稿是运用批判性思维开展辩论的第三步。⑤上场辩论，尤其是质询发言和即兴辩论是运用批判性思维开展辩论的第四步。⑥辩后评估，包括接受评判结果、听取评委意见和自我评估是运用批判性思维开展辩论的第五步。

我们来看一个辩题：Housing Reform has Become Necessary in China。

在中国，近些年房价的飙升无疑是大家关注的一个社会问题，大家更关心的是，政府究竟应该采取什么对策。因此，该辩题就是一个来自现实社会的政策性辩题。

我们先看第一步，审题。找准关键词，housing reform 和 necessary，然后下定义。在批判性思维审视下，housing 最接近 house，和 real estate，apartment，shelter，home 等显然不同；necessary，自然也区别于 enough，sufficient。接着，作为准备阶段的辩手，你应该分别站在正方和反方思考为什么是 necessary 或 not necessary。这里就要运用逻辑中的必要条件、充分条件和充要条件的概念。“为什么”应该包括两个层次：证据和推理。如果时间充足，应该尽你所能去穷尽有关证据，这就体现了批判性思维的深度和广度。下面是正方和反方的参考证据：

Arguments in Favor：

1. Housing reform is necessary. In the past few years，the State has spent 30 billion Yuan a year on building and maintaining houses and subsidizing rents. Yet the investment has produced little financial return and a housing shortage still exists.

2. Commercialization of housing would stop some officials from abusing

their positions to obtain extra or larger houses.

3. Many couples who work in different units have two apartments living in one and keeping the other for their children's future marriage. This situation can only be changed by housing reform.

4. There are still cases of three generations sharing one room. Simply because the State does not have enough money to improve their housing conditions.

5. If only one half of the state-built houses nationwide are sold to urban residents, up to 200 billion Yuan will be recouped. This can be used to invest in the construction of more residential dwellings.

6. Housing reform is necessary, for it will stop the "backdoorism" in the previous system of housing assignments.

7. The construction costs shared by local governments. Then would be buyers and local enterprises, people can buy a two-room apartment for only 6,000 to 10,000 Yuan.

8. Many people still live in dangerous and old houses, which can only be improved with money collected through higher rent.

...

Arguments Against:

1. Housing reform is impossible because China's overall social reform environment is not ready for it.

2. It's the State's duty to provide shelter for urban employees as a kind of social welfare.

3. The commercialization or privatization of housing is synonymous with making money out of people's pockets. This runs counter to the ideals of socialism.

4. In China's urban areas, the per capita monthly income is no more than 80 Yuan, which is not even enough for food and other necessities. How can city dwellers find extra money to buy a house?

5. Housing gives the rich minority rather than the average majority a chance to live better.

6. It is difficult for enterprises to earmark large sums of money to

support housing reform since many of them are not profitably run.

7. The price of housing has rocketed to 2000 Yuan a square meter in some cities. At the present salary level a teacher would have to have a lifetime's savings before being able to buy a two-room apartment.

8. Housing reform is being carried out in units with vastly different conditions. It may happen that some units have empty houses waiting for buyers whereas others try desperately to find money to build new houses.

9. People like the system as it now works.

10. Change does not always improve things.

…

限于篇幅，以上给出的例证无法穷尽，仅用作有限的参考，以说明批判性思维在辩论准备工作中的体现及运用。

第二步，撰写提纲。以上的实例仅作为参考，具体怎样运用批判性思维去撰写一份比较完整的提纲，这里留给有兴趣的读者自己去完成。

以下是另一个辩题“Cars Do more Harm than Good”，这是一个价值型辩题，笔者也提供了较为全面的正方和反方的参考证据，有兴趣的读者可以试着运用批判性思维，找出辩题的关键词，自己进行定义，对参考证据进行增补或者删减，最后写出比较规范的提纲。

Arguments in Favor：

1. Cars are evils resulting from modernization，for they make people suffer rather than enjoy life.

2. The roads are so often jammed with cars that ambulances and fire engines find it difficult to fulfill their duties.

3. Driving a car brings out a man's worst qualities. He swears and becomes ill mannered and aggressive.

4. People have hidden frustrations and disappointments are brought to the surface when they drive.

5. Road networks for cars have not only made cities uninhabitable，but also have desecrated the countryside.

6. Towns have been made ugly by big car parks.

7. Cars often produce air pollution and fill the cities with unbearable noise.

8. Cars are the cause of traffic accidents. In China in 1994，66，000

people were killed in auto accidents.

9. Traffic accidents not only bring death and injury but also make people suffer great psychological damage.

10. Every year great amount of money is spent on road taxes, purchases, oil etc. This is a great drain on their resources.

11. To own a private car can cost you a fortune.

12. If everyone had a car in China there would be no room on the roads and no place to park.

13. Because of China's large population, too many cars would create many serious social problems.

14. Cars should be done away with. We should create a better means of transport that will bring joy and comfort instead of death and injury.

15. More cars mean more roads and car parking facilities. This decreases the land available for agriculture.

16. Too much good farmland is being consumed for the purposes of autos.

17. Autos are adding to the noise pollution in big cities' making it unpleasant to live in them.

18. Many cars can make city life unmanageable and stressful.

...

Arguments Against:

1. Autos are highly desirable for obvious reasons. We need to recognize this and adapt accordingly.

2. Cars enable people to become more mobile. Without cars, the world would consist of many isolated communities.

3. Long distances can be covered rapidly, comfortably and conveniently.

4. China needs cars to complete its construction of modernization.

5. Buses are often crowded and slow, especially during the rush hour, but with more cars people could get around more easily.

6. Riding a bicycle is tiring and uncomfortable especially when the weather is bad or very hot. People are more protected when riding in cars.

7. With the popularization of cars, the suburbs will become more developed, and the downtown area will be less crowded.

8. If there were more cars in the rural areas, people could get to the cities more easily.

9. The gap between the city and the countryside would become smaller.

10. Possessing a car gives one a much greater degree of mobility, enabling him to move around freely.

11. The owner of a car is not forced to rely on public transport and is not compelled to work locally.

12. Traveling by car is more comfortable because they can adjust the heating in winter and air conditioning in summer.

13. Cars do not cause accidents, but drivers do. Driver training and enforcement of driving laws would cut accidents rates by great amount.

14. Road and fuel tax will allow the national road system to expand and make cars even more valuable.

15. Expansion of underground and multi-storey car parks can solve the parking problem.

16. Electric cars, hydrogen powered cars can solve pollution problems in the future.

17. China needs a vast network of roads and a vehicle system to compete in the international markets.

18. The new fuel cell cars do not need gasoline.

19. Older people will have a better chance of going places.

20. Car ownership can result in many new jobs in repair and service.

21. Modern nations need better and faster transportation systems.

22. Car owners lead happier lives with their new status.

…

第三步，全文撰稿。全文撰稿就是根据提纲把正方一辩、二辩立论，反方一辩、二辩立论，正方一辩、二辩驳论，反方一辩、二辩驳论的稿子，根据有关辩论活动或比赛的要求详尽地撰写并修改。需要注意的是，辩论场上，中国人的英语语速是在每分钟100词至150词之间。有意思的是，在“外研社杯”英语辩论赛的决赛点评上，几乎每届评委都提到中国学生的语速过快的现象，结果反而是欲速则不达，反倒给人意欲通过争吵来赢得比赛的印象。撰稿过程中，需大胆发挥换位思考和模拟体验的批判性思维，写完后再用保罗-埃德尔模式中的理性标准和推理要素检测自己的作品。同样不可忽视的是，成稿后，务必采取“一一对应”的办法进行修改：正方一辩 vs 反方一辩，二辩立论 vs 二辩立论，正方一辩 vs 反方一辩，二辩驳论 vs 二辩驳论。

第四步，上场辩论。质询发言（cross-examination）中的提问和回答不仅需要批判性思维，还需加上敏锐的反应能力。当然，这种能力绝非一朝一夕之功，尤其是应对或者提出让人觉得刁钻又并未偏离正题的问题。这里特别推荐美国学者布朗和基利提供的“批判性问题清单”：①什么是论题？什么是结论？②理由是什么？③哪些词句有歧义？④什么是价值观冲突？什么是价值观假设？⑤什么是描述性假设？⑥推理中存在谬误吗？⑦这些证据的可信度有多大？⑧你发现干扰性因素了吗？⑨统计数据是否具有欺骗性？⑩哪些重要信息被遗漏了？⑪什么结论可能是合理的？

1995 年美国交互质询辩论协会（CEDA）组织的第十届全国锦标赛最后一场决赛（辩题为：Resolved：That the United States should significantly increase the development of the earth's ocean resources.）中，有四轮精彩的质询，问答双方运用的批判性思维技巧和语言技能都值得我们学习。

关于运用批判性思维答问，我们不妨看看哲学家苏格拉底的小故事：

One day，a young man asked Socrates the secret of success. Socrates told the young man to meet him near the river the next morning. They met. Socrates asked the young man to walk with him into the river. When the water got up to their neck，Socrates took the young man by surprise and swiftly ducked him into the water.

The boy struggled to get out but Socrates was strong and kept him there until the boy started turning blue. Socrates pulled the boy's head out of the water and the first thing the young man did was to gasp and take a deep breath of air.

Socrates asked him，“What did you want the most when you were there?” The boy replied，“Air”. Socrates said，“That is the secret of success! When you want success as badly as you wanted the air，then you will get it! There is no other secret.”

苏格拉底面对年轻人关于成功秘诀的提问并没有直接回答，“Socrates took the young man by surprise and swiftly ducked him into the water”，他把年轻人带到河边，并且让他体会到来自外部的压力对其造成的威胁。“That is the secret of success! When you want success as badly as you wanted the air, then you will get it! There is no other secret.”并且进一步指出成功的秘诀即是你在生活中把成功当作一种习惯，使之像你需要空气一样渴望得到，那么你才会有足够的勇气与信念去取得成功。若能在论辩中出奇制胜，采用新颖而直观的方式来论述支持自己的观点，更能使对方心悦诚服。苏格拉底的故事告诉我们，在辩论过程中不需要过分说教，而是应该采用新奇的方法论述自己的观点，让人耳目一新，印象深刻。

长久以来，由于显著的生理差异和社会环境的深刻影响，男女的情感特征、言行举止、思维方式及思维能力，都显示出较大的不同特点和差异。通常，男性长于抽象（逻辑）思维、批判性思维，而女性长于形象（直观）思维和灵感（顿悟）思维。不过，学术界并没有以性别为标准来划分思维的类别，部分原因是男女思维显而易见的差异，部分原因是男女平等的考量。另外，思维的复杂性和灵活性也是重要原因。

本章小结

本章比较详细地介绍了思维的具体类别，即抽象（逻辑）思维、形象（直观）思维、灵感（顿悟）思维、创造性思维及批判性思维，以及这几大类思维的起源、特性及各种思维适用的情境和领域。突出强调了英语辩论在培养学生批判性思维（思辨）能力的作用和具体运用。

就教育而言，英语教学在我国历史较短、基础薄弱、理念落后，但其发展迅猛，特别是在改革开放的四十多年进程中取得了巨大成就。由于学科属性和地域的多样性，目前的英语教学，从小学、中学到大学，仍基本停留于知识传授和技能培训阶段，鲜有上升到文化意识和思维能力的培育层次。

尽管各行各业各领域离不开各种思维的支撑和作用，但是放眼全球，灵感思维、创造性思维及批判性思维在我国显得尤其滞后，因此笔者通过鲜活的实例及故事对这三种思维的定义、表现特征及应用价值给予了比较详尽的阐述和说明。笔者在讲到批判性思维时，给出了不少辩论中各个环节所体现的批判性思维的实例，还详尽地列举了如何运用批判性思维培养和提高思辨能力的诸多实例。

一言以蔽之，学会了用批判性思维思考问题，我们就不会简简单单地盲从，就不会头脑一热便拍着脑袋或胸脯做出决策。学会了批判性思维思考问题，我们才能站得更高，看到别人看不到的风景，才能眼界更开阔，成为一个有个性、有智慧的人。

第五章　英语教学、学科素养与思维培养

第一节　英语学科素养

英语教学和其他基础学科的教学一样，都有三个层次的教学目标：一是课程目标；二是课堂教学目标；三是教育成才目标，这也是教学的最终目标。由于课堂教学目标需要因人而异、因材施教，教育成才目标需要国家和地方教育部门统一颁布规定。在这些教学目标中，第一层次的“课程目标”为最具特色的专业教学目标。

新课程倡导的课堂教学目标有三个维度：知识与技能目标，过程与方法目标，情感态度与价值观目标。

根据 2011 年版《义务教育阶段英语课程标准》，义务教育阶段英语课程的总体目标是培养学生初步的综合语言运用能力，并通过英语学习促进学生的心智发展，提高学生的综合人文素养。综合语言运用能力的形成建立在语言技能、语言知识、情感态度、学习策略和文化意识等诸方面整体发展的基础之上。这五个方面相辅相成，共同促进综合语言运用能力的形成与发展。

根据 2012 年版《全日制普通高中英语新课程标准》，高中英语课程的总目标是使学生在义务教育阶段英语学习的基础上，进一步明确英语学习的目的，发展自主学习和合作学习的能力，形成有效的英语学习策略，培养学生的综合语言运用能力。综合语言运用能力的形成建立在语言技能、语言知识、情感态度、学习策略和文化意识等素养整合发展的基础上。这一次强调综合语言运用能力，还凸现了语言的人文性。以人为本，以学生的全面发展（whole-person development）为本，强调培养学生的情感态度、学习策略，发展他们的自主学习和合作学习的能力等。

根据 2007 年版的教育部《大学英语课程教学要求》，大学英语是以外语教学理论为指导，以英语语言知识与应用技能、跨文化交际和学习策略为主要内容，并集多种教学模式和教学手段为一体的教学体系。大学英语的教学目标是培养学生的英语综合应用能力，特别是听说能力，使其在今后学习、

工作和社会交往中能用英语有效地进行交际，同时增强其自主学习能力，提高综合文化素养，以适应我国社会发展和国际交流的需要。大学英语课程教学目标包括三个方面的内容，即培养英语综合应用能力、发展自主学习能力和提高文化素养，其中，培养学生的英语综合应用能力是大学英语教学的主要任务。

截至 2012 年底，我国从基础教育到高等教育，关于公共英语教学目标的正式官方文件中，均没有提到过“思维能力”。与之最接近的术语也只是“学习策略”和“综合应用能力”。

2014 年 3 月，教育部发布了《关于全面深化课程改革落实立德树人根本任务的意见》（以下简称《意见》），提出了“核心素养”这一重要概念，要求将研制与构建学生核心素养体系作为推进课程改革深化发展的关键环节。《意见》发布以后，关于学生核心素养的讨论迅速成为教育界关注的热点问题。描述和界定学生核心素养是世界教育改革浪潮中反复摸索与实践的产物。虽然现有文献对核心素养内涵的阐述各有不同，但这一概念所体现的以人为本的教育思想和回归教育“育人”本质的思想是被广泛认同的。基于核心素养的教育，既包括传统的知识与能力的学习，更强调学生的全面发展和终身学习，特别关注人与社会的统一和协调发展。这一思想同经济合作与发展组织（简称“经合组织”）的核心素养模型中的人与工具、人与自己、人与社会三个维度也大致相符。

教育部组织专家研制的中国学生核心素养指标体系也包括外语素养，并将外语素养定义为“能够根据自己的愿望和需求，通过口头或书面等语言形式，运用其他语言实现理解、表达和交流”。这一定义突出了经合组织框架中“人与工具”的维度，但是外语和外语学习不仅限于工具性，外语素养也不能等同于外语学科核心素养。在研制核心素养指标体系的过程中，不仅要研究外语素养，更要研究外语学科能够承担哪些核心素养的培养问题。

核心素养强调人的思维，很多学者比较关注英语、英语学习和思维的关系，指出英语学习对学生的认知能力有积极作用，英语能够引导学生用另一种认知的方法思维。在 2015 年中国外语教育高层论坛上，吴一安教授也强调了“语言和思维有‘血脉般’的联系，语言和思维、文化不可分割，是高层次思维的介质，在思维和文化品格上具有育人功能”。这说明了英语学科具有培养通用的思维能力的价值。

程晓堂、赵思奇（2016）认为，基于核心素养的英语课程理念，就是从英语的工具性和英语学科的人文性这两个角度来设置英语课程的目的与目标。也就是说，学习课程不仅要考虑学生应该学习哪些英语知识和技能，将来能够用英语做哪些事情，还要考虑学生通过学习课程可以学习其他哪些方面的知识，形成哪些关键技能和必备品格。为了全面体现英语学科的育人价值，在充分吸收和借鉴国内外有关核心素养的理论和实践研究成果的基础上，结合中国基础教育英语课程的现实需求，修订的《普通高中英语课程标准》(2020年版）将英语学科核心素养归纳为语言能力、文化意识、思维品质和学习能力四个方面。

2000年版的《高等学校英语专业教学大纲》提出了“加强学生思维能力和创新能力的培养。专业课程教学中要有意识地训练学生分析与综合、抽象与概括、多角度分析问题等多种思维能力以及发现问题、解决难题等创新能力。在教学中要正确处理语言技能训练和思维能力、创新能力培养的关系，两者不可偏废”，并倡导“在教学中培养学生的批判性思维能力”。

酝酿近十年的我国英语专业新国标指出，“对比英语、商务英语和翻译专业国家标准的专业能力要求，可以归纳出三个专业的共同能力：语言能力、跨文化交际能力和思辨能力（即批判性思维能力)”，进一步突出了思维能力的重要性。

第二节　英语教学策略与学习策略

一、英语教学策略与六种教学风格

教学策略是实施教学过程的教学思想、方法模式、技术手段这三方面动因的最优化框架式集成整体，是教学思维对其三方面动因进行思维策略加工而形成的方法模式。教学策略是为实现某一教学目标而制定的、付诸教学过程实施的整体方案，它包括合理组织教学过程，选择具体的方法和材料，制定教师与学生所遵守的教学行为程序。“所谓教学策略，是在教学目标确定以后，根据已定的教学任务和学生的特征，有针对性地选择与组合相关的教学内容、教学组织形式、教学方法和技术，形成的具有效率意义的特定教学方案。由此可见，教学策略具有综合性、可操作性和灵活性等基本特征。”(袁振国，1998)

英语教学策略，自然是英语教师英语教学过程运用的促进有效教学的系列思想、方法和手段的整体。研究和实施英语教学策略的一个重要目的就是提高教学效率，提高教学质量，实现教学最优化：要求以最少的时间取得最佳的教学效果和学习效果，尽可能高效低耗，使教师教得轻松，让学生学得愉快。

英语教学策略的获得和实施涉及教师的性格气质、思维方式、专业学科素养等内在因素，以及学校环境和班级学生状况等外在因素的共同作用。稳定的英语教学策略，加上教师的性格气质特征，成就了一种特定的英语教学风格。

在我国，英语教学策略和英语教学相伴而生。一方面因为我国悠久而深厚的教育传统对课堂研究和学生的研究一直特别重视，且颇有成效；另一方面因为改革开放以后我国才开始大范围地实施英语教学，各级专家和一线教师积极热情地投入。相比较而言，国内目前对英语教学风格的研究相对起步较晚，研究较少，在愈来愈强调人文化、个性化、多样化教学的今天，英语教学风格才受到了空前的重视。

我国的英语教学策略所适用的对象按年龄学段可以分成学前（幼儿）英语教学策略、小学英语教学策略、初中英语教学策略、高中英语教学策略和大学英语教学策略。按英语学科的内在结构可以分成词汇教学策略、语法教学策略和语音教学策略。按技能可分成阅读教学策略、听力教学策略、写作教学策略和口语教学策略。按英语教学法还可分成情景式英语教学策略、TPR（全身反应法）英语教学策略、任务型英语教学策略、交际型英语教学策略、视听说式英语教学策略、群体商谈英语教学策略、项目式英语教学策略、小组合作学习式英语教学策略、网络加自主学习式英语教学策略、探究（研究）性学习英语教学策略、沉浸式学习英语教学策略等多种策略。总体上，在我国运用较多的是情景式、任务型、网络加自主学习三种英语教学策略。

如前所述，我国对英语教学风格的研究较晚较少，且无定论。根据笔者三十年从中学到大学的教学经验和研究，特别是对近两千名学生的问卷调查和五十名优秀教师的访谈，我国英语教师的教学风格可以分成以下六个类别：

第一类，娓娓道来说书型（story-teller）。这个类型的英语老师大多博览群书、经历丰富，而且性格温和、循循善诱。他们能把课本内和课本外的东西有机结合，变成类似章回小说一样的故事，前因后果清清楚楚，起承转合不露痕迹，从开端、发展到悬念和高潮，环环相扣，各种课堂疑难问题不在话下，能够迎刃而解。这样的课堂，学生不知不觉沉醉其中、乐在其中，并逐渐爱上英语，爱上英语老师。从思维能力来看，这一类型的老师兼具较强的是抽象思维能力和形象思维能力。

第二类，狂风暴雨讲练型（test-trainer）。这个类型的英语老师就是学生眼中的那种唾沫横飞、雷厉风行、快节奏、大容量、题海战术型老师。他们对学生高标准、严要求。学生对这种风格的老师至少还能接受；家长对这种风格的老师则是持非常积极和欢迎的态度，因为他们明白考试和成绩是硬道理。题海战术是一种战术，也是一种策略，毕竟这类老师对各种考试了如指掌，中高考、四六级、雅思托福，对自己的学生也是如数家珍，因此针对性比较强，压题准确率通常也比较高。正如“熟读唐诗三百首，不会写诗也会吟”隐含着熟练生巧的哲理一样，如果从思维能力的角度分析，这一类型的老师明显具有较为丰富的抽象思维能力。

第三类，无为而治阅读型（leading reader）。这类老师的“无为而治”与其说是顿悟了道家的精髓，不如说是深谙英语教学的真谛：学英语靠语感，而语感不是老师讲出来的，也不是学生自己做题做出来的，而是通过读书读出来的。时代的发展已使阅读“无处不在，无处不能”，纸质的、电子的、国产的、进口的、学术的、娱乐的、有线的、无线的、音频的、视频的各种内容、各种形式的英语阅读素材进入我们的生活，或积极或负面地影响着我们的生活。但是，明智的老师和家长明白，宜疏不宜堵。这类老师通过课堂上、课堂外有意无意的鼓励及模范带头作用；通过朗读比赛、写读后感比赛等各种活动进一步激发学生的阅读兴趣。“无为而治”就变成了看似无为实则有治，即学生自治，也就是学生的自主学习。异于第一类和第二类两种类型的老师，此类型的老师展现了超群的创新思维能力。如此，才能使他们不受制于传统的条条框框，而是善于、敢于也乐于尝试一切利于教学的活动。

第四类，搭台唱戏导演型（director）。这是一类持“学生中心”教育理念的老师，他们深知年轻学生，尤其是少年儿童活泼好动、好表现的天性，于是积极创造各种条件，制造各种机会予以满足。这类老师的课堂除经常涉及提问答问、搭档互动、小组活动、角色朗读和表演课本剧以外，还包括举办各种竞赛评奖，比如书法竞赛、单词竞赛、朗诵竞赛、阅读竞赛、写作竞赛、配音竞赛、演讲辩论竞赛，以及比较大型的校园活动，如圣诞晚会、英语文化节、英语广播台、英语角等。因此，这类老师也经常会收获到来自学生的积极而精彩的回应。不难理解，这些令人欣慰的回馈，正是老师们良苦用心的创意的结晶。

第五类，满场喝彩演员型（actor/actress）。他们是天生的演员，他们的美劲儿、酷劲儿十足，他们热情开朗，形象气质俱佳，仪容仪态得体，造型打扮入时，举手投足赏心悦目，且这类老师都很善于将歌舞和话剧独特的魅力牵引到课堂上。他们的课堂英语就是最佳的标准语音，他们的随机应变就是最佳校本教材，他们的课堂既是文化，又是艺术。这才有“羡慕嫉妒恨者”说他们霸占了课堂，垄断了讲台。其实不然，因为那是来自学生内心的呼声，老师不能拒绝的呼声。俗话说，爱屋及乌，爱上了这样的英语老师谁还能不爱上英语呢？总而言之，这一类型的老师们需要极强的形象思维能力才能在课堂上游刃有余，让学生心甘情愿地醉在其中、乐在其中。

第六类，天马行空随性/灵活型（free bird）。“天马行空”也许不是褒义词，若加上“另辟蹊径、别出心裁、灵活自如”，就毫无疑问带上了褒义的色彩。这类老师首先是充满灵气和创意的老师，所以没有太多的传统框框限制自己的教学。在学好英语的同时，还潜意识地融入了以英美为代表的西方异域文化，所以一上起课来便情不自禁地进入了物我两忘的境界。这类老师讲到名句 To be or not to be 就可以由莎士比亚的四大悲剧、四大喜剧，讲到关于莎士比亚生平的各种传奇，再到伊丽莎白时代的种种，乃至于跃到中国汤显祖的《牡丹亭》，明朝嘉靖、隆庆和万历年代的各种趣闻。当然，天马行空随性/灵活型英语老师一般具有敏捷的思维、脱俗的品味以及超凡的艺术素养。因此，拥有这种教学风格的老师必定需要较强的形象与顿悟思维，才能够避免行又行不起来，飞又飞不上天的尴尬。

我们可以看出，作为学科四大核心素养之一（课标称为“思维品质”）的思维方式和思维能力，不仅是英语教学策略的核心要素，也是英语教学风格的关键要素。一个思维单一、僵化、落伍或者思维能力较弱的英语教师不可能拥有好的教学策略和教学风格，也很难教好英语。

如第四章所述，虽然男女教师的思维方式会有显著差异，男女教师的教学策略、教学风格也会呈现不同特色，但学界并不以此为标准进行专门分类。

二、英语学习策略与六种学习风格

拥有好的教学策略和教学风格之后，就一定能教好英语吗？答案是否定的。我们还必须研究学生的性格气质、思维方式、学习基础，以及他们的学习策略和学习风格。

对于什么是学习策略，人们从不同的研究角度和使用不同的研究方法，提出了各自不同的看法，一直没有达成一个统一的认识。但是，越来越多的人认识到，学习策略和教学策略对于现代教育教学一样重要。正如著名未来学家说阿尔温·托夫勒在《第三次浪潮》中所说，想要学习却不知道学习策略的人叫作文盲。学习策略（learning strategies），简言之，就是学习者为了提高学习的效果和效率，有目的、有意识地制定的有关学习过程的方案，这种方案通常比较复杂。

高中英语新课标把英语学习策略分为以下四类：

认知策略（cognitive strategies）。认知策略包括学生如何接受语言材料，如何储存材料，如何组织语言，如何理解语言结构，如何提高操作的技能，等等。为了解决具体的学习问题，比如，为了理解单词的意思、加深单词的记忆等而采取的学习策略即为认知策略。如根据上下文猜测词义的策略、重复（repetition）、利用肢体语言（directed physical response）、翻译（translation）、归类（grouping）、记笔记（note-taking）、演绎（deduction）、重新组织（recombination）、利用视觉形象（imagery）、利用声音表象（auditory representation）、利用关键词（key word）、利用语境（contextualization）等。

调控策略（metacognitive strategies）。调控策略也称作元认知策略或内省策略，是指学生对自己的学习目标、内容、方法和效果进行管理的策略。它包括确定目标、制定计划、实施计划、评价效果和调整学习目标及方式，以期达到更好的学习结果的策略。了解自己的长处和短处，根据自己的学习目标制定学习计划，参加课内外学习活动，适时总结调整，主动向老师提问咨询，尽量找到效率高并适合自己的学习方式。

交际策略（communication strategies）。交际策略是学生为了争取更多的交际机会、维持交际以及提高交际效果而采取的各种策略。如为了交际需要弥补词汇量的不足用 an underwater ship（水下的船）代替 submarine（潜水艇）。影响学生交际策略使用的因素有语言水平、个性、学习环境及任务的难易程度等，训练时应充分考虑这些因素。对于语言学习来讲，交际能力是语言学习的重要目标之一，而交际策略则是形成有效交际能力的保证。

资源策略（resource strategies）。资源策略是学生合理、有效地利用多种媒体资源进行学习和运用英语的策略。认识资源是资源策略的前提；查询资源是资源策略的基本技能；加工策略是资源策略中较高层次的能力，加工信息是一种创造性活动。教师在帮助学生掌握资源策略时应该注意提供以下指导：

①展示（presentation）：交代所要训练的策略。

②示范（demonstration）：教师展示策略的操作方式。

③训练（training）：提供材料对所展示的策略进行专项训练，训练阶段

一般是从控制练习到半控制练习，到自由练习，从单一策略训练到综合运用策略。

④评估（evaluation）：检查学生对新学策略的掌握的情况。

⑤扩展（expansion）：提供更多的机会，使学生所学策略得到综合的训练。

学习风格的研究至少可以追溯到20世纪70年代，较早系统地提出学习风格的概念并对学习风格类型开展研究的主要有Duma夫妇、Price（1975）以及George（1979）、Keefe（1979）和Reid（1987）等人。但是，在学习风格的定义和分类方面学者们也是仁者见仁，智者见智。一般认为，学习风格是学习者在学习中表现出来的一种整体性、稳定性并具有个性化的认知方式和处理问题的独特能力。任何一种学习风格的形成均受外部因素的影响，包括社会因素、文化因素、学习环境、社区环境、家庭背景等。但学习风格形成的主要原因还是内部因素，包括个人的性格、观念、认知特点、语言水平等等。

本书从学习的感知模式及认知方式将学习风格分成两类：

一类是以学习的感知模式为基础，将学习者分为视觉学习模式、听觉学习模式、体验学习模式以及动手操作学习模式。

另一类是以认知方式为基础，将学习者分为场独立型和场依存型两类。一般认为场依存型学习者受学习环境影响较大，喜欢与人交往，属于感性型学习者。这种学习风格有利于口头语言的交际，也比较容易获得自然语言输入。而场独立型学习者在学习上独立性较强，属于分析型学习者，具有较强的推理能力和分析问题的能力。这类学习者在正规的课堂学习中具有一定的优势，特别是在阅读和写作方面的表现更为突出。

英语学习风格与英语学习策略和英语学习者性格密切相关，其具体的关联涉及比较复杂的教育学、心理学和学习科学的深层未知研究。可以肯定的是，思维方式和思维能力仍是其核心之一，且学习者年龄越大，相关度越大。

根据笔者三十年的教学实践和研究，特别是对近两千名学生的问卷调查和两百名优秀学生的访谈，可将我国学生的英语学习风格分成六个类别：

精耕细作型（ploughboy）。这是传统意义上老师眼中的宠儿，因为他们规规矩矩、老老实实，勤奋用功，从不迟到旷课，从不给老师添乱，大多数甚至绝大多数成绩都很优异。这种学生深信老师是有经验的过来人，因此上课认真听讲、踊跃发言、动静有度、积极参与小组活动、及时做笔记，课后认真、按时、按量完成作业。通常都有早读、晚背、记单词、课前预习、课后复习、考前备考的良好习惯。这类学生如同乡间勤劳质朴的农夫或者牧童一样日出而作日落而息，春耕秋收，因此只要不遇到重大自然灾害，一定收获颇丰。因此，这类学生也是行为主义等语言学理论的践行者之一。

博览群书型（bookworm)。这是酷爱读书、能充分享受阅读乐趣的学生，也是较早幸运地敲开英语之门的学生。因为喜欢，所以享受；因为语感，所以成功。这些学生可能上课不太专心，也不爱发言，对老师对同学不理不睬，下课不太爱做作业，不太爱背单词和语法条例，一般也不把考试当回事，但他们走到哪儿读到哪儿，如饥似渴，书籍对他们就像面包对饥饿的人一样。他们坚信语感是读出来的，开卷有益。在他们看来，世界上如果有天堂的话，那一定是图书馆。对这类学生来说，单词和语法都在经典里头，断章取义、支离破碎地做题完全是扫兴，味同嚼蜡。从语言技能来看，他们在读写方面的技能发展更充分，听说相对比较落后。此类学生拥有并发展了较强的形象思维能力、系统思维能力。

大胆表演型（actor/actress)。这是一类好表现、能表现、善表现的外向型学生，这类学生或拥有异于常人的外表气质，或透着艺术家的灵气。他们很难长时间坐下来听讲，也不愿意安静地读或写，甚至不愿意规规矩矩地做作业。但一旦有视听表演机会，比如角色朗读、课本剧表演、配音伴音、伴舞，他们就来劲了，绝不会放过任何机会。按照加德纳的多元智力理论，也许，他们有更强的音乐智力、空间智力，或者身体智力、人际交往智力；按照英语学习策略的划分，也许他们更善于利用交际策略和资源策略。从语言技能来看，他们的听说发展更充分，读写相对落后。

捕捉灵感型（inspiration-catcher)。顾名思义，捕捉灵感型学习者就是善于捕捉稍纵即逝的灵感来学习英语的学生。由于灵感本身就满含创意且尤为可贵，因此这类学习者学习效率通常很高，但学习方式却不同寻常。他们可能三天打鱼两天晒网，三更起五更睡，昼伏夜出；也可能迟到旷课，上课心不在焉，甚至在课堂上交头接耳、表现欠佳。但一旦学习起来，他们就特别专注，狂读书、狂背单词、狂刷题，那种狂劲儿，与疯狂英语的学习者比起来完全有过之而无不及。此类学习者通常还可能被老师和同学冠以“奇葩”或“怪才”的标签。拥有这类学习风格的学习者当然只在少数，可遇不可求，可观不可学，因为这类学生的思维方式比较独特，异于常人。

考场杀手型（test-killer)。这类学生对英语学习有极强的动力、极清晰的目标：那就是早日通过相关考试。小至单元测验、期中期末测试，大至中高考，以及大学四六级、雅思托福等国家乃至国际级别的考试。这类学习者很早就熟悉了相关题型，并购买了大量训练题、模拟题和真题。于是，考什么学什么，“言必称考试”。对这类学习者来说，学习英语就是备考英语，他们有严格的复习进度和自测体系，定时、定量、定分。若以分数判定学习效率的话，很显然，这类学生效率很高，这类学生也经常被称为“考霸”或者“学霸”。由于现在的考试的综合性越来越强，听说读写译全都囊括其中，为了顺应这样的考风，此类学生的能力也必须随之越来越全面而综合地发展。

博采众长型（wide-absorber）。这类学生也许智商并不超强，但情商一定出众，他们懂得向周围的同学学习，且是向那种学习效率很高的优生、尖子生学习。当他们发现张三记单词又快又准，就会通过观察、分析并效仿张三学习；当他们觉得李四作文写得很好，就会主动借阅李四的作文边欣赏边学习；当他们认为王五口语很棒，就会经常凑上去和王五用英语对话，观察并总结他的特点。博采众长型学生有清晰的目标和定力：谁厉害就学谁，不达目标不罢休。他们既有很强的形象思维能力，也有较强的抽象思维能力。

第三节　思维能力与英语教学和学习

如前所述，思维方式和思维能力，不仅是英语教学策略的核心要素，也是英语教学风格的关键要素。同样，思维方式和思维能力也是英语学习策略与英语学习风格的核心要素之一，且学习者年龄越长，相关度越大。那么，思维方式和思维能力是与生俱来的还是后天教育培养的？如何教如何培养呢？

传统上，我们一直认为人类认知是一元的，个体的智能是单一的、有限的，而美国教育家、心理学家霍华德·加德纳通过多年实验研究，在《智力的结构》一书中颠覆性地提出：“智力是在某种社会或文化环境或文化环境的价值标准下，个体用以解决自己遇到的真正难题或生产及创造出有效产品所需要的能力。”每个人都至少具备语言智力、逻辑数学智力、音乐智力、空间智力、身体运动智力、人际关系智力、自然智力和内省智力。这一理论被称为多元智力理论（Multiple Intelligences）。这种理论认为，每个人都会用自己的方式来发掘各自的大脑资源，这种为达到目的所发挥的各种个人才智才是真正的智力，这才造就了人与人之间的不同。原来，人与人之间智力的不同远远大于智力的强弱。从遗传学和教育学来看，人的性格主要是由遗传因素（先天因素）决定，尤其是在青年（25 岁）以前，不太容易改变。

当然，人的个性也会受到社会和家庭环境以及文化教育背景等后天因素的影响。同样，人的智力也主要由遗传因素决定，同时受社会和家庭环境以及文化教育背景的影响。

思维既是性格的一部分，也是智力的一部分，所以既有先天的因素，也有后天的因素。神经生理学、脑科学和生理心理学的最新成果认为，由于思维（思维方式和思维能力）是智力中的高级能力（高级智力），发展较慢较晚，储存更深，因此更依赖于后天开发和培养。换言之，人的很多“思维元件”和“思维软件”安装在大脑里，但处于休眠状态，有待开启和激活。

英语教师只有有意识、自觉地运用科学有效的教学策略，逐渐形成自己独特的教学风格，才能增强自己的思维能力。同时，只有当英语教师在教学中有意识、自觉地帮助学生运用他们的学习策略，形成他们各自独特的学习风格的时候，学生的思维能力才会得到培养和提高。

简言之，本书已讨论的五种思维能力的培养，都可以在英语教学和学习过程中付诸实施：

抽象（逻辑）思维。学习和运用语法规则、构词法知识以及分析一些发音规律时，这种思维都是不可或缺的。比如，英语中非谓语动词的构成、用法，以及它与谓语动词的区别在哪里呢？再比如，由语言素材推理出语言规则，或者运用语言规则练习口语和写作。事实上，抽象（逻辑）思维也与英语学习中的认知策略和元认知策略密不可分。

形象（直观）思维。学习英美文学、模仿部分语音语调、创意记忆部分单词都要运用形象（直观）思维。比如，学习莎士比亚的《王子复仇记》或者马克·吐温的《汤姆·索亚历险记》。

灵感（顿悟）思维。这种思维主要建立在较好和较长时间抽象思维和形象思维的积累基础上，主要用于克服英语学习中的难点和焦点。比如，如何在高考前让学生通过自己的双手和大脑梳理复习纷繁复杂而经络分明的英语语法呢？一个深秋的凌晨，笔者在老家的银杏树下突发奇想，一个关于“语法树”的想法应运而生。

创造性思维。这种思维与以上三种思维都有一定关系，特别是灵感（顿悟）思维，但更强调出乎意料、另辟蹊径和挑战权威。多向思维、放射思维、逆向思维、类比思维、联想思维等都是常见的创意思维形式。上面提到的“语法树”就是一个典型的例子。英语学习中的翻译，特别是文学翻译，例如《道德经》《红楼梦》的英译也是必须运用创造性思维的。

批判性思维（思辨能力）。这是一种严格依赖又高于抽象（逻辑）思维的创意型思维，也是世界发达国家的教育都很重视而我们相对缺乏的思维能力。《礼记·中庸》曰："博学之，审问之，慎思之，明辨之，笃行之。"一般认为，批判性思维在精神气质上具有求真（truth-seeking）、开放（open-minded）、自信（confident in thinking）、分析性（analytical）、系统性（systematic）、好奇性（inquisitive）和明智性（judicious）几个特点。批判性思维（思辨能力）在英语学习中主要体现在对不同的学法和教法兼容并包但不盲从。比如，小学生学英语需要先学音标吗？大学生学英语写作需要模板吗？国家英语课程标准中倡导的任务型教学法一定是我们必须遵守的教法吗？其实，在我看来，因材施教和因地制宜才是最大的原则。

鉴于我国传统英语教学中过多过度强调死记硬背、机械操练和工具功能的现实，目前在英语教学中加强包括抽象（逻辑）思维、形象（直观）思维、灵感（顿悟）思维、创造性思维和批判性思维在内的多种思维能力的训练和培养已是大势所趋。国家已从宏观层面明确提出了思维能力在英语教学中的地位，英语教育界的专家学者也从不同渠道表达了自己对思维能力的关切，但遗憾的是，研究成果寥寥，身体力行者甚少，教学成果堪忧。基于此，笔者以为，有三件大事刻不容缓：

一是学界的专家学者需要大力研究，特别是关于语言、文化和思维关系的理论研究。这是一种涉及脑科学、神经学、教育学、心理学、语言学、文化学和人类学等多学科的跨学科综合性研究。

二是英语教育界的研究者和实践者应加强沟通合作，开展基于课堂教学的实践研究。同时，英语教师也应加强与其他学科教师的交流，共同促进思维教学的提升。

三是全社会还应进一步科普思维科学。让思维科学立足课堂，立足教学，并上升到提升国家实力和实现民族复兴的高度。一个国家的核心实力不是经济实力、军事实力或者工业农业实力，而是科技实力，尤其是原始创新能力。科技的关键靠人才，尤其是高端人才，而高端人才的核心是具备创造性思维能力。

本章小结

本章介绍了从英语课程总体目标对英语学科素养的总体要求；介绍了批判性思维近年来在国内学术界以及政策性官方文件中发生的新变化，即越来越受到应有的重视；并通过问卷、访谈等研究，分别从教师及学习者的角度概括分析了我国英语教师的教学策略及风格以及学习者的学习策略及风格，并简述了每一种教与学策略及风格背后潜藏的思维能力。笔者分别从教师和学习者的角度突出强调了思维方式和思维能力的重要性。

教师有不同的策略及风格，学习者也有不同的策略及风格，那么当不同策略及风格的教师遇上不同策略及风格的学生时，需要怎样去折中调和以使得课堂既能保持平衡稳定，又能使学生和教师保持和发挥自己所青睐的独特风格，这也是值得研究的课题。

虽然近年来思维能力的重要性在理论及政策性规定上逐步凸显，然而，在实际的课堂教学过程中，身体力行者寥寥可数，因此，学界及教育界亟需开展相应的基于课堂的实践研究。当然，这种研究也离不开社会各界的理解及支持。

第六章　英语教学与思维能力培养实践

笔者从事英语教学和研究近三十年，有幸教过小学生、中学生、大学本科生和研究生，以及多届教育部、财政部联合举行的“国培班”在职中小学英语教师，直至今天仍然活跃在大学讲台上。一方面享受了英语教学的各种乐趣，特别是见证了国家和社会进步大环境下，各种学生进步、成长和收获的快乐；另一方面，也体会到传统思维、社会环境给英语教学中思维能力培养带来的困难与阻碍，深知英语作为一种外语学科，与思维培养有机融合的难度。

但是，三十多年前多彩、多元、开放的大学生活，给了笔者一双更清晰看世界的眼睛；九十年代初，钱学森的《关于思维科学》一书给了笔者一颗更深刻探究内心的大脑。笔者通过读书自学、参加专题研修、参与国内外高端论坛，提高了思维科学的修养，增强了在教学中培养学生思维能力的自信、自觉和紧迫感。于是，从自己的备课、上课、反思，到观课、评课、研课，做了大量尝试、研究和总结，收获颇丰。

除了本书前面五章提到的理论探讨和感悟以外，还积累了大量真实案例。这些案例有的是一词一句，有的是一段一篇；有的是回顾中国历史的，有的是展望世界未来的；有的是一个精彩的课堂瞬间，有的是集体智慧的结晶和总结提炼。这些案例中，有的来自稚气未脱、充满激情的普通年轻教师，有的来自极具个性魅力的中学资深特级教师和大学知名教授，还有的来自英美外教。整体上说，本书收集的案例中 80%以上是笔者亲身实践的经历。这里精选的 120 个案例，都是经过二次、三次加工，按抽象（逻辑）思维、形象（直观）思维、灵感（顿悟）思维、创造性思维和批判性（思辨能力）思维分类，写成了英语版的案例，并加上了笔者的解说与点评。虽然案例的思维分类不尽科学（很多案例是好几种思维方式的融合），解说与点评也不尽全面，但毕竟是一种大胆的尝试和探索。

第一节 抽象（逻辑）思维培养案例

案例一

关键词：Genesis（Creation of the Earth and of mankind）

Book of Genesis is well known as the first book of the biblical scriptures of both Judaism and Christianity-describing the creation of the Earth and of mankind. But do you know how exactly it was done within a week? Let's read it.

Day 1

In the beginning God created the heavens and the earth. Now the earth was formless and empty, darkness was over the surface of the deep, and the Spirit of God was hovering over the waters.

And God said, "Let there be light," and there was light. God saw that the light was good, and he separated the light from the darkness. God called the light "day," and the darkness he called "night." And there was evening, and there was morning—the first day.

Day 2

And God said, "Let there be a vault between the waters to separate water from water." So God made the vault and separated the water under the vault from the water above it. And it was so. God called the vault "sky." And there was evening, and there was morning—the second day.

Day 3

And God said, "Let the water under the sky be gathered to one place, and let dry ground appear." And it was so. God called the dry ground "land," and the gathered waters he called "seas." And God saw that it was good.

Then God said, "Let the land produce vegetation: seed-bearing plants and trees on the land that bear fruit with seed in it, according to their various kinds." And it was so. The land produced vegetation: plants bearing seed according to their kinds and trees bearing fruit with seed in it according to their kinds. And God saw that it was good. And there was evening, and there was morning— the third day.

Day 4

And God said, "Let there be lights in the vault of the sky to separate the day from the night, and let them serve as signs to mark sacred times, and days and years, and let them be lights in the vault of the sky to give light on the earth." And it was so.

God made two great lights—the greater light to govern the day and the lesser light to govern the night. He also made the stars. God set them in the vault of the sky to give light on the earth, to govern the day and the night, and to separate light from darkness. And God saw that it was good. And there was evening, and there was morning—the fourth day.

Day 5

And God said, "Let the water teem with living creatures, and let birds fly above the earth across the vault of the sky." So God created the great creatures of the sea and every living thing with which the water teems and that moves about in it, according to their kinds, and every winged bird according to its kind. And God saw that it was good. God blessed them and said, "Be fruitful and increase in number and fill the water in the seas, and let the birds increase on the earth." And there was evening, and there was morning—the fifth day.

Day 6

And God said, "Let the land produce living creatures according to their kinds: the livestock, the creatures that move along the ground, and the wild animals, each according to its kind." And it was so. God made the wild animals according to their kinds, the livestock according to their kinds, and all the creatures that move along the ground according to their kinds. And God saw that it was good.

Then God said, "Let us make mankind in our image, in our likeness, so that they may rule over the fish in the sea and the birds in the sky, over the livestock and all the wild animals, and over all the creatures that move along the ground."

So God created mankind in his own image, in the image of God he created them; male and female he created them.

God blessed them and said to them, "Be fruitful and increase in number;

fill the earth and subdue it. Rule over the fish in the sea and the birds in the sky and over every living creature that moves on the ground."

Then God said, "I give you every seed-bearing plant on the face of the whole earth and every tree that has fruit with seed in it. They will be yours for food. And to all the beasts of the earth and all the birds in the sky and all the creatures that move along the ground—everything that has the breath of life in it — I give every green plant for food." And it was so.

God saw all that he had made, and it was very good. And there was evening, and there was morning — the sixth day.

...

Thus the heavens and the earth were completed in all their vast array.

By the seventh day God had finished the work he had been doing; so on the seventh day he rested from all his work. Then God blessed the seventh day and made it holy, because on it he rested from all the work of creating that he had done.

解说与点评：

英语界有一种说法，学英语只需要两本书，一是《圣经》，一是莎士比亚。这是无为而治阅读型教师和博览群书型学生的最爱。

《创世纪》既是地理历史，又是生物化学，当然也是宗教文化。这个案例可以用在从初中到大学的英语课堂，可简可繁，阅读理解后讨论：

（1）上帝造创世纪、造人类的顺序为什么是这样的？能调整或者颠倒吗？

（2）神创论和进化论哪个更有道理？有何依据？

案例二

关键词：What Is Internet?

We've been using the Internet a lot for a long time. Actually, it has become part of our life and it has brought to us great impact. So, today, we'd like to discuss what the Internet is.

Have you ever seen a web of a spider and its web? Sh… only a poor creature like me has had such a fortune. A spider web, spiderweb, spider's web, or cobweb is a device created by a spider out of farinaceous spider silk extruded from its spinnerets, generally meant to catch its prey. Spider webs have existed for at least 100 million years, you know? Insects can get trapped in spider webs, providing nutrition to the spider; however, not all spiders build webs to catch prey, and some do not build webs at all. "Spider web" is typically used to refer to a web that is apparently still in use, whereas "cobweb" refers to abandoned webs.

The Internet is the global system of interconnected computer networks that link billions of devices worldwide. It is the largest network of networks that consists of millions of private, public, academic, business, and government networks of local to global scope, linked by a broad array of electronic, wireless, and optical networking technologies.

To some degree, the Internet is like a web in which whoever can cast a net, because there are so many species and so many fishes. No matter who you are and what you do, you can catch the fish you are longing for as long as you obey the law.

Just imagine: if all of us have such a web, what will we get when we exchange it with each other? That's exactly what the omniscient and omnipresent Internet brings us.

解说与点评:

生活中有很多东西司空见惯，却不好定义和描述。这里运用了分析、类比、归类的抽象思维，也包括了比喻的形象思维。

案例三

关键词: "Yes and No" of Internet

According to my observation and analysis, here are some "Yes and No" that the Internet has brought to the teachers and students in the classroom.

It has brought about information and knowledge, but not necessarily insight and wisdom.

It has brought about audio and video products, but not necessarily genuine output.

It has brought about multiple interactions online, but not necessarily sincere communications.

It has brought about models and demonstrations, but not necessarily timely correction and feedback.

It has brought about so many wonderful teachers, but never Confucius nor Socrates.

It has brought about AI and VR, but that's not WHAT WE ARE.

To say YES or NO, that is a question.

Perhaps, the best answer so far, is blended teaching and learning, or just blending.

解说与点评：

从观察纷繁复杂的个体特征和个别现象，到总结、归纳和归类，并用高度概括的语言表达出来是一种较高级别的逻辑能力。归类是否科学有待观察，但这种思维方式，积极主动的作为，值得提倡，值得鼓励。

任何事物都是一分为二的，因特网也一样。如何将它“一分为二”呢？

案例四

关键词：What Has Internet Brought Us?

The classroom is like a boat that has floated downstream from ancient times, through lots of wind and rainstorm. Luckily, it has survived and evolved into a ship. Can it now endure and survive tsunami, the most disastrous weather—the Internet? In other words, what has the Internet brought the traditional classroom?

To teachers, the Internet has provided much information of various types and sources, most of which is free. Teachers won't have any trouble answering any question from any student, because Mr. Baidu, and Mr. Google are always right there waiting. Musical recordings and colorful pictures have made teachers' classes more attractive and impressive. Undeniably, the information can be true or fake, kind or evil, positive or negative. It's dazzling, isn't it?

To students, the Internet has also provided much information, many recordings and many pictures. To some degree, they are now as well-informed as their teachers. Students of different levels, needs and interests, may learn what they need to learn. As long as there's WIFI, students are accessible to E-learning, and even U-learning. But of course, too much unfiltered and unchecked information, seemingly knowledge, is really ubiquitous and distractive.

解说与点评：

这是典型的辩证思维。因特网对现代课堂带来的影响和冲击体现在教师和学生双方，而这种影响，客观而辩证地看，有利有弊。过度悲观或者过度乐观都是不明智的。

案例五

关键词：Why Is Smartphone A "Must"？

Why has a smart phone become a MUST for almost every college student? What can a smart phone accessible to the Internet do in an English classroom? Here are the answers I've collected from my students.

• Look up new words. E-dictionaries are much more convenient than paper ones.

• Surf and search for the latest news，interesting information and various learning materials.

• Take pictures of the teachers' teaching materials，mainly PPT.

• Chat with friends online. Chatting can be about anything，including learning. So students may learn from and help each other.

• Play games. There might be English games，another way of learning English.

• Take notes. A smart phone can be really smarter than a traditional note-book.

• Watch time and kill time. Sometimes，it's used for timing，and sometimes for killing time，which is of course the last choice.

解说与点评：

这是大学生课堂真实的调查结果，可能出乎不少老师和家长的预料。这一案例适合搭台唱戏导演型教师的教法。

也许论据不全面，观点也不一定正确，可是确凿的证据，它支撑了"手机是大学生的必须"的论点。这就是逻辑，讲究真凭实据，不能估计和猜测。

案例六

关键词：English vs Chinese (1)

Could we become smarter or have a higher IQ if we learn English?

Absolutely! Besides knowledge, skills, and culture, thinking is the most obvious. We will discuss how learning English can improve our logical thinking this week. Let's see 3 sentences:

• In Chinese, we say "我有梦想". The English is almost the same: I have a dream.

• But when we say "我小时候就有梦想", the English is quite different: I had a dream when I was a little boy. The order and the words are changed, and the sentence is much longer.

• Finally when we say "时光如梭", the English is also different: Time flies! or How time flies!

Basically, English is different from Chinese in tense, voice, number and person. So, learning English helps us to compare and distinguish.

English vs Chinese (2)

It occurred to me that today is Women's Day. Needless to say, women are different from men. There is no WHY but HOW. Women are beautiful while men are handsome, women emotional while men rational, women gentle like waters while men tough like mountains. But both women and men are human beings different from ordinary animals, for sure. That's the value of comparison and analysis from the perspective of logical thinking, seeking both differences and similarities. What do English and Chinese sentences have in common?

The English of "我来了，我是英语老师，我教英语。" will be:

I've come, I'm an English teacher, and I teach English.

Generally and grammatically, both English and Chinese sentences share the same order of : Subject + Predicate + Object.

So, English is not that far away from Chinese, isn't it? Both are languages.

解说与点评：

没有比较就没有区别。要把英语真正学好，还需要偶尔比较下英汉两种语言的异同。语言的迁移能力源于语言的相似性，这就需要比较、判断和推理等逻辑能力。

案例七

关键词：English in Contrast with Chinese (1)

Thanks to Tom's advice, we'll talk about the contrast between English and Chinese. If comparison is what lies between red and yellow, then contrast is what lies between black and white. Contrast is also an aspect of logical thinking. Let's see some primary differences.

First of all, in pronunciation, English pays more attention to stress and liaison while Chinese intonation and pitch. Speaking English is like eating noodles while speaking Chinese is like eating sun-flower seeds.

Then, in vocabulary, writing English words is like an accountant typing numbers while writing Chinese characters is like an artist drawing a picture.

Finally, in grammar, attention must be paid to logic in English while attention to rhetoric in Chinese.

English in Contrast with Chinese (2)

Many words in English have both literal and figurative meanings, so do some Chinese characters. But some words of English contrast Chinese sharply.

A cat is only "一只猫" in Chinese, but in English it can also refer to a vicious or gossipy woman, or a coward.

A goat is only "一只山羊" in Chinese, but in English it can also mean a victim or scapegoat, a Lovelace or an inferior .

A cock is only "一只公鸡" in Chinese, but in English it can also mean a weathercock or a special omen; it could also be a chief of a group, or someone self-conceited; or even a partner or fellow you trust .

English in Contrast with Chinese (3)

Let's follow up the contrast of figurative meanings of English words and Chinese characters with two examples.

We Chinese are called the descendants of the dragon, that is, "龙", because the dragon, together with phoenix have traditionally become our totems. It may also refer to a wise emperor, a talented gentleman, or a strong and speedy horse. Besides, the dragon is one of the 12 animals of the Chinese zodiac. However, in English, the dragon always signifies the Satan or devil, or someone evil, or a dictator or dictatorial power.

We Chinese also like the monkey，“猴子”，because it means little and lovely，clever and smart，and especially flexible. But in English，it signifies a mischievous boy，or someone who is often made fun of.

So，today's key words are：Dragon and Monkey.

English in Contrast with Chinese（4）

One of the most frequently used and most figurative Chinese characters is “心”. Heart in English has many meanings too，but it doesn't match the Chinese “心”.

If you are my “心腹、心肝、心上人”，you must be my bosom friend or trusted follower，honey or sweetheart，or the most beloved.

If you are “心宽体胖、心旷神怡、心花怒放”，you must be fit and happy，relaxed and carefree，or wild with joy.

If you are “一心一意、心直口快、心领神会”，you must be heart and soul，frank and outspoken，or well-informed and well-enlightened.

You see，the Chinese “心” can mean heart，emotion，mind，or brain.

Today's key word is：Heart.

解说与点评：

英语单词“Compare”意为“求同存异”，“Contrast”意为“求异存同”和“比较甄别”。

这四个案例阐明了英汉语音、词汇、语法的较大差异后，特别举例阐明了英语的巨大文化差异影响了词汇的引申意义。从分类、比较到内涵和外延的推理，都需要较强的逻辑思维能力。

案例八

关键词：AlphaGo（Artificial Intelligence）（1）

AlphaGo! Do you know AlphaGo? Yeah，it's perhaps the most advanced robot that has just defeated（Lee Se-dol）human beings，in playing chess. But how's that?

AlphaGo is a robot with super artificial intelligence，made by Google DeepMind. The name is a mixture of Greek，English，and Japanese. Go is the Japanese for Chinese *Weiqi*. AlphaGo is equipped with the software that can store almost all the classical cases of *Weiqi* from top players. In other words，AlphaGo is familiar with those players' brains，and able to solve any problem at any moment. Why? AlphaGo's brain works faster and more steadily!

Then, what does it look like? Cool or handsome? Lovely or humorous? Like a dinosaur or a monster? I don't know. One hundred fans may have one hundred AlphaGoes, if you are imaginative!

Artificial Intelligence (2)

Yesterday, we talked about AlphaGo, which is only one of the robots with advanced Artificial Intelligence. So far as I know, we have seen robots clean the floor, cook food, read newspapers and tell stories at home. In the music hall, robots are now able to play music; on the playground, robots are able to play basketball and football.

Do you always go to Baidu & Google? Their quick and precise explorers also belong to AI. Do you come home just by touching the screen or watching a camera without a key ? Do you plan to sit in your car without driving by yourself, like an unmanned plane? All these belong to the latest development of AI.

Artificial Intelligence (3)

Scientists say AI has a road-map of 3 stages: Elementary Brain Computing, Advanced Brain-like Computing, and Super-brain Computing. In fact, either AlphaGo or the unmanned plane is still at its first stage.

Even the robot of the last stage will not tell what the world will be, but what the world used to be. What a robot is good at is only logical thinking or abstract thinking, while poor in imaginative thinking, intuitive thinking, inspirational thinking, and of course, creative thinking.

Besides, up to now, we can't foresee a robot with real human emotions that can communicate with us human beings. Although the beautiful Goddess-like robot named Genminoid F. created by Japanese has come up, you can't take her home and marry her, I guess.

解说与点评：

科技发展的日新月异已超过我们想象的步伐。如文中提到的，到2020年，人工智能将实现初级类脑计算（Elementary Brain Computing），目标是计算机可以完成精准的听、说、读、写；到2035年，进入高级类脑计算阶段（Advanced Brain like Computing），计算机不但具备“智商”，还将拥有

“情商”；到2050年，有望发展出神经形态计算机，实现超脑计算（Super-brain Computing）。阿尔法狗到底是什么样的？高级机器人是否和人类一样多种多样、多姿多彩？

本案例的重点其实不在形象（直观）思维，而在抽象（逻辑）思维：阿尔法狗能战胜人类到底靠什么？下围棋的关键是什么？未来的人工智能（AI）究竟会如何走向，经历什么阶段？女神范儿的机器人到底能否代替妻子？正如未来学家所言，预测靠的不是想象，而是推理和论证。

事实上，2015年和2016年，整个Google都在推动一件事——改名Alphabet，希望彻底脱掉互联网公司的标签，在原来的搜索引擎、YouTube和Android之外，将Calico（生命工程相关）、Google Ventures（创新投资部门）、GoogleX（研发自动驾驶汽车、智能隐形眼镜和提供互联网服务的热气球等）都归到Alphabet旗下。Google似乎已经意识到“互联网”时代正在终结。新的伟大时代被称为“人机智能时代”。“人机智能”是对应“互联网”的全新技术趋势，不仅包括“人工智能”，也包括对人类本身智能提升和超越的技术，人和人工智能是这个时代的两个平行主体。随着“人机智能时代”的核心技术呈现，“WAR”将作为这个时代的核心技术引领这次变革。W是Vehicle（交通工具，即Uber、无人机、无人驾驶等）和VR虚拟现实两个单词首字母的组合，A是AI（人工智能），R是Robot（机器人）。这四个核心技术是这个时代的主要技术基础和灵魂式的产业方向。伴随着“WAR”技术内核的飞速发展，这个时代的画面正在逐渐清晰。用狄更斯的话来说，“这是最好的时代，也是最坏的时代”，无论如何，这个时代真的来了，虽然目前只是以一个商业奇迹的外衣悄然出现。我们可以嘲笑蒸汽机，我们可以放弃互联网，但当我们自身被替代者挑战的时候，你会无动于衷吗？

看来，谷歌“深度思维”（Deepmind）的英文名真是寓意深刻啊！

案例九

关键词：How to Make a One-minute Speech?

How should we make a one-minute speech? Any secret?

First, choose a small topic. The topic or idea should be within your reach and it should have a clear theme. Too general or too large topics like, how to learn English, Internet +, or China's future, are bad topics.

Then, find enough details. Normally, specific evidence speaks louder than empty words. Nouns and verbs are much better than adjectives and adverbs.

And then, make a delicate composition. Pay attention to your whole organization and your choice of words. Better polish it several times while reading aloud after the composition is done.

Finally, be brief. No wordy sentences, no nonsense. Every word counts and matters. Come to the point as soon as possible. End up on time!

解说与点评：

这是一个越来越看“颜值”和“言值”的时代。没有遗传基因要拥有和提高“颜值”谈何容易，但“言值”确实可以通过后天努力获得的，因此一分钟演讲已经成为一种风尚，一种必须。案例中揭示了些许真谛，根据是什么呢？有内在、外在、宏观、微观、内容、语言等多个因素，如何合理组合，其实是一个费神的逻辑问题。

此外，你注意到了 First，Then，And then，Finally 没有？

案例十

关键词：I-K-W

Today we'll come to IKW. Do you know what it is ? "I Know What…?" Bingo!

Traditionally, philosophers and poets divide human beings' thoughts and ideas into three parts: **information-knowledge-wisdom**, from which I've just coined a word of IKW.

Do the three have any difference? Sure. Information is any message about anything or anybody, produced and passed from person to person, or sent from one place to another. It includes the truth and the lies, news and rumors. Knowledge is what's just been found out or discovered, to be new and useful and helpful. But wisdom is only the most important and significant knowledge, usually truth, insight, and enlightenment from real experiences and real experiment. Information always has the greatest quantity while wisdom has the greatest quality.

In the world of the Internet age, the gap has become even bigger. Do you know why?

解说与点评：

这是一个推陈出新的话题：世界都由物质、能量与信息构成，信息又分成普通信息、知识和智慧三个层次。把整体分成部分，把部分再按层次细分，从定量到定性，既是一种把具象的东西抽象化的过程，也是遵从逻辑规律的思维手法。

此外，首字母缩略词法（acronym）也是一种高度简洁抽象的学习法。从 IKW 到“I Know What…?”则是一种从抽象到具象的巧合。

案例十一

关键词：Chinese Mahjiong and English words

Have you ever thought of the special link between Chinese Mahjiong and English words?

Both of them are games of putting pieces together or dividing the whole into pieces, which I call “mounting the snowball” or “melting the snowball”. But of course, to play the games well, you must know the rules and use your imagination.

Two examples. First is a sentence of **“China can go.”** Can you use one word to summarize it? The answer is **“CHICAGO”**!

Then is a word of **“CHOCOLATE”** (c-h-o-c-o-l-a-t-e). Can you use the letters inside it to think of or make up some other words? The more, the better. I can think of: **coco**, **late**, **tea**, **at**, **ate**, **eat**, **hate**, **hot**, **cat**, **coat**, at the moment.

Have a try! I'm sure, you can do a better job.

解说与点评：

首先，由打麻将想到记单词，还真是一种创意思维呢。观察、分析、比较、归纳共性，也是逻辑思维。由“China can go.”到“CHICAGO”是合成，由“CHOCOLATE”到“coco, late, tea, at, ate, eat, hate, hot, cat, coat”是拆组，都运用了创意的抽象思维，都是有趣的动脑的记单词、玩单词的好办法。

这种办法适合中小学生，比强迫他们背十遍抄二十遍科学得多。

案例十二

关键词：Look Up Dictionaries!

Although it seems difficult (for many Chinese) to memorize English words, they do have many rules to help us remember and guess. Wordformation is the first shortcut, which usually consists of 3 parts: root, prefix and suffix.

Let's take "ACT" for example, as the root. When you add prefixes or suffixes to ACT, you will easily get more than words: "inact, enact, actor, actress, actual, actually, action, acting, active, activity, actively". So, I always suggest my students look up dictionaries, especially English-English ones.

Besides, English words are arranged in such a special order that you can find them in the same place if they belong to the same family.

For example. "exhibit, exhibition, exhibitionist, exhibitor", are good neighbors. So I always wonder why you don't like to play the toy of the English dictionary if you find your teacher's lecture boring!

解说与点评：

这个案例同样是运用抽象（逻辑）思维教学生记单词用单词的好办法。

的确，词典就是学英语最好的老师：内容丰富、例句有趣、用法齐全，而且排列科学、使用方便，我说的是纸质词典。电子词典会丧失以上诸多便利。

案例十三

关键词：Five Tips For Travelling

How to travel? This is really a big question. One hundred travelers may have one hundred answers, but here are 5 tips for your reference. (CWOCE)

First, be curious. The more you are curious about the world, the more you want to travel. To travel is to go out to explore, find, and discover. It's not to kill money. The world is a large book and those who don't travel only read a page.

Second, be well-prepared. In ancient Greece, a horse and Greek helped you to travel around the world. In today's world, it's a smart phone and English! Experienced travelers will also do a lot of work through the Internet about the places they are to visit. Of course, don't forget to build up your body.

Third, be open-minded. The world is colourful, and the people are diverse. That's why we need to travel. Always listen to others even if you don't like, and always try something new even if you aren't used to.

Fourth, be creative (and unique). Artists and writers are particularly fond of travelling because it's a great opportunity to pick up or acquire inspirations. Travelling is more than ordinary relaxation. You need to make it a positive and productive relaxation creatively. For example, write something, design something, or make some special friends. Further more, if you like, you can challenge yourself.

Finally, enjoy being on the way. The most beautiful scenery is always on the way. So always try to find somebody or something around you that you can appreciate and enjoy along the way. Then you are always happy in spite of anything tough.

解说与点评：

旅游已经成为一种新的时尚，但有钱、有时间并不能保证你会旅游。要把旅游（tour）提升为旅行（travel），还是需要一些知识储备和文化修养的，比如好奇心、开放的心态、创意、欣赏身边和路边的风景。还有，做功课、看攻略、写游记都是旅行的要素。

把“玩”分解成这些要素，需要高度的概括能力、登高望远的意识，以及深邃思考的敏感性。答案提示（Tips）并不一定完美准确，但这种抽象思维却培养起来了。

案例十四

关键词：Three Levels of Touring

I didn't take the joke seriously until it was told by a Vietnamese tourist guide while I was in Hanoi, Vietnam several years ago. “Touring or travelling for Chinese tourists simply means, to take some naps in the car, rush to the toilet, take lots of pictures, and finally forget everything about the the places they've just been to” (“上车觉觉，下车尿尿，到了景点照照，回去之后啥也不知道”). I, together with my friends, was really hurt and humiliated. But, indeed, this is a rough picture of some (if not most) of Chinese tourists. They haven't grasped the essence of touring or travelling.

Based on my own understanding, there are three levels of touring.

Level 1. Those who just like to take pictures ignoring everything else are beginners.

Level 2. Those who like to watch natural wonders and cultural heritages with their eyes, amazed at the stories behind them with their ears, are intermediate tourists.

Level 3. Only those who like to do a lot of work beforehand, then participate in the dialogues between tourists and tourist guides, between tourists and scenic spots, and finally do some reflections afterward, are called mature tourists and travelers. Actually, most of them are DIY (like driving) travelers. They enjoy reading and writing travelogues. Curiosity, amazement and exploration matter a lot!

In summary, three levels of touring are those, done with a camera, with eyes and ears, and with heart and soul.

解说与点评:

和上一个案例密切相关，旅游的三个层次，由低到高，由入门到深入。这种划分符合认知规律，便于读者或听众了解、掌握和实践，是一种不错的逻辑。最后的总结中把抽象的分类和可视化的 a camera, with eyes and ears, and with heart and soul 对应起来了，可谓亮点。

至于“上车觉觉，下车尿尿，到了景点照照，回去之后啥也不知道”，倒也形象押韵。不必过多深究，有则改之无则加勉吧。

案例十五

关键词: Evaluation of EPS

We've already discussed in Voice of 181 that a good public speaker should be a thoughtful thinker, an exact writer, an eloquent speaker and an active actor (actress). As audience or judging panel, how should we judge a public speech in English?

Normally and internationally, thought covers 40%, composition 30% and delivery 30%. A successful public speech should be highly structured, formally composed with a personalized delivery.

Personally, the thought should be both important and practical, both fresh and original. The composition is wrapped up in the formal organization and the impressive language, with unity and coherence. The delivery focuses on communicativeness, which is different from either a recitation or a read-aloud performance. But of course, fluency and accuracy, rate and rhythm, together with your voice quality and voice control should be paid special attention to.

解说与点评：

制定标准是一种煞费苦力和脑力的事情，决策者和专家队伍一般需要做一些必要的从特殊到一般、从个体到整体、从全面到重点的研究工作，最后高度提炼。标准既要符合现实，又要面向未来；既要有理论指导，又要方便操作。

案例中关于公众演讲的思想、创作和展示三大要素及其所占比例，纲领性地抓住了关键，符合专业要求。而且，和开头的 a thoughtful thinker，an exact writer，an eloquent speaker and an active actor（actress）遥相呼应。连贯性和整体性也是抽象思维的重要特征。

案例十六

关键词：NRMN—Self—Evaluation

It's always easier to evaluate others than yourself，and easier to be a listener than a speaker. So it is with English public speaking. Have you ever thought of self-evaluation? Here's a "shortcut" of the 4 steps，if we can say so.

Step 1.

Before you come to the stage，you should be NERVOUS. Why? The more you care about something or somebody，the more likely you will become nervous. Besides，if you have experienced the feeling of nervousness in advance，you won't feel nervous on the stage.

Step 2.

When you begin to make the speech，you should be RELAXED. If you are concentrating on the speech and speaking itself，everything else will be far away or far behind. Before you are only a large group of audience whom you are speaking to and communicating with，nobody else.

Step 3.

Then you have come to the climax when you should be MOTIVATED. Your blood is boiling，your voice is increasing，and your face is going red.

Step 4.

After you are done，you should be back to NORMAL and NATURAL.

Congratulations on your wonderful job!

You see, NERVOUS — RELAXED — MOTIVATED — NORMAL (NATURAL), have formed a new word: NRMN.

解说与点评:

这是作者遵照大的公众演讲准则，自己实践后摸索出来的经验之谈，从理论到实践，再到理论，符合科学的认知规律。四个阶段按时间分，有始有终；四个关键词突出了四个时段的关键，便于操作。

此外，NRMN 源自 acronym 方法，删繁就简，实惠。

案例十七

关键词：China' s Performance in Rio

If you ask me about China's performance in Rio Olympics (2016) this time, "normal progress" is my evaluation.

"Normal" means both success and failure, both confident and concerned, both surprising encouragement and unexpected disappointment. China's table tennis and diving have always been standing tough on top with hardly any rival. Here, I'd like to quote a famous Chinese line from Jin Yong, "Always No. 1, never lost"(东方不败，笑傲江湖). Meanwhile, China's archery and weight-lifting have gone downhill. We have gained a lot in swimming but remained backward in track and field events. And the total number of medals ranks No. 3 among all the countries, which is what we had expected.

"Progress" means, Chinese athletes and coaches together with the Chinese media, audience and community have become mature. We no longer regard medals as the only criterion of success or failure. We no longer blame or criticize those who didn't win medals although they were supposed to win. We have come to know the real essence of Olympic spirit—participation. We have also come to know the value of respect and appreciation for our opponents who have defeated us fairly.

On the whole, China's performance in Rio is the true reflection of China's comprehensive status and power. We have made normal progress.

解说与点评:

案例中采用辩证思维，提出了“常态进步”（“normal progress”）的论点，分别从“常态”和“进步”两个侧面给出定义解释，并用真实论据进行了佐证。最后上升到整体，总结提升，符合螺旋式上升的逻辑路径。

案例十八

关键词：Why to Compete?

Yesterday，I proposed that one of the signals of China's progress is that we no longer regard medals as the only criterion of success or failure. Then，you may wonder，what's the point of competitive sports? To compete or not to compete? That is really a question.

Why should athletes，especially kids compete? Is competition good for them? Is it necessary to get them prepared for their grown-up lives? According to Anne Josephson (President and CEO of the Josephson Academy of Gymnastics，USA)，there are about 10 reasons behind.

Competition drives us to learn at a faster rate and perform at a higher level. When the meet is on the horizon，we work harder and faster. When we are playing a game，we push a little harder. In doing so we surprise ourselves of what we are capable of accomplishing.

Competition teaches us to bring our best effort. Keeping score gives us extra motivation to do our best. We pursue excellence when we compete.

Competition teaches us to manage our nerves. When something is out of our comfort zone or pushes us to perform，it's normal to feel fluttery within. Competition brings those butterflies out，so we can work on managing them. That's a trait that we can carry with us in taking exams，interviewing for jobs and giving presentations.

Competition teaches us to take risks and overcome fears. Once we realize that competition is not a terrifying thing，we can take risks. We can develop our confidence to do things that are hard or uncomfortable.

Competition teaches us to cope when things do not go our way. Sometimes you work hard，and you still lose. Sometimes you win but still didn't perform as you wanted to. We learn resilience and grit in these moments. Resilience and grit are two traits that most certainly are essential in adulthood.

Competition teaches us to play by rules. Learning to operate within rules and developing strategies to use those rules to our advantage are great things competition teaches us.

Competition helps us to learn to win and lose with grace. Competition gives us the opportunities to cope with feelings of pride and disappointment and to learn to process them in healthy ways.

Competition can build self-esteem. Self-esteem cannot be handed to kids; they have to earn it. Competition is one way kids earn self-esteem. When you develop a talent and work hard for a result, it feels great. When you fail and learn that it can bounce back, you feel more confident in yourself because you understand that you have resilience.

Competition teaches commitment. There is a saying that says "Successful people do the things that unsuccessful people don't want to do. That is why they are successful." Building the habit of commitment is a wonderful by-product of being involved in competitive sports.

Competition presents opportunities and communities to travel. Maybe it's just within your state, or maybe it's national or even international. But being part of a competitive team often gives us an opportunity to visit places and interact with people that might not otherwise meet.

解说与点评:

上一个案例中提到了“常态进步”，强调了淡化金牌、淡化竞技体育、淡化精英体育的概念。也许是有争议的，不仅在体育界，而且在政府的层面和整个社会。其实，是因为很多人混淆了“竞技体育”和“竞争意识或竞争精神”的缘故。本案例正好用美国知名运动员、教练和裁判的亲身经历和逻辑回答了读者的疑问。正如，奥运会的口号“更高、更快、更强”并不意味着“名次更好、金牌更多”，因为还有一句“重在参与”。

由此想到时下最流行、笔者却不敢苟同的教育口号“赢在起点”，“决不能输在起点”。首先，各级学校不是运动队，各级师生也不是教练和运动员。动辄以输赢来比较其实并不科学，因为正常的教育应该是自然而然地尊重生命的成长过程。奥运会必须排名次、论输赢和发奖牌，而绝大多数时候的学习过程（包括多种考试）是不需要排名次和论输赢的。同样，学生，尤其是中小学生，与军人和产业工人也是迥异的。

越来越多的教育专家认识到，孩子的教育要融入四季，就跟小树苗一样，要经过春夏秋冬：春天的种子发芽；夏季的雨露滋润；秋天的饱满硕果；冬日里父母的温暖。“三分教育、七分等待”的教育原理告诫父母：每个孩子都是一颗种子，只不过每个人的花期不同。有的花，一开始就灿烂绽放；有的花，需要漫长的等待。我们唯有相信孩子，静等花开！无论哪个阶段的家庭教育，都应该尊重儿童的个性和成长规律，才能够收到良好的教育效果。现在的家长都太焦虑，生怕孩子输在起跑线；人一辈子最不能改变的是作为父母的角色，无论你的孩子成绩如何，考什么学校，将来干什么，亘古不变的依旧是家庭的亲子关系。

不仅如此，不同的季节有不同的鲜花。正是春天的迎春花、牡丹、郁金香，夏天的荷花、兰花、牵牛花，秋天的菊花、桂花、秋海棠，冬天的蜡梅、水仙、山茶花，才让这个世界四季常青，四季常鲜，充满了神奇的流动性和多样性。很难想象你通过最先进的科学技术强制性地把这些花都种植在同一个园子，让它们在同一个时间开放！因此，让学生都“赢在起点”，“决不能输在起点”，既滑稽可笑，又违背科学和脱离现实。毕竟，人是高级动物，其四肢、五官、大脑、心智、情感的发育和成熟因人因地因时而异，有时会大大超乎我们的想象。

事实上，历史上输在起点却大器晚成的例子不胜枚举。大科学家爱因斯坦到3岁才会说话，发明大王爱迪生12岁还不会阅读，姜太公年过半百还在渭河垂钓，神奇画家齐白石到90岁艺术创作才到达顶峰。

我们也不否认世界上有2岁的澳大利亚天才画家，3岁的罗马尼亚音乐天才，6岁开始玩专业台球的美国运动天才，7岁就能做手术的印度天才外科医生，10岁获得第一个学士学位的美国天才，14岁成为象棋大师的意大利天才，但天才之所以是天才，是不需要接受普通教育的极少数人。

新学期伊始，到底该做些什么呢？个人觉得，打扫下屋子、清理下书桌、穿上新衣服、整个新发型、买个新书包，并装上新书和新文具，调整新心情，拟个新计划，还有，根据自己的兴趣爱好加入一个新俱乐部，结识一帮新朋友等等，都是不错的选择。

新学期只是人生旅程的一个新驿站，一个新起点，学生、教师、家长都不需要将新学期比作战场的出征，因为那就只有输赢（死活）两种选择；也不要比作短跑，因为那就必须冲刺。

我们过去常说，人生能有几回搏。其实，人生真的可以有很多回拼搏，如果你想可持续发展、可持续成长、可持续收获的话。

新学期，新起点，没有输赢，好好把握即可。

案例十九

关键词：Why to debate?

Several years ago，a student asked me，“I even don't debate in Chinese. Why should I learn to debate in English? What's the point?” I didn't reply in time because I really couldn't answer the question.

Now，I'd like to quote a passage from Stephen Layman，author of “The Power of Logic” to answer the question：

“Everyone thinks. Everyone reasons. Everyone argues. And everyone is subjected to the reasoning and arguing of others. We are bombarded with reasoning from many sources：books，speeches，radio，TV，newspapers，employer，friends，and family.

The ability to think，reason，and argue well is partly a matter of natural gifts. But whatever our natural gifts，they can be refined and sharpened.”

Also，I have a long sentence of my own—People who can't agree will disagree. People who can't debate will quarrel. People who can't negotiate will go to war.

In this colorful world，debates can be seen and heard everywhere，as a thinking activity，or as a strategic activity，or as a competitive-educational activity. But，we debate **NOT** for winning or losing，nor success or failure，**BUT** for better ideas，because **IDEAS MATTER**！

Just remember，**WE DEBATE** in **English** with **logic** for better **ideas**!

解说与点评：

回答 Why 这样的问题通常有理论、实例、理论加实例三种模式，显然理论加实例效果最佳。这里引用了业界大腕 Stephen Layman 的名言，显得更有说服力。既然是 Everyone thinks. Everyone reasons. Everyone argues. 你我都是 Everyone，因此就没人逃得脱广义的争辩了。常用的三段论推理。

案例二十

关键词：Logic in Debate

As I always tell my students in class，EPS is magic，power，and most of all，an art！ED is logic，power，and most of all，a strategy! Obviously，logic is just the essence and core competitiveness of a debate.

Francis Bacon said，“Histories make men wise；poets witty；the mathematics subtle; natural philosophy deep; moral grave; logic and rhetoric able to contend." Stephen Layman said, "Roughly speaking, logic is the study of methods for evaluating arguments. More precisely, logic is the study of methods for evaluating whether the premises of an argument adequately support (or provide good evidence for) its conclusion."

Needless to say, logic makes us rational, objective, critical and independent, as well as smart and wise.

Generally speaking, women are poor in logic, compared with men. Also, we Chinese are poor in logic, which means, we have to study it hard even if we don't debate.

解说与点评：

全文是一篇运用了三段论的短文：论点、论据、结论。开头有辩论和演讲的比较，中间的论据引用了两位大家的原话，最后点题：逻辑在逻辑中的独特重要性。

案例二十一

关键词：Women Are Far Superior

Happy Women's Day! On this special day, I'd like to extend my sincere gratitude and admiration to you all, in William Golding's (British writer and Nobel Laureate) words:

"I think women are foolish to pretend they are equal to men, they are far superior and always have been. Whatever you give a woman, she will make greater. If you give her sperm, she'll give you a baby. If you give her a house, she'll give you a home. If you give her a smile, she'll give you her heart. She multiplies and enlarges what is given to her. So, if you give her any crap, be ready to receive a ton of shit".

In my opinion, Golding seems to tell us: First, British men are really gentlemen and really noble men. Second, British women are really superior and far more superior. Third, British men and women have their different strengths, that is, men create while women recreate; men speak while women act; men lead while women follow! So, are women and men really equal? Who are superior and who are inferior eventually?

That's all, thank you.

解说与点评：

这是笔者 2016 年三八妇女节给大学生的祝词。英国作家戈尔丁运用了比较、类比、因果等逻辑推理，还有排比、夸张、递进和突降等多种修辞手法为代表的系列意象。整段话不失为抽象思维与形象思维完美结合的佳作。

案例二十二

关键词：Tips for Self-introduction

For beginners of English public speaking, a self-introduction is always a starter, because it's just a mini-public speech. Here are several tips to do a better job.

First, what's the purpose of a self-introduction before the public, you know? It's to make yourself known, distinguished and accepted as soon as possible. In other words, speak out and stand out even if you aren't outstanding. So, choose your own story, your own motto, and your own hobbies that only belong to you. Don't copy, imitate or repeat others.

Then, choose a special angle, design a special organization and deliver it with a special presentation. Before your audience and new friends, impress them and be impressive. Keep on impressing if you yourself aren't impressed.

Finally, don't talk too much nor ramble on. It's better to limit it within 1—2 minutes. It's not the time you spend speaking or the number of your words you employ, but your uniqueness and creativity that matter most!

解说与点评：

用英语做自我介绍，是从小学到大学课堂上都在做的口语作业，但很少学生得其精髓。因为他们习惯落入两个误区：要么一股脑儿地拉拉杂杂全倒出来，丈二和尚摸不着头脑；要么干巴巴地几句话，不疼不痒。

案例中的窍门切中要害：清晰的思路、特殊的角度和少而精。逻辑上说，就是抓重点，突出个性，在一两分钟内让听众认识你、记住你。

案例二十三

关键词：September 18th

Yesterday was a special day, wasn't it? If you are still a beginner, do you know how to make a 60-second speech to introduce it ? Here's my sample based on my "4-Step Diamond Model", which means Topic/Theme, Details,

Explanation, Summary/Conclusion.

It's September 18th today. (Topic/Theme)

It's a special day for China, and some Chinese even call it a day of infamy. This day 85 years ago, the Japanese army invaded Shenyang, a northeastern city of China, which caused a large-scale and long-term war of over 14 years. (Details)

Although the Chinese won the war finally after more than a decade's time, we had suffered terribly, including the loss of more than 35 million lives and seriously wounded, together with the economic loss of about 500 billion dollars. (Explanation)

So, on hearing the air raid alarm over the city, we come to cherish the peaceful days more dearly and remember the painful history more clearly. September 18th is a day of infamy, but we must remember it. (Summary/Conclusion)

解说与点评：

案例通过最简单的例子介绍了有条理说话（说明性话语）的“钻石模型”：自上而下是话题、细节、解释、结论。很多学生很多成人说英语完全没有逻辑，源于他们用中文说话也不讲逻辑，没有条理，意识、知识和能力都缺乏。最近看了一篇原载于《南方都市报》、署名为郭宇宽的文章《中国缺乏的是逻辑启蒙》，深有感触。

很久以来，中国是一个长于修辞而短于逻辑的国度。事实上，大约在十七世纪，西方的逻辑才传入中国。明末李之藻所译《名理探》即是证据，随后各种西方逻辑译著相继出现。《墨经》的研究开始兴盛起来。由于多种原因，逻辑在我国一直没有得到真正的重视，理论上和实践上都乏善可陈。而西方的逻辑完全可以追溯到2500多年前，古希腊时期的天才哲学家、思想家亚里士多德，即“逻辑之父”。之后，经过培根、穆勒、莱布尼茨、罗素、哥德尔、图灵等欧洲著名哲学家、数学家和逻辑学家的丰富、发展和推广，才有了今天的逻辑学科。

笔者认为，逻辑学与数学、哲学、心理学、统计学、语言学和修辞学等诸多学科均有较为密切的联系。因此，学好逻辑并非易事，但毫无疑问，逻辑是培养理性、寻求真理的强大武器。我们不能不学，不能不会，我们的国家和我们的教育不能没有逻辑的启蒙。

正如郭宇宽所言，“逻辑启蒙，它把基本的分析技巧，内化为人们的思维本能，让每个人都能够成为一个独立的智者，自己能鉴别和取舍真假，用理性构建自己的认识，不被情绪和冲动所裹挟，也不被煽动和诱惑而操纵”。他忧虑，“如果这样不断让缺乏逻辑思维的老师教育出更加缺乏逻辑思维的学生，并且用这样缺乏逻辑思维的教学体系，再不断培养和选拔人才，那么学术的前途忧矣，中国的前途忧矣”。

想想，为什么“吾爱吾师，吾更爱真理”会成为哈佛大学的校训！想想，为什么围绕达尔文的进化论会有两次震惊世界的论辩（一次是 1660 年发生在英国牛津大学的论战，一次是 1920 年发生在美国田纳西州小镇的“猴子庭审”）！想想，为什么那么多学者随性发言发文，那么多类似“凌晨4 点灯火通明的哈佛图书馆”的心灵鸡汤，竟然麻痹了亿万国人！

想到这些，笔者不禁大呼：我们的奥数高数可以学简单一些少一些，逻辑却要学复杂一些多一些。

案例二十四

关键词：Elements of Internet-based Classroom

We've discussed the “4A-basics” of the normal state of a traditional classroom. How has the internet changed our traditional classroom? What are the “4A-basics” of an internet-based classroom? Also，“4A-basics” are as follows.

A clear goal for the teacher. That's almost the same as a traditional classroom. In other words，the teacher must have a specific target for each class. How many new words to teach? What do you want the students to do with the new words? And how?

A proper content for the students. Similarly，how many new words for the average，top and poor students respectively? How many sentences (or paragraphs) to listen to，speak out，and write down? Indeed，the internet has brought us more audio-video materials，but it doesn't mean the more the better. A proper content is always the best.

A more flexible method. There's no best method but a most suitable method for a certain class of students. There's no master plan in this world. A flexible suitable method is a lever that makes teaching much more effective，and even efficient.

Thanks to the Internet，the teacher has more teaching methods to choose from. Sometimes，a picture is worth a thousand words. Sometimes， a short video is a great story.

A more comfortable atmosphere. An English classroom is a place full of vitality and harmony, where learners feel free to learn whatever, and however. When fear and anxiety reduce, joy and interest increase. Thus, joyful learning takes place.

The Internet has made it possible for the teachers and students to have more multiple interactions with each other. More freedom and democracy means a more comfortable atmosphere, which will greatly enhance the efficiency of teaching and learning.

A comfortable atmosphere to learn and enjoy.

解说与点评：

这个案例，前前后后，其实经历了近十年。很多同行和笔者交流过，很多学生和笔者在课堂上讨论过，毕竟因特网已经越来越普及，师生运用因特网越来越多。那么，网络时代还需要课堂教学吗？计算机辅助教学的课堂是什么形态？网络资源和传统课本在课堂中扮演什么角色？这些问题都是既抽象又具体、既遥远又紧迫的问题。

经过读书学习、问卷、访谈、个人实践之后，才得出新形势下英语课堂教学的四大要素。为什么是这些？为什么这样排序？其他学科的教学呢？更多的问题还有待深入思考。

案例二十五

关键词：Irreplaceable Classroom

It's said that teaching, like cooking, is one of the oldest professions that haven't changed much in terms of tools and places since more than 2000 years ago. The classroom to teaching is what the kitchen to cooking. Just take a look at the large, modern and maze-like hospital, and you will know what changes have been taking place in the field of medical care.

You may wonder why the classroom is so important and irreplaceable, and what's exactly inside it?

Either in Confucius' old-style private school (home school with a private tutor) or in today's international school, a comparatively fixed classroom is always the dominant place where the teachers and students most meet, knowledge and wisdom are most taught.

Usually，a teacher teaches a group (class) of students，of the same age or of the same level，the same textbook or material，with the help of some teaching tools like the blackboard (or multimedia). Among these elements，what or who do you think is the most important?

My answer is “That depends”. It's the teacher if you call it a teaching classroom，and it's the students if you call it a learning classroom.

解说与点评：

和上一个案例相关，谈课堂教学在现代社会的必要性。课堂教学和教室学习，是我们每个人都很熟悉的，但是要提炼它的要素、总结它的重要性，确实需要过硬的理论修养和逻辑推理。

本案例采用了将教师的课堂与厨师的厨房类比的方式，取得了较好的效果。教师—厨师、课堂—厨房、讲台—灶台、教具教材—厨具食材、教学策略—厨艺、学生—食客，还真能找到很多共同点。

案例二十六

关键词：How is English Classroom Different?

There's no doubt that English has already become one of the hottest subjects in China now，from a kindergarten to a university campus. Consequently，the English classroom has received most attention from teaching practitioners，English experts，even to kids' grandparents. Compared with its counterparts，how is an English classroom different?

First of all，**it's typically student-centered.** Although today's classroom is supposed to be student-centered，many head-masters tell me only the English classroom is genuinely so. The teacher always invites the students to stand up to speak，and to go to the stage to act. And the teacher enjoys communicating with their students.

Then，**it's both vigorous and harmonious.** An English classroom is always full of activities of listening，speaking，reading and writing. Laughter，cheers，shouts，songs，dances and applauds can be heard. Because of various activities，the relaxed students are not that shy nor that afraid of their teachers.

Finally，**it's both cooperative and competitive.** Whether a discussion or a dialogue，whether pairwork or groupwork，it can't take place alone or individually. Meanwhile, a game or a competition between individuals or groups is often an ideal method to motivate students to learn better and learn more. To compete or to cooperate, that's not a question.

解说与点评：

案例立足英语学科的课堂教学，找出它和其他学科的主要不同点。只是从学生中心、既活泼又和谐、既合作又竞争三个方面来突出也许不够，但这三点的确是最重要的。

观察、比较、删繁就简、排序，这些都是我们常常需要提高的抽象思维能力。

案例二十七

关键词：Three Pictures of English Classroom

You may have heard of some wonderful English classes, or have watched some excellent model (demonstrative) English classes. However, when you one day, by chance, come in and attend the class for a week, it's quite another picture. Why is that? According to my personal experience and research, there are three "pictures" inside an English classroom.

The first one is the normal (daily) picture. It's real to life and it's just what the teachers and their students do inside the classroom. There might be noisy activities of speaking, listening and acting. There might also be dead silence of reading, writing and examinations. From time to time, there's bits of Chinese between English explanations and instructions, or almost Chinese instructions.

The second one is the show-off picture. Both the the teachers and students are actors and actresses, who can recite the lines and make the steps perfectly. It seems that there are no mistakes, no faults, and no left-behind students.

The third one is the original (innovative) picture. The teachers are unique and creative. They don't follow rules or recite textbooks, but they are popular with their students. The students are both highly motivated and relaxed. In fact, the teachers are different from person to person, because they are half-born and half-bred. They are personalized teachers with original ideas.

解说与点评：

这也是作者的研究成果，通过大量的长期观察、多角度分析和深入探索提出来的观点。由于用了“三张图片”（three pictures）来描述说明教学的常态、秀态和创态，整个案例糅进了抽象思维、形象思维和创造性思维，言简义丰。

案例二十八

关键词：What's Micro-Course?

A micro-course, is also known as micro-lesson, or mini-lesson, or mini-course, or even a small lecture, which emerged only in the last several years. A micro-course is virtually a short, small and splendid clip of the video of a traditional class. It lasts only 10—15 minutes, and sometimes, as short as 5—8 minutes. You may call it both a miniature and an episode (scenario) of a great lesson.

The teacher, also always the designer and producer, of a micro-course is supposed to choose a vital point from a special angle, plot a unique process, and make the point crystal clear to the students. Little and narrow as it is, the point should be powerful, like a real “Power-Point”. It must have a clear logic, an interesting plot and a condense content. Like MOOCs, a micro-course is often used online, with lively sounds, pictures and animation effects.

Take the lesson of “The Trial That Rocked the World” (from Advanced English) for example. A micro-course will help you to watch the real setting of a trial, including the picture of a monkey and the book of the *Holy Bible*. Furthermore, you can appreciate the fabulous debates between those eloquent counsels and lawyers. It's just a great audiovisual feast!

A micro-course is always used together with MOOC and Flipped Classroom.

解说与点评：

微课、慕课、翻转课堂是近些年兴起的新型课堂、新名词。如何向新手或者外行介绍这些课堂呢？这很有挑战性，即使是用汉语介绍也是如此。微课、慕课、翻转课堂既新鲜、抽象，又复杂、专业，所以介绍时需要简单定义、列举关键要素、举例说明，最后把读者或听众拉进去一睹“芳容”。

案例运用了比较复杂的逻辑思维，对普通人而言，案例读起来仍显晦涩。

案例二十九

关键词：Big-Data Thinking（1）

While the term "big data" is relatively new, the act of gathering and storing large amounts of information for eventual analysis is ages old. Big data is a term for data sets that are so large or complex that traditional data processing applications are inadequate to deal with them. Challenges include capture, analysis, data curation, sharing, storage, transfer, visualization, updating and information privacy. The term "big data" often refers simply to the use of predictive analytics, user behavior analytics, or certain other advanced data analytics methods that extract value from data, and seldom to a particular size of data set.

There is little doubt that the quantities of data now available are indeed large, but that's not the most relevant characteristic of this new data ecosystem. Analysis of data sets can find new correlations to spot business trends, prevent diseases, combat crime and so on. Scientists, business executives, practitioners of medicine, teachers and professors, advertising and governments alike regularly meet difficulties with large data-sets in areas including Internet search, finance, urban informatics, and business informatics. Scientists encounter limitations in e-Science work, including meteorology, complex physics simulations, biology and environmental research.

In conclusion, Big data has "4Vs" as its typical features: Huge Volume, Huge Velocity, Great Variety and Great Value. The amount of data that's being created and stored on a global level is almost inconceivable, and it just keeps growing. That means there's even more potential to glean key insights from business information—yet only a small percentage of data is actually analyzed. What does that mean for businesses, medicine or education? How can they make better use of the raw information that flows into their organizations every day?

Big-data Thinking (2)

The importance of big data doesn't revolve around how much data you have, but what you do with it. You can take data from any source and analyze it to find answers that enable:

1) Cost reductions,

2) Time reductions,

3) New product development and optimized offerings,

4) Smart decision making.

When you combine big data with high-powered analytics, you can accomplish business-related tasks such as:

• Determining root causes of failures, issues and defects in near-real time.

• Generating coupons at the point of sale based on the customer's buying habits.

• Recalculating entire risk portfolios in minutes.

• Detecting fraudulent behavior before it affects your organization.

In order to better make use of big data in every field around us, above all, we have to form three ways of big-data thinking. That is, whole / systematic thinking, fault-tolerant thinking and intelligent /smart thinking.

解说与点评：

案例中的“大数据”和“大数据思维”应该算本系列案例中难度系数很高的了，尤其对年龄偏大的老师、女性老师和学文科的学生而言。“大数据”和“大数据思维”本身就是典型的抽象（逻辑）思维学科，又是新生事物，但和很多科普读物一样，我们在教学中应该有意识让学生自己去读，去领悟，去发现那些抽象概念之间的内在联系，并鼓励他们去做推理方面的深层次思考。大数据和普通数据或者信息有什么不一样？大数据如何自行处理？我们如何运用？大数据会如何改变今天和明天的社会？大数据会侵犯人们的隐私吗？

突然想到自评为“两脚踏东西文化，一心评宇宙文章”的大作家、文学巨匠林语堂先生，在其代表作《生活的艺术》（*Importance of Living*）中凭借他敏锐的观察力和深刻而严密的思辨力，颇有哲理和幽默地把世界上略具代表性的几大民族放在一起做了比较。

林先生首先对人类和动物进行了以“梦想”为关键标准的区分：

Reality—Dreams＝Animal Being!

Reality＋Dreams＝A Heartache (Idealism)!

然后突出了“幽默”在不同人性格中的作用：

Reality＋Humor＝Realism (Conservatism)!

Dreams—Humor＝Fanaticism！

Dreams＋Humor＝Fantasy！

注意，林先生认为：

面对现实＋拥有梦想＋富有幽默感＝智慧，

Reality＋Dreams＋Humor＝Wisdom!

测量和判断一个国家国民性格的标准是这四个因素：R-Reality (Realism)；D-Dreams (idealism)；H-Humor；S-Sensitivity。

四个因素还分四个级别：4-abnormally high；3-high；2-fair；1-low。

由此，这世界上七个国家的国民性格是：

The English＝R3D2H2S2，

The French＝R2D3H3S3，

The Americans＝R3D3H2S2，

The Germans＝R3D4H1S2，

The Russians＝R2D4H1S1，

The Japanese＝R2D3H1S1，

The Chinese＝R4D1H3S3。

看出来了吧？中国人（The Chinese）的现实主义，幽默感和敏感性都是很好的，美中不足的是梦想不足。

我们最后看看七位作家的个性吧：

Shakespeare＝R4D4H3S4，

Li Bai＝R1D3H2S4，

Shelley＝R1D4H1S4，

Poe＝R3D4H1S4，

Du Fu＝R3D3H2S4，

Heine＝R3D3H4S3，

Su Dongpo＝R3D2H4S3。

看出来了吧？莎士比亚（Shakespeare＝R4D4H3S4）不愧是天才，他面对现实、拥有梦想、富有幽默感和敏感性强，各方面都是典范！其次就是德国诗人海涅（Heine＝R3D3H4S3）。我国的浪漫主义诗人李白（Li Bai＝R1D3H2S4）和现实主义诗人杜甫（Du Fu＝R3D3H2S4）也都不错。

书中有很多抽象名词，如现实、梦想、幽默感、智慧、现实主义、理想主义、狂热、幻想等，涉及不少读者颇为生疏的国家，但林先生举了很多国人家喻户晓的作家为例。如何通过那些抽象的名词、程度来判断不同国家不同作家的性格呢？这是一堂颇高难度的思维考查和训练课。笔者一直在大学英语专业学生中实践，收效很好。

案例三十

关键词：Motion

The topic over which the two sides debate is called a motion. What kind of topic is a good motion，then?

The truth like "1＋1＝2" isn't a good motion，because everybody agrees to it unless they are aliens.

A fallacy like "Human beings are not as powerful as whales." isn't a good motion，either. Powerful as they are in size，weight and strength，whales aren't as smart，advanced or flexible as human beings，for sure. The word of "powerful" isn't clearly and accurately defined.

A good motion for a debate should be debatable，controversial and two-sided. For example，yesterday，Yu Minhong and his team came to our university and made wonderful speeches. Some students say，teachers from Xindongfang are better than the teachers of our university. Others of course disagree drastically. Neither side could persuade and defeat the other side easily. Then，a hot and good motion has come out：Teachers of Xindongfang Are/Aren't better than those of our university on the whole!

解说与点评：

本案例普及了一下关于辩论的基础知识。

辩题。好的辩题非真理、非谬误，而是具有争议性、两面性、可变性。要把这些抽象概念说清楚，既要有严密的逻辑带路，也要有身边的例子作支撑。

案例三十一

关键词：Dicto Simpliciter

As we know, logic is both the heart and the brain of a debate. If you don't know or know little about logic, you will commit fallacies. Sometimes, you might even fall into the trap!

If I say, "Exercise is good. Therefore everybody should exercise." You may agree, saying "Yeah, exercise is wonderful. I mean it builds the body and everything."

In fact, the argument is a fallacy of Dicto Simpliciter（草率前提，绝对判断）. "Exercise is good." is an unqualified generalization. For instance, if you have heart disease, exercise is bad, not good. Many people are ordered by their doctors not to exercise. You must qualify the generalization. You must say "exercise is usually good, or exercise is good for most people."

解说与点评：

这是普及逻辑知识的极好的素材，来自高级英语经典篇目《爱情是谬误》中的故事。

一个微型故事，简单清晰地告诉了我们如何识破极具诱惑性的一种谬误：绝对判断。如果有学生看不懂，让他们多读几遍，多结合现实生活，然后教他们一些逻辑的基本术语。

案例三十二

关键词：Post Hoc, and False Analogy

About 20 years ago, I was still in a high school as a headteacher. There was a time when my students complained about the sports meet. Why? Every time the sports meet was held, it rained. So the students had blamed the sports meet for three years!

This is a logical fallacy of Post Hoc（后此谬误，因果颠倒）, because the sports meet doesn't cause the rain, and it has no connection with the rain.

One student's father once argued with me, "Surgeons have X rays to guide them during a trial (carpenters have blueprints to guide them when they are building a house). Why, then, shouldn't students be allowed to look at their textbooks during an examination?"

This is a fallacy of False Analogy（错误类比）, because doctors (lawyers, and carpenters) aren't taking a test to see how much they have learned, but students are. The situations are altogether different, and you can't make an analogy between them.

解说与点评：

同上案例。两个微型故事，简单清晰地告诉了我们如何识破极具诱惑性的两种谬误：后此谬误和错误类比。

逻辑中的谬误是披着羊皮的狼，是媚人的陷阱。如前所述，中国人整体逻辑比较弱，是时候改变这一现状了。从我做起，从身边做起，从我们的英语教学做起。

案例三十三

关键词：Two Riddles (1)

Have you ever heard of English riddles? It's challenging to play it, but very nutritious to our mind. Let's try one.

It's something very, very important, however, so few of us have ever learned it. It originated from Ancient Greece. It was studied in several ancient civilizations, including Greece, India, and China. In the West, it was established as a formal discipline by Aristotle, who gave it a fundamental place in philosophy. The study of it was part of the classical trivium, which also included grammar and rhetoric. Mathematicians need it, scientists need it, and lawyers and CEOs need it.

You can't see, hear or touch it, but you can feel it. It's the essence of a debate. (Logic)

Two Riddles (2)

Let's try another.

It's something very magical and mysterious. You can't see, hear or touch it, but you can feel it.

It's a kind of wisdom and personality which often makes people laugh and have fun, after which they will think and learn. Many famous speakers and writers have it, such as Mark Twain and Lin Yutang. But it's so hard to learn it. It's something innate from DNA.

The Chinese character of it actually came from English thanks to Lin

Yutang. (humour)

解说与点评：

谜语是英语和汉语中都有的智力游戏。谜语可以培养抽象思维、形象思维以及灵感思维。这两例谜语侧重抽象思维，所以猜的时候要注意先后顺序，从一般到特殊，由远及近，由不疼不痒到关键要害。

事实上，打谜语的人就是遵从这种“剥洋葱皮”式的思维。

案例三十四

关键词：A Household Story in China：Two Monks

This is an old famous story that almost every Chinese knows. It's both a lullaby and a very good tongue-twister. Here, we'll use it to practise and consolidate our knowledge of grammar：attributive clause.

- Once there was a mountain where there was a temple.
- Once there was a temple where there were two monks.
- There were two monks who lived in the temple on the mountain.
- There was a time when there was a mountain.
- There was an old monk whose younger brother was also a monk.
- There was a young monk whom an old monk told a story.
- The old monk told the young monk a story which goes like this.
- Once there was a mountain on which there was a temple in which there were two monks, the old of whom told the young a story which goes like this.
- The reason why I'd like to tell this old story is that it's really classical and Chinese.

How many attributive clauses have you found out? How many different types of attributive clauses?

解说与点评：

这是一个英语版的汉语经典故事引来的一串定语从句，可谓训练抽象（逻辑）思维的经典案例。

首先，讲这个众人皆知的故事，必须尊重时间、地点、人物的先后顺序。

其次，把这个故事从汉语翻成英语最关键的还是看语法，语法再灵活也必须守规则、合逻辑。

最后，这个故事可以翻来覆去地反复讲，适合练口语。练口语虽然比较随意灵活，靠语感，但毕竟还是要遵从语法的逻辑。此外，这个案例适合从中学到大学甚至研究生的课堂。

第二节　形象（直观）思维培养案例

案例一

关键词：English Riddles

Do you often practice oral English alone, or practice listening and speaking with your partners? If yes, let me introduce Riddles to you. Riddles help us to improve listening, speaking, thinking and imagination. Now listen, and guess:

No. 1:

It looks like a person, but it isn't.

It can be a little beautiful girl, a handsome boy, or an old man.

It can do almost everything that a person can do, or even more than a person can do, but it can't work without electricity.

What's it?

No. 2:

It's very small, but very useful.

It can travel across the world.

You can find many famous places and many famous people on it.

You can learn so much from it.

Many people like to collect it.

What's it?

No. 3:

It's a large book that you can hardly finish reading in a day, a month, or even a year. You can learn arts and literature, philosophy and psychology, linguistics and politics, history and geography, maths, physics, chemistry, biology, astrology, and archaeology, etc.

In one word, yon can learn everything under the sun, everything in the universe, if you like.

It sounds like a dictionary, doesn't it? But it isn't.

What's it?

The keys to the riddles are：ROBOT，STAMP and ENCYCLOPEDIA.

解说与点评：

我们在抽象思维案例的最后部分提到了英语猜词游戏，一种考验智力、锻炼思维能力的游戏。这一节中的这个案例侧重的是形象（直观）思维能力，说者必须把谜底通过形象化的语言变成谜面，是一种创造；听者则必须把听到的文字迅速转化成大千世界的种种形象物体（或人），并在它们中尽量对号入座，逐渐猜测，逐渐淘汰。视觉化的想象能力，以及语言文字和图片的转化能力是关键。

正如我们常把中国地图比作“大公鸡”一样，尼泊尔人则把他们的地图比作大公鸡下的一个“蛋”！我们的黄河看起来像汉语中的“几”字，美国和加拿大之间的五大湖竟然像“江”字！这也是观察力和想象力的结果。

案例二

关键词：Magic of Words

As we know，a choice of words is also a choice of worlds. Words are the tools of a speaker's craft. Using language accurately is as vital to a speaker as using numbers accurately is to an accountant. Thus，words have magic or words are magical！Stephen Lucas，the author of *Art of Public Speaking*，says，magical words create pictures and images that let you “see” the haunted house，or “feel” the bite of the snow against your face，or “hear” the birds chirping on a spring morning，or “smell” the bacon cooking over an open campfire，or “taste” the hot dishes (enchiladas) at a Mexican restaurant.

A public speech can be as short as a mini-skirt，or as long as a robe. It's not the number but the matter of the words that matters most in a speech.

解说与点评：

选择词汇就是选择世界，我的世界作做主。好的形象词汇，栩栩如生，翩翩动人，可以刺激人们从视觉、触觉、听觉甚至嗅觉和味觉的多种感官。事实上，形象（直观）思维不单单借助视觉。音乐和美术一样，都特别能启发形象（直观）思维。

这个案例用极简单的语言告诉我们，优美的文字是如何达到目标、如何为写作和演讲增光添彩的。同时，案例中运用了很好的排比、明喻和拟人等修辞手段。

案例三

关键词：How painful is it?

Yesterday, we talked about magic of words. That is, if we are good at imagery thinking, words can help us to see, to feel, to hear, to smell and to taste. Let's move on to imagine what being painful is like.

Several years ago, I had an operation on one of my toes. When I told my students about the terrible pain after the operation, one of them was puzzled, asking me, "Sir, how painful is it and why?" Here's my answer to share with all of you.

It's like a knife piercing into my heart.

It's like a rope pulling my head.

It's like a fire burning my brain.

It's like a toothache which is actually not a disease, but it could take your life away once you have got it.

According to medical science, all nerves of your fingers and toes are closely related to your heart, so an operation on your fingers or toes will be terribly painful! You see, these are my fingers.

If you still don't trust me, go to a doctor!

解说与点评：

作者较好地运用了上一个案例中卢卡斯的方法，突出了形象思维中的视觉、触觉，并联系生活中各种关于"疼痛"的真实体验，让听众（读者）感同身受。当然，最后也借助了医学原理"十指连心"，一边解释，一边用自己的十指作模具画在黑板上，掀起了课堂高潮！

案例四

关键词：Letters Have Meanings

We often say single Chinese characters have meanings, such as "日" and "月", but English letters don't. Do you believe it? I did so until recently. Some experts argue that actually letters have strange and interesting meanings. Here are some examples.

Have a close look at letter <u>**W**</u>, and tell me what it looks like? Yeah, water. Originally, **W** means waves or different shapes of water. So, we have many words beginning with **W**, like **wash**, **wade**, and **warn**.

Now, have a look at letter S. It looks like a snake or a zigzag path, and it means so. You see, there are many words like **snail**, **silk**, **sway**, **swing**, **spring**, **sleep** and **sad**. Why "**sad**"? If you are sad, you can't stand or sit straight, and you can't control yourself. What do you look like? Haha, totally **split** and **squashed**!

解说与点评：

汉字以象形著称，虽然并不都是，毕竟还有指事、形声、会意、转注、假借。所以会汉语的人天生长于形象思维。那学英语就不能训练形象思维吗？非也。

看看这个案例，含有"W"和"S"的诸多单词，你会重新认识英语。

案例五

关键词："E" Has Eyes

Believe it or not, English letters do have certain meanings, especially visual meanings and implications behind them. Today, we'll come to the letter **E**.

Write a small (or lowercase) letter of "**e**" on a piece of paper, and stare at it for 3 seconds. Now tell me, what does it look like? Most probably, it's an "**eye**"! Something more amazing will happen if you stare at the word of "**eye**" for 3 seconds. 1-2-3! Got it? Two eyes are guarding the same nose on a person's face!

The letter "**e**" has the shape of an eye, meaning eyesight, insight and vision as well as joy, puzzle, and meditation. Here are some good examples: **egg**, **east**, **eagle**, **eager**, **Eden**, **Egypt**, **Europe**, **education**, **enjoy** and **envy**. It's incredible, isn't it?

解说与点评：

与上一案例接近，仔细观察，由字母联想到世界万物，再联想到"圆圆的鸡蛋、神秘的东方、渴望的目光、伊甸园的故事、埃及艳后、欧罗巴文明、教育的享受和嫉妒"（**egg**, **east**, **eagle**, **eager**, **Eden**, **Egypt**, **Europe**, **education**, **enjoy and envy**），学英语记单词不再枯燥乏味，而是一种令人羡慕的享受了。

当然，作为老师，一定要创造轻松愉快的氛围，让学生展开想象的翅膀。

案例六

关键词：Letters of "O" & "T"（1）

Here's a letter that can be found in many places and many languages, **O**. It may be a circle, a dot, a clock, a face, a head, a lake, or the moon, the earth, and the sun. Chinese always believe that the sky is square and the earth is round. In math, it's just a zero. In English, the letter originally means an open mouth, or something similar. It's said that the older (or more mature) you are, the less it means to you, because you are less imaginative. Shut your eyes, and imagine what the images of **open**, **over**, **offer**, **OK**, **ooze**, and **out** are like.

Then, follow me to guess another word. First, there's a letter like waves, then a letter like something out of an open mouth, and then a letter meaning an action being heard, and finally a letter like a drop of water falling down and disappearing completely. When you put the four letters together, you will get the word of **WORD**. Actually, it means something human beings speak out.

Letters of "O" & "T"（2）

Suppose you are holding a branch with a hook with your left hand, and stripping off the shell of a banana with another stick with your right hand. Impressively, you are mimicking and posing a small (or lowercase) letter of "**t**". **T** means take real actions and do something heart and soul. **Take**, **tell**, **tick**, **talk**, **type**, **tie**, **tackle**, and **turn** are all good examples. Admittedly, the capital letter of **T** looks like and really means a **tree**.

Now, guess another word. If a little boy sees what you are doing, he can't help imitating you, and you'll tell him how to do it carefully and successfully. That's just the word of **TEACH. T-E-A-CH.**

An interesting question for you, how come the word of "**TEACHER**"? A **TEACHER** in China always drinks **TEA**!

解说与点评：

继续字母和单词的联想。从"O"的发散性联想，到 Teacher"老师喝茶"的跳跃性联想，可能不合逻辑，但的确有趣。而且，形象思维本来就不必讲究逻辑呢！

案例七

关键词：Stories of Alphabet (1)

Last week we talked about the original meanings of some English letters, which might be born to be interesting and amazing long long ago. This week, we'll go on to explore what the letters look like from the eyes of kids. You know, kids are always more curious and "serious" or take something more seriously, creative and imaginative. One of my nieces, who is really cute and smart, told me a very inspiring story about the letters of **ABCDEFG**.

Under the pyramid of **A** are two hearts of **B**, tied together in a boat of **C**, like the moon. Beside the moon, there is a harp of **D**, a book shelf of **E**, a flag of **F**, and a fist of **G**, which have molded the two friends' joy, wisdom, ambition and strength.

So, that's a picture of Two Hearts and Two Friends.

Stories of Alphabet (2)

Today's story is about sports, from letter **H** to **N** (**HIJKLMN**).

He is alone (**I**), doing exercise on the horizontal bar (**H**), up and down, in and out, but he never feels lonely. As a matter of fact, right here at this time, he does this tirelessly like the fishhook (**J**) to wait for the target fish, or the hunter to wait for the prey. Nobody knows his dream to become a soldier who can kick (**K**) off a game and end up a victory at any moment. South China Sea is his dreamland.

Right now, he is only a boot (**L**) to enter any gate (**M**) or follow any lightning (**N**). Although he keeps a low profile, he's full of passion, creativity and vitality.

So, is it a picture of A Sportsman & Soldier?

Stories of Alphabet (3)

It's said that the letter of **O** just reminds adults of a zero and a full-stop, but it may remind kids of eyes, ears, mouth, the moon, the earth and the sun besides zero and full-stop. Today's story begins with letter **O** and ends up with **S** (**OPQRS**).

I (**O**) am the rising sun in the morning, coming from yesterday and rushing towards tomorrow, with a reed (**P**) in the left hand and a balloon

(**Q**) in the right hand. Some say the sun favors youth and nature; others say the sun favors the weak human beings. Both are reasonable, I guess. However, what I favor most are the old people walking by walking-sticks (**R**), curved (**S**) and cared. Furthermore, their grey hair is the snow-capped mountain. Why shouldn't I favor them?

So, that's the exciting moment of the Rising Sun.

Stories of Alphabet (4)

Today's story is about life that can be used as many metaphors, such as a long journey, a white page, a colourful picture and a magnificent world. The letters of **TUVWXYZ** are all engaged.

Life is a long journey from zero (**Z**). Along the journey, we can find people who are standing straight with their personalized hats (**T**) alone, who are climbing up (**U**) tall trees (**Y**) independently, and who have come together from every corner of the world (**W**) for a win-win victory (**V**). Although, there are countless people walking on this journey, we don't know and we don't have to know who is who, because everybody is unknown (**X**), and everybody wants to win.

You see, it's just the sketch of A Win-Win Life.

解说与点评：

这四个案例是对英语字母表（alphabet）大胆联想的系列故事。

联想提醒笔者，alpha-bet，和alpha-go有什么关系吗？言归正传，案例中，师生需仔细观察、体验，甚至摆弄姿势、屏住呼吸、闭目养神地想象，才能得其真谛。比如old people walking by walking-sticks (**R**), curved (**S**) and cared.

著名诗人郭沫若曾说，不要让诗人把想象独占了，科学家也要！

笔者想补充，不要让孩子把想象垄断了，大人更需要！

案例八

关键词：Sing your own song!

ABCDEFG, HIJKLMN…. Have you got it! Yeah, the song of English letters.

I think almost all of us are familiar with it, at least the rhythm and melody, even if you are not really good at English. Songs and rhymes are really helpful for us to learn words.

Apple-orange-tomato

Coco-banana-potato

Can you put them into a special tune or melody? Then, you can sing it aloud, and you are a composer and singer yourself! By the way, what's your favorite, may I know?

Tomato or potato? Potato, potato. Potato, and po-ta-to. That's my favourite dish.

Sometimes you can use the melody of an old song and insert new words, which will be a shortcut and surprise.

For example, I've recently invited my students to join in my greeting by singing "Good morning to you! Good morning to you! Good morning to you all! Good morning to you!" You know, the melody is in fact that of "Happy birthday to you!"

解说与点评：

音乐是情感的语言，歌唱是抒情的方式。借用歌唱、吟诵的方式教英语学英语，是一种美的享受，很受师生欢迎。但很多人缺乏方法，也缺乏认识。音乐、美术都是能极大地培养形象思维能力的途径。比如，采用富于变化、抑扬顿挫的方式吟诵一个单词、一个句子一遍，其效果远胜于机械重复十遍二十遍。

某天晚上看湖南卫视《我是歌手》，李克勤说多年前他唱歌是特别在意音准和节奏的，直到有一天，张国荣告诉他："其实这歌还可以这样唱那样唱，不必太拘泥于原来的词曲。只要你用心唱，用情唱！"用心，用情，妙哉！学英语口语又何尝不是如此呢？当然，学英语的感受和方法，百人百法，千人千面。

案例九

关键词：Make up a story!

Do you still like to memorize 3 words a day? Do you still like to read a word 3 times, write 3 times and finally recite 3 times? Do you still ask your teachers and parents to help you with your dictation 3 times a week? If your answer is YES, then you are OUT!

The more effective way for a more efficient learner, is to learn more words at a time, but you must put the words together. Then, how?

First, make up sentences with the words. Then, make up paragraphs with the sentences. And finally, make up a story with the paragraphs. To make up a story with words is very much like picking up pearls with a thread. It's cool and creative! Besides, you have used your great idea and designed a unique picture!

Here are 14 new words, can you have a try?

conventional allergic evident ridiculous abstract

controversial delicate geometry committee predict

attempt adopt technique visual sculpture

carve marble fragile specific

The make-up story (paragraph) for yesterday's words is:

Abstract art used to be controversial. On the one hand, the artists stopped painting delicate figures but attempted to adopt special techniques to give people different visual impacts. On the other hand, their works, including sculptures carved out of marble or fragile clay, were all with a specific aim of showing feelings. Some conventional scholars who were allergic to abstract art said it was evidently ridiculous to appreciate art or geometry. So, their Traditional Art Committee predicted its disappearing in the near future.

解说与点评：

教育学证明，理解记忆胜过机械记忆，实际运用胜过简单记忆。系统论说，整体大于部分之和，团队合作优于单打独斗。案例将 19 个无关的单词（事实上，我们英语课本上的词汇表都是这样）重新组合，连词成句，连句成段，笔者称之为“串想”。

看似胡乱联想，不合逻辑，仔细分析，其中运用了抽象思维、形象思维和创造性思维。“串想”不必太严密地自己束缚自己，能串起来且语法基本正确就好。

下面还有更多的“串想”：

Today, we're coming to the last group of words hardest to pronounce. They are “conjugal”（婚姻的），“specific”（特殊的），“processes”（过程）and “development”（发展）. Kevin's sentence for the four words is:

(1) According to Kevin's observation, many years ago, husbands and

wives didn't have much except the processes from love to marriage, and their conjugal ties. With the development of the society, husbands and wives now, have everything but sincere and specific love in between.

(2) Today, we are coming to more words that Brits struggle with.

First of all, "definite", "separate" and "weird". Yes, definite (确切的), separate (单独的) and weird (诡异的).

Then, "appearance", "queue" and "receive" cause many a person to scratch their head. Yes, appearance (外貌), queue (队列) and receive (接受).

Last, business (商业), relevant (有关的), beautiful (美丽的), technology (技术), neighbour (邻居), friend (朋友), religious (宗教的) and government (政府).

Do you think it is possible to put all these tricky words together? Here's Kevin's sample:

It's definite that all our appearances and religious beliefs are unique, relevant, beautiful and weird. Friends and neighbors, business and government, must receive separate supervision from the technology and the queues of the masses.

案例十

关键词: Imaginal Thinking (1): Apple

Besides logical thinking, learning English can help us to improve imaginal thinking. Imaginal thinking is also called intuitive thinking which always turns to specific images or vivid pictures of objects and people. If you form a good habit of imaginal thinking without turning to Chinese first when you learn English, congratulations, you are thinking in English.

At the mention of an apple, what pictures will appear before your eyes? A sweet, crisp, juiced, red and round fruit? A heart-shaped painting? A cute and lovely face of a little girl? A bitten apple, the unique logo of Jobs' iPad, iPhone, or iWatch?

If you just say "Apple means 苹果", you have stepped into the hall of learning English. Just as Carl Marx said, if you are forgetting your native language, you are learning a foreign language.

Imaginal Thinking (2): Dinosaur

What's a dinosaur, or what's it like? That's hard to imagine. Let's have a try. It should be a special animal like a shark or a whale, old and ugly, powerful and dangerous, even cruel and ferocious. Actually, we can't find the dinosaurs but their fossils today. If you are not allowed to speak the Chinese 恐龙, you really have to rack your brains, especially your right hemisphere, in charge of imaginal thinking.

One more example. What's philosophy? Can you describe it ? I guess it might be a large picture or large web where everything, including human beings, nature and the whole world, is involved. It's also like a huge book or a library, or even the wise and mysterious brains of famous people like Aristotle or Confucius or Einstein .

Imaginal Thinking (3): Bible

For most of the Chinese kids, they don't know what the BIBLE means even if you tell them the Chinese "圣经". So, a teacher has to teach them probably like this:

It's a golden book about Jesus Christ in the Western world. People there always put it beside their bed, on the table and even bring it to church every weekend. People like to read, recite and even sing it out. It tells people to be nice and kind, good and grateful, patient and persistent. It tells us how human beings and the world were created by God. And it tells the story about Adam, and Eve in the Garden of Eden.

You see, this is imaginal thinking again, closely related to creative thinking.

解说与点评:

一般而言，给一个学科或者概念定义必须严密、权威和尊重明晰的逻辑，但这里有意运用了形象思维给“形象思维”解说。

三段文字，三个例子，苹果、恐龙、《圣经》并非都是可视化的，但善于形象思维的人总会借助特别的手段 make something invisible visible, something intangible tangible。案例中的文字不难，内容也不难，适用于从初中到大学的课堂。

案例十一

关键词：South of Colorful Clouds

Have you ever heard of a place, which is called the sea of flowers, the home of clouds and the paradise of spring? Can you have a big guess? 云南 (Yunnan), Cheers! It's also known as South of Colorful Clouds (彩云之南).

Besides its unique unrivaled tourist resources, Yunnan has had a couple of unique records. Yunan has 26 ethnic minorities, the most among its counterparts in China. Yunnan is also the birthplace of one of the earliest human civilizations on earth. Yuanmou People, who lived over 1, 700, 000 years ago, were the earliest in China and Asia.

Besides, there used to be two famous kingdoms in Yunan's history, Dian Kingdom and Dali Kingdom, both of which enjoyed their unique splendid cultures and prosperous times.

Yunnan is well known as the Kingdom of tourism, plants and animals. Here, the geographical environment is quite complex, climates vary a lot, and the geographical location is also very unique. Besides, the long history and a large number of ethnic groups of Yunnan remain charming to travelers from all over the world. A marvelous image of Yunnan tourism "Colorful Yunnan, Tourism Paradise" has been given birth by the perfect combination of magnificent and captivating landscapes, colorful ethnic customs, long history and wonderful ecological environment.

Any native from Yunnan can offer a long list of tourist spots for your trip. They may be Old Town of Lijiang, Old Town of Dali, Shangri-La County, Jade Dragon Snow Mountain, or Three Pagodas of Chongsheng Monastery; they may also be Xishuangbanna Forests, Kunming Stone Forest, or Hani Terraces; they can still be Dianchi Lake, Erhai Lake or Lugu Lake.

In addition, Yunnan is quite different, or unique because any visitor to this place must visit the famous Kunming World Expo. To be exact, it's Kunming World Horticultural Garden, where you can watch, appreciate or smell every typical flower and plant in the world, including some rare species, as well as the Chinese unique gardening culture.

Last but not the least, you can't miss the magical WFSM (风-花-雪-月)

if you come to Dali. They are the strong wind from Xiaguan, the amazing flower from Shangguan, the poetic snow from Cangshan Mountain and the romantic moonlight from Erhai Lake.

解说与点评：

这是一篇典型的旅游解说词，介绍特色，以吸引游客。云南，享有花海、云海和春之天堂的美誉，可看、可听、可玩、可吃的东西确实太多了。

案例运用了一定的形象思维手段，但不够。主要是因为焦点不突出，散点透视，没有足够的吸引力。

案例十二

关键词：Engels' Passage

Great German philosopher Engels, who knew 20 languages, once had a famous sentence about some European languages, "Italian is like a gentle and fresh breeze, Spanish like a cool and refreshing breeze in the forest, Portuguese a series of ripples on the seashore, French a rushing brook, and Dutch a wisp of smoke from the tobacco pipe." Although I don't know those foreign languages, I've enjoyed the beauty of them thanks to Engels' words.

Engels also told us, "Only by comparing your native language with other languages, can you really know your own language".

Gandhi from India told us similarly, "The more you know about a foreign language, the more you love and cherish your mother tongue". That's why we will compare English with Chinese in 5 aspects—pronunciation, vocabulary, grammar, rhetoric, and discourse.

解说与点评：

案例的精彩部分是恩格斯的形象思维：

优美的意大利语像风一样温柔流畅；西班牙语仿佛是林间的清风；葡萄牙语宛如拍击着鲜花盛开的海岸的细浪；法语仿佛是哗哗的小溪湍急地奔流；古老的英语是一座雄伟的勇士纪念碑；荷兰语如同烟斗里冒出的一缕香烟，使人感到舒适安逸；而德语听起来好似汹涌澎湃的拍岸浪潮，撞击着彼岸四季如春的珊瑚岛。

众所周知，恩格斯本可以用更高级更富有哲理的语言，但他选择了这种形象性的描述。视觉、听觉、嗅觉、味觉等多种感官，加上既细腻又开阔的笔触，我们才可以记住他，为之着迷。

案例十三

关键词：Onomatopoeia

Good morning，Papa，and Mama！Am I speaking English or Chinese，you know? Actually，both. Papa，and Mama are typical words of onomatopoeia. Onomatopoeia is a special figure of speech using words that imitate the sound they denote. It can be a sound，a voice or a noise from the real world.

Cows moo，cats meow，dogs wow，lions roar，but little stars only twinkle and twinkle. The best romantic life for me is the world where doors bang，windows rattle，flames crackle，springs babble，trains toot，people murmur，and cuckoos cuckoo. Listen，the clock is ticktocking together with the rain drops！Listen，Mi-ssi-ssi-ppi，Mississippi，that is the rain drops of the Mississippi River！

解说与点评：

这是一篇运用了大量拟声词介绍拟声修辞手法的案例。"牛叫，猫叫，狗汪，狮子吼……"，"木门砰砰砰，窗户嘎嘎嘎，火焰噼啪作响……"的确绘声绘色，栩栩如生，让人身临其境。自然界本身就是最好的语言素材，自然界的声音就是极好的拟声词。但要用贴切的语言表达出来，需要观察、聆听、反复模仿。

案例十四

关键词：Polysemy（1）

What do you call a single word that has more than one meaning? Exactly，polysemy. As a universal phenomenon，polysemy always calls the attention of linguists. It's interesting and cool，and quite common in both Chinese and English.

Let's see a typical Chinese example today："东西".

（1）他是个路痴，从来不知道东西南北。（East and west）

（2）他喜欢边吃东西，边写东西。（Thing，something，stuff）

（3）这小东西高兴起来真可爱，可一旦发起脾气就不是个东西。（lovely baby，disgusting beast）

You see，the Chinese characters of "东西" are really something！

Polysemy（2）：Cool

Today，let's look at an English example of polysemy：COOL.

When you see a handsome man like Andy Lau，it's cool. When you watch an interesting movie like Kungfu Panda，it's cool. When you try your best to appreciate a special painting that you can't understand，it's cool. When you hear a humorous story，it's cool. On a hot summer day，when you go into an air-conditioned room，it's really cool. When you come out of this room，into the burning sunshine，it's still cool.

Every word has its story，and every corner has a story. You see，the word of cool is extremely and terrifically cool，isn't it?

解说与点评：

本案例通过汉、英中两个例词解说了有趣的“一词多义”现象。虽然也有学者认为理解这种语言学概念就是结合上下文分析理解，抽象思维；笔者却坚信要透彻理解模糊而含混的词汇，关键要设身处地的想象，移情共情，主要还是形象思维。两个例词后都附上了言简意赅、语意丰厚的情景，那就是关键。比如潇洒的刘德华、功夫熊猫、炎炎夏日的空调凉风语境下的 Cool。

案例十五

关键词：A Global View（1）

One of my good friends is a full traveller and half adventurer. He told me the other day，a series of “not… until…”. I like it very much and here，I'd like to share with you.

You won't know that beauties can be males until you come to Thailand.

You won't know that not every beauty was born by their parents until you come to South Korea.

You won't know that some people who never apologize for their shameful history，can be very polite and very courteous until you come to Japan.

You won't know that women don't have to wear bras until you come to Hawaii.

You won't know that you will see ridiculous wearing much until you come to Brazil.

You won't know that you are alien or out if you know nothing about football until you come to Argentina.

You won't know that you will be mocked if you claim to have a bank account until you come to Switzerland.

You won't know that you can still enjoy your life happily even if you are poor until you come to Nepal.

A Global View (2)

Just as the saying goes, more experiences, less prejudices .

You won't know that you can be cursed and criticized everyday, even accused and tried in court even if you are President until (you come to) USA.

You won't know that it's quite romantic to be accosted and flirted with before the public until (you come to) France.

You won't know that stars and celebrities have to wear masks and sunglasses until (you come to) Hong Kong, China.

You won't know that any beggar in the street can play a beautiful melody until (you come to) Austria.

You won't know that beer is only a daily drink until (you come to) Germany.

You won't know that there are only two colors of green and white until (you come to) Greece.

You won't know that a country larger than China in territory has a smaller population than that of Beijing until (you come to) Canada.

The world has become a global village. Why don't you go out to greet your neighbours from time to time?

解说与点评：

这是一个旅游界流传甚广的段子，作者译成英语，特意加上 not…until，运用在课堂上，效果很好。多见少怪，少见多怪。所以，我们需要读书、旅行、经历和见识。

大千世界，无奇不有，百闻不如一见。如果确实没机会见识，就只能读文字，大胆想象啦！

案例十六

关键词：Bacon or Shakespeare

I shared the same kitchen with 5 other international visiting scholars while I was in Madison, US. in 2009. Once, a scholar from Zhejiang

University asked me in Chinese in the kitchen, "You like 培根 (Bacon)?" "Not really, I prefer 莎士比亚 (Shakespeare)." There was a silence of several seconds. Then both of us burst into laughter joyfully! Later, she got to know my major was literature, and I knew her major was agriculture!

The mistake or misunderstanding was made between two languages, two cultures and two speakers of different majors, in a special place and at a special moment. Surprisingly, it has become an interesting joke!

In English, people's names have so much to do with food. Take RICE for another example. "Do you like the rice on the table or Rice from America?"

解说与点评:

这是真实有趣的故事，源自两种语言、两种文化和两个不同专业的巧合式误解。

和农学专业的人相比，英语专业的人即使在厨房也喜欢联想培根和莎士比亚，赖斯和布什。

案例十七

关键词: Food Culture (1)

It's said that Chinese cuisine and French cuisine are the two best in the world. So it is with the gourmets from China and France. To some degree, Chinese and French are the two most beautiful languages, at least, one in picture and the other in sound. Then, how about English and its food culture?

When we talk of meat on our tables we use French words; when we speak of the animals from which the meat comes we use Anglo-Saxon / English words. It is a pig in its sty; it is pork (porc) on the table. They are cattle in the fields, but we sit down to eat beef and mutton (boeuf). Chickens become poultry (poulet), and a calf becomes veal (veau).

Food Culture (2)

Here is a famous English proverb—You are what you eat. Do you know something about its implications? It's very close to the Chinese saying that, "吃什么长什么", or, "缺什么补什么".

You see, I come from the countryside, I wasn't born with a silver spoon in my mouth, so potato has always been my favourite dish. Just as my wife says jokingly, you are plain in appearance but nutritious and delicious in essence, and in taste.

Besides, without spicy and hot food, I would die. That's why I'm straight-forward, fair and square, energetic and enthusiastic, but of course, sometimes, I'm sharp, critical and hot-tempered.

解说与点评:

继续厨房和餐桌的饮食文化。由于英法间独特的历史纠葛，英国人的食谱确有讲究：猪肉不是猪的“肉”，羊肉不是羊的“肉”，牛肉不是牛的“肉”。所以，我们和他们一起上桌吃饭时需特别小心，不能犯忌讳，不能瞎联想。

该联想的是，记单词的时候务必联想：英国的“猪”（pig）法国的“肉”（pork），英国的“羊”（lamb）法国的“肉”（mutton），英国的“牛”（cattle）法国的“肉”（beef）。

案例十八

关键词：Tell Your Own Story

Do you know how to make a 60-public speech? Generally speaking, the shorter the speech is, the longer you have to prepare. But of course, there might be some tips. For example, always remember that the best speaker is first of a best thinker. A greater public begins with a thoughtful thinker! All the people like to listen to stories, particularly about the speaker.

Here, I'd like to demonstrate it by making a self-introduction.

50 years ago, I was born in a small village where you could so many potatoes. As you can see, I'm short and blackish, and my good friends always call me “Potato”. I love it because potato is my favourite dish.

When I was 18, I applied for CCNU to become a teacher, but my Grandma was surprised, saying “You are too shy!” But later I made it.

At 25, when I became a headteacher, my Mom was surprised, saying, “You are too short!” But later I made it.

At 40, when I became a college teacher, my wife was surprised, saying “You are too simple!” But later I made it.

At 43，when I became the first professor to teach EPS，my son was surprised，saying “You are such a man of so few words!” But I made it.

This time，I have stood on this stage proudly. Nobody is surprised，saying “Yes”.

Yes，I can. Yes，we can.

That’s all. Thank you.

解说与点评：

案例是微型演讲式自我介绍，运用了典型的讲故事的策略。时间的变换伴随着演讲者的身份的变换，以及见证人的惊讶。自然朴实，层层递进，最后是高潮，也通过“Yes，I can. Yes，we can.”点题，激励了大家。

讲故事也是一种思维技巧和语言艺术。栩栩如生、楚楚动人、扣人心弦，都需要形象思维。

案例十九

关键词：Two Riddles

Here are 2 riddles.

It’s called “the boat in the sea”. It’s also the largest bird in the world that can’t fly but swim. When it walks，it’s like a gentleman，perhaps Winston Churchill，or Prince William，from the UK in a tail coat! Amazingly，the Chinese of this bird looks like a Chinese character，so it has become the logo of China’s Tencent. What’s it? (Penguin)

It’s a special rare animal native to Southwest China. It’s also a conservation reliant endangered species in the world. Like the dragon，it has often served as China’s national emblem. Normally but typically，it has a black-and-white coat. What I’m puzzled about is that it’s cute and fat，but it feeds on bamboo. Besides，it looks both like a cat and a bear! Got it? (Panda)

解说与点评：

如前所述，谜语是一种很好的英语学习游戏。

要好好玩这种游戏，打谜语和猜谜语的人都要脑、嘴巴、耳朵一起动，逻辑、联想一起来。

案例二十

关键词：Bread & Butter

You are what you eat. Thus, you are what you speak and what you read. Does it mean, if you want to learn English, you have to eat like natives of English-speaking countries? Yes, there's some truth in it.

So, people like me addicted to potatoes and spicy food have to make great efforts to change or improve our diet while learning English. For example, we may get used to fish and chips besides our traditional potato dishes.

Also, many of us Chinese are fond of rice and meat, and like to drink tea and alcohol. But most of the British, Americans, Canadians and Australians prefer bread and butter, coffee and wine. Similarly, we need to try some of them.

Knife & Fork

The knife and fork usually go hand in hand with bread and butter in English-speaking countries. While we marvel at Westerners' skill at knife and fork, they are extremely amazed at Chinese chopsticks. Why? They have to use both hands, but we need only one hand to operate two sticks! So, Chinese chopsticks are regarded as the fifth great invention in ancient China.

Besides, Chinese chopsticks date back to at least 3000 to 4000 years ago, when Jiang Ziya or Da Yu was said to be the inventor. Knife and fork, however, came into being during the Middle Ages, about 1000 years ago in Europe. At that time, knife and fork, together with a spoon, as a luxury, could only be shared among the people at the same table ! Here comes the famous phrase "born with a silver spoon".

解说与点评：

看过《舌尖上的中国》（*A Bite of China*）节目的人一定会认识到，饮食不仅仅是吃吃喝喝那么简单，而是一种文化，一种艺术，一种美学。柴米油盐酱醋茶，琴棋书画诗酒花。教英语学英语自然离不开饮食，有意识比较饮食文化，由此及彼，探究餐桌背后的故事，也是启发形象思维的聪明选择。

餐桌上的饮食不是家常小事，而是有滋有味、有历史有文化、关乎健康关乎幸福的大事，要不，怎么有英语谚语"An apple a day keeps the doctor away”（一天一个苹果，赶走疾病婆婆）呢？要不，英语佳作《爱情是谬误》怎么这样形容举止优雅的女士呢？

Gracious she was. By gracious I mean full of graces. She had an erectness of carriage, an ease of bearing, a poise that clearly indicated the best of breeding. At table her manners were exquisite. I had seen her at the Kozy Kampus Korner eating the specialty of the house—a sandwich that contained scraps of pot roast, gravy, chopped nuts, and a dipper of sauerkraut—without even getting her fingers moist.（她温文尔雅——我这里是指她很有风度。她亭亭玉立，落落大方，泰然自若，一眼就看得出她很有教养。她进餐时，动作是那样的优美。我曾看见过她在“舒适的校园之角”吃名点——一块夹有几片带汁的炖肉和碎核桃仁的三明治，还有一小杯泡菜——手指儿一点儿也没有沾湿。）

吃出文化，吃出优雅，这些都是形象思维。

案例二十一

关键词：Chinese Culture (1): Chinese Ding (鼎)

This is a picture of an eye held up by two chairs which stands for a Chinese character. Can you imagine what's like ? Right, it's just the same “鼎” as that of “一言九鼎” and “三足鼎立”. Ding was originally an ancient cooking vessel with 3 legs or feet, made of bronze to cook and hold meat. Later, it was made better and became a symbol of peace and prosperity. Then in Xia Dynasty, Da Yu had “九鼎”, 3 round ones and 6 square ones, made to symbolize the unity and power of a large and strong country “九州”. “九鼎” has become the synonym of China, and “一言九鼎” has become a word that carries weight.

You see, Chinese Ding (鼎) is full of and typical of culture, isn't it?

Chinese Culture (2): Chinese Spring Festival (春节)

Good morning and Happy New Year!

May you enjoy “happiness”, “wealth”, and “longevity” in the new year!

Did you have a grand New Year's Eve dinner last night? Did you make your favorite Jiaozi (dumplings) last night ? Did you watch the CCTV Gala last night? These are some traditions for the Chinese Spring Festival.

Personally, I think Chinese Spring Festival is much more historical, traditional and powerful than the Western Christmas, right?

Today is the first day of the new year in Chinese lunar calendar, so today is the real Chinese Spring Festival. Yesterday evening, It is only New Year's Eve.

Today is a time for us to visit the oldest and most senior members of our extended family, usually our parents, grandparents or great-grandparents. Are you ready? Let's go!

解说与点评：

英语老师教外语的同时，也担负着中国文化外宣的责任。如何用英语讲好中国故事是需要换位思考的。选准最具中国特色又最吸引西方人的文化元素，比如案例中的鼎和春节，就是很好的考虑。前者突出了鼎的演变历史和在汉语中的引申意义，后者突出了春节中人的因素。

中国人讲究尊老孝老，也讲究福禄寿长。两段文字都强调了直观性和生活化。

案例二十二

关键词：3 UPs

Yesterday, I told you my real story about my motto, "Yes, we can!" Naturally, you may wonder whether we can become public speakers if we're already good at spoken English, and what the differences are between spoken English and English public speaking.

Actually, spoken English is only one part of EPS. EPS has three necessary elements: highly-structured, formally-composed, and properly-delivered. Your oral English is the first impression and your idea is the last . As Lucas from America put it, EPS has to organize thoughts logically, tailor message to the audience, tell a story for maximum impact and adapt to listener feedback.

Interestingly, Chen Lin from Beiwai (BFSU), has a famous 3-UP principle of EPS: Stand up, Speak up and Shut up.

First, stand up whenever you are invited to make a public speech, to show your respect for the audience and signal out your confidence.

Then, speak up without beating around the bush. Your time doesn't belong to you but your audience. Make your voice heard clearly.

Finally, shut up as soon as time is up, or if you don't have any fresh ideas.

Do you see? Well, I'll have to shut up. Thanks.

解说与点评：

这是一篇介绍演讲技巧的短文。"3-UP 模式"不愧为干货，实惠而经典，打破了以往冗长而抽象的俗套。

陈琳教授运用了典型的形象思维，高度凝练，好读好记好用。

案例二十三

关键词：Tongue-twisters

Tongue-twisters are a special way to practise speaking English both accurately and fluently. Here are some good ones.

- Never trouble trouble before trouble troubles you.
- The only fear we have to fear is fear itself.
- Sally sells seashells on the seashore. And the seashells she sells are seashells on the seashore for sure.
- I know you know I don't know you don't know what I don't know. So, you know or I know?

When you do it, remember to speak very slowly, clearly and accurately, step by step, then more quickly, fluently and naturally! Also, pay attention to the tones and intonations according to their emotions implied.

Like Chinese, English has its emotions and your voice has a temperature. I'm sure you will have different speeds, volumes and tones reading the following sentences:

I'm angry.

I'm happy.

I'm tired.

I'm disappointed.

I'm extremely excited.

解说与点评：

语言学研究成果显示，说外语会降低情感强度，喜怒哀乐都是如此。当你特别愤怒，特想发火时，最好讲英语。在英美人看来，我们讲英语往往不够“真诚”，甚至有些“冷淡”。

也正因为如此，当我们在需要表达特殊情感时，就需要发挥想象，发挥意念作用，像演员一样“入戏”。对初学者而言，这并非易事，需要老师有意为之，先示范，后创设情境让学生练习。

案例二十四

关键词：My Hometown

This time 30 years ago，although the sky was dimly grey as it is now，I was already listening to a special program of VOA with my roommates. Can you guess what it is? Exactly，Words and Their Stories!

“Words and Their Stories” is one of the best-received programs of VOA，aiming to introduce some interesting words or idioms of English and how they came into being to its listeners from the whole world. It integrates the usage of words，culture and lexicology perfectly by telling amazing stories without failing academics. Listeners will naturally acquire the pure American English while having fun listening to stories. No wonder you can still receive this program even today.

Inspired by Voice of America，I have planned to broadcast “Words and Their Stories” by telling the unique stories of Chinese teachers and Chinese students.

More than four decades ago，just as China opened its door to the world，English was both fresh and mysterious to the Chinese students. It was really challenging for teachers to teach English.

Mr. E（Easy）who had been a Russian major at college，took up the toughest job in the countryside. To everyone’s surprise，Mr. E always had his own way of teaching both effectively and interestingly.

“Girls and boys! Do you love to do housework? Do you love to do homework? Of course not，but you have to do them，I’m afraid. Then do you love your hometown（家乡）? Yes，of course. We all love our hometown. Why? Because our “hometown” is our “home”，and our “town”. Now，read after me：“home”，“town”，“hometown”；“home”，“town”，“hometown”；“home”，“town”，“hometown”. Listen and imagine：What does “hometown” sound like in Chinese? Yes，*hongtang*，“红糖”（red sugar）!” What does “my hometown” sound like in Chinese? Great! *maihongtang*，“卖红糖”(sell red sugar)!”

My hometown is a just place to sell red sugar. It’s both red and sweet. Don’t you love it?(**“My hometown”**就是**卖红糖**的地方，又红又甜，谁不爱呢？谁不说俺家乡美呢?)

解说与点评：

这是一位中学特级教师30多年前的真实教学故事。

这位教师不仅采用英汉谐音、连缀和大胆联想的方式让单词变得轻松有趣，句子在情景中灵动起来，而且自然而然地激发了同学们爱家乡爱祖国的真实情感。

案例二十五

关键词：May I Come In?

There went the bell but Mr. E had not come. Everyone was waiting when they heard a knock at the door. No one answered it because it was freezingly cold outside. There was another knock followed by “May I come in ?”, and the class burst into a laughter.

At the same time，three students from the first row ran to open the door together.

Instead of coming in，Mr. E asked them very slowly and politely，

“May I come in?” The first student said，“Yes，yes，yes!”

Mr. E shook his head. The second said，“Yes，you may.” Mr. E shook his head again.

After a hard and hasty meditation，the third answered，“Yes，please”.

Finally，Mr. E came in with the students as the class relaxed.

“Good morning，girls and boys. What did I say just now at the door?”

…

“What does it sound like in Chinese?”

…

“卖炕饼!”

If I am polite，you should say，“Yes，please”. If I am impolite，you can say，“No，you mustn’t!”

解说与点评：

这也是那位特级教师 30 多年前的教学故事。

“卖炕饼”和“卖红糖”一样成了这位老师的标签，也成了学生们终生难忘的情感寄托。这个案例细节更丰富，情景更生动，设计的教学策略和风格也更突出。比如交际策略、导演兼演员风格、戏剧效果等都值得欣赏。

案例二十六

关键词：Play Truant

Like many boys in the countryside, Kevin used to be very naughty.

Kevin loved to play with the ants in the loose and dry soil of the field all the year round, especially in summer. One day, Kevin's mom told him that the field with ants was fertile and productive because of their work, and he got to know ants are unbelievably hard-working, sociable, powerful and well-disciplined. It's said that ants could break down a huge elephant when there are enough of them! Either in the field, or over the huge rock or along the long path, ants are always seen walking in a line, following the strict rule of one by one. Ants are called famous architects, fighters and weight-lifters. Kevin then became so crazy with this little tiny insect that he often **played truant.**

Being a teacher, now, Kevin gives his students much freedom and even allows them to be absent from class if they are **"playing with a true ant"**. He encourages his students to become as powerful as ants just like "an **ANT** before **ARCTIC** will make an **ANTARCTIC.**

Kevin is also crazy about net-ants now, and he says: **Love me, love my ant.**

解说与点评：

又是一个单词背后的故事，走心，提神。由 playing with a true ant 到 play truant，由 an **ANT** before **ARCTIC** 到 **ANTARCTIC**，具有异曲同工之妙。这些精彩例子，都源于生活，源于课堂，值得总结推广。其实，英语课堂上的思维训练并非那么神圣，也并非那么高大上，有些小而美的真实体验即可。不少老师不愿开展思维训练的原因就是，小的不愿做，大的做不了。

案例二十七

关键词：Facebook and Tencent

Today，we'll come to Facebook and Tencent，two typical fresh and fashionable words.

Creative netizens in China have jokingly interpreted **Facebook** as the Chinese "君要臣死，（臣）**非死不可**" (meaning "If the king orders me to die，I'll have no choice but to die") just for fun，according to its transliteration.

Kevin would like to think，Facebook is a vivid picture of American social network where any user judges by and is judged by their faces. If you aren't beautiful or handsome，better stay away. The whole network is like a "huge and beautiful" book，in Trump's words，worth reading and rereading.

Similarly，Tencent is a vivid picture of Chinese social network where any user must pay ten cents for their registration. Ten + cent = Tencent. Why not more，or less? Ten cents is the best threshold for almost every user. Coincidentally，it was just the price of sending a message through mobile phones at the time.

Facebook and Tencent，help us to know that Americans value appearance while Chinese value money.

解说与点评：

继续单词背后的奇妙故事：Facebook & Tencent。这是世界上正活跃的两家社交媒体公司，所以很能吸引眼球，让学生感兴趣。作者的分析有些牵强，有些天马行空的遐想，但毕竟可以开阔思维，逗学生开心，何乐而不为呢。

越来越多的研究证实，多样化、个性化教与学有助于创新！如何创新呢？遐想+联想！遐想是一种情怀，一种浪漫主义的乐观情怀；联想是一种思维，一种自由（自在）主义的创意思维。古有庄周梦蝶，屈原天问，嫦娥奔月，近有牛顿和乔布斯的不同苹果体验，爱因斯坦和霍金的宇宙视野。正是有了"遐想+联想"，我们才能穿越时空，走在时代前列。

案例二十八

关键词：Mississippi

Have you ever heard of the Mississippi River?

The Mississippi River to America is what the Yangtze River to China. In length, the Mississippi River ranks fourth, following the Nile, the Amazon, and the Yangtze River. In meaning, "Mississippi" means grand and elderly, so the Mississippi River has always been a great river.

Kevin, however, likes to interpret it as a special story. Once, a cowboy on his horse from California came to the middle of America and got lost because it was a huge basin. He rode on and on, around and around, but found only rivers and plains. No matter how hard he tried, he couldn't get out of the basin. Then a native Indian came to his help, "Here's the open-sesame: if you speak *gold*, *oil*, *dollar*, *and Mark Twain* (later known as four basics of America) to the huge river right in the middle, you will find your way home." Gold-oil-dollar, that's God! "But, why is Mark Twain?" wondered the cowboy. Mark Twain was not only born and brought up here, but worked and wrote many novels about the river. He had everything to do with it.

The cowboy was saved, and the huge river was just the Mississippi River:

1 <u>M</u>iddle of America, 2 <u>P</u>arts of America, and 4 Ba<u>s</u>ics of America.

Mississippi means, the middle of America which divides America into 2 parts and stands for 4 basics of America.

By the way, have you ever read it aloud? It sounds very much like four drops of water—Mi-ssi-ssi-ppi.

解说与点评：

这是作者发挥文学想象，创作的关于 Mississippi 的微型文学作品。形象而直观的作品立足美国历史地理，特别是文学土壤，做了大胆虚构，因此同样具有"遐想＋联想"的味道。作者采用了合成和分拆的方法，也可称为"滚雪球"和"化雪球"法，值得推敲学习。

案例二十九

关键词：A Unique Poem

Today, let's get to know a famous unique poem from ancient China.

It's one of the top poems in China, although the writer was not so famous as Li Bai or Du Fu.

(1) It's not from the Tang Dynasty or the Song Dynasty.

(2) You can't find any complete sentence in the poem.

(3) The whole poem is made up of 12 nouns, which seem to have nothing to do with each other.

(4) But the 12 nouns magically have woven 4 exquisite scenes (settings).

(5) It's a perfect mixture of poetry and painting.

(6) It embodies the homesickness of a heartbroken old man far away from home.

(7) It was written by Ma Zhiyuan, a renowned playwright, from the Yuan Dynasty. Have you got it? The answer is "Tianjingsha, Qiusi".

解说与点评：

这是我国古代的诗歌经典，马致远的《天净沙·秋思》。这首小令很短，一共只有五句、二十八个字，全曲无一秋字，但却描绘出一幅凄凉动人的秋郊夕照图，并且准确地传达出旅人凄苦的心境。被赞为秋思之祖，这首成功的曲作从多方面体现了中国古典诗歌的艺术特征：

一、以景托情，寓情于景，在景情的交融中构成一种凄凉悲苦的意境。

二、使用众多密集的意象来表达作者的羁旅之苦和悲秋之恨，使作品充满浓郁的诗情。

三、善于加工提炼，用极其简练的白描手法，勾勒出一幅游子深秋远行图。

四、采用悲秋这一审美情感体验方式，来抒发羁旅游子的悲苦情怀，使个人的情感获得普遍的社会意义。

诗歌，历来是文学作品中体现想象力的最佳形式之一。闭着眼睛，吟诵下原诗，并试着译成英语如何？

枯藤，老树，昏鸦；
小桥，流水，人家。
古道，西风，瘦马。
夕阳西下，断肠人在天涯。

案例三十

关键词：A Poem About Yangtze River

There is another riddle for you.

(1) It was about the world-famous Yangtze River.

(2) In the poem, we can find both fairy tales and modern achievements that the poet was proud of.

(3) It showed the poet's great romanticism, realism and optimism.

(4) We can travel from the past to the present, and even to the future while following the poet's imagination.

(5) We can drink and eat luxuriously along the Yangtze River while reading the poem.

(6) The poet had a great dream about the Three Gorges Project in Yichang.

(7) It was written by the world-famous great poet, thinker, strategist and politician, Mao Zedong.

解说与点评：

这是中国人民的伟大领袖毛泽东于1956年写的气势磅礴、壮志凌云的诗歌——《水调歌头·游泳》。1956年，63岁的毛主席写下《水调歌头·游泳》，他从上篇对游泳的舒畅之感及时光流逝之感一直写到下篇对社会主义建设蓝图成竹在胸的自由联想。诗人思接千载，视通万里，文韬武略，想象无边，心潮澎湃，势不可挡。要把这种诗歌翻译成英语固然很难，但学学其想象的一招二式，还是大有裨益的。再吟诵一下原诗吧：

才饮长沙水，
又食武昌鱼。
万里长江横渡，
极目楚天舒。
不管风吹浪打，
胜似闲庭信步，
今日得宽馀。

子在川上曰：
逝者如斯夫！
风樯动，
龟蛇静，
起宏图。
一桥飞架南北，
天堑变通途。

更立西江石壁，
截断巫山云雨，
高峡出平湖。
神女应无恙，
当惊世界殊。

案例三十一

关键词：English Poetry and Imaginal Thinking (1)

It's said that a poet, a philosopher and a mad man live in one family because all of them are mad. To my understanding, a poet stands far out!

Why do we study, appreciate and write poetry? Because it's a special literary form with compressed content, rich imagery and few words. It reads pleasing and tastes delicious because of its refined rhythm and melody. Besides, it can be sung out as lyrics with music.

Do you still remember Frost's Road (roads)? The poet has taken us to the crossroad in the forest, where you have to make a choice. The crossroad (road) is a symbol with many different implications and options. We don't know the poet's decision until the last two lines:

"I took the one less traveled by, And that has made all the difference."

The Road Not Taken

By Robert Frost

Two roads diverged in a yellow wood,
And sorry I could not travel both
And be one traveler, long I stood
And looked down one as far as I could
To where it bent in the undergrowth;
Then took the other, as just as fair,
And having perhaps the better claim,
Because it was grassy and wanted wear;
Though as for that the passing there
Had worn them really about the same,
And both that morning equally lay
In leaves no step had trodden black.

Oh, I kept the first for another day!
Yet knowing how way leads on to way,
I doubted if I should ever come back.
I shall be telling this with a sigh
Somewhere ages and ages hence:
Two roads diverged in a wood, and I—
I took the one less traveled by,
And that has made all the difference.

Thinking in Poetry (2)

To understand English poetry, we need to focus on visible imagery and unique thinking which might be quite different from those of essays, novels or narrations. Usually, there's a central image in one poem which inspires us to think imaginatively and intuitively first, then emotionally and rationally, and finally intuitively and creatively. Here's another poem.

Love's Secret

By William Blake

Never seek to tell thy love,
Love that never told can be;
For the gentle wind does move
Silently, invisibly.
I told my love, I told my love,
I told her all my heart;
Trembling, cold, in ghastly fears,
Ah! she did depart!
Soon as she was gone from me,
A traveler came by,
Silently, invisibly,
He took her with a sigh.

Rhythm and Rhyme in Poetry (3)

English poetry is both a visual and musical art. Careful readers or singers can find out the rhythm and rhyme with their ears.

The RHYTHM of English poetry mainly relies on strong (stressed) syllables and weak (unstressed) syllables. Listen:

Twinkle, | twinkle, | little | star,

How I | wonder | what you | are!

The two lines have different numbers of words, but the same feet, because the numbers of strong (stressed) syllables are the same. Listen to another example:

Alone | she cuts | and binds | the grain,

And sings | a me | lancho | ly strain.

Then, let's come to RHYME. Let's read and listen to some famous lines from famous poets:

I am the daughter of the Earth and Water. (Shelley)

We plough and sow—we're so very, very low. (Ernest Jones)

Ah, distinctly I remember it as in the bleak December. (Poe)

Finally a short and simple poem:

Spring is green,

Summer is bright,

Autumn is gold,

Winter is white.

解说与点评:

这是一组介绍和欣赏英语诗歌的案例。诗歌首先是美，意向美、语言美、节奏美、韵律美、主题美，最后还是美，所以要分享、要吟诵、要歌唱。诗歌的创作和欣赏都需要借助多种感官，用心和灵魂去感受、去体验。

在英语课堂上教学生欣赏英语诗歌不在知识而在思维，不在解释而在体验，因此一定要让学生诵读起来、歌唱起来、舞动起来。作为调剂，偶尔比较一下英汉诗歌的异同，探讨一下主题。

这里，再分享三段诗人和哲人关于诗歌的独特理解。

Poetry may make us from time to time a little more aware of the deeper, unnamed feelings to which we rarely penetrate. (T. S. Eliot)

A poem begins as a lump in the throat, a sense of wrong, a homesickness, a lovesickness. (Robert Frost)

Poetry is finer and more philosophical than history; for poetry expresses the universal, and history only the particular. (Aristotle)

案例三十二

关键词：Two Poems about Spring

Today, we'll come to another two poems about spring from ancient China. Hope you can get them while listening.

The first poem:

(1) It's a moving picture in which you can watch the snow and the boat, and hear birds chirping joyfully.

(2) There are several numbers in it.

(3) It's really a poetic and peaceful picture.

(4) It was written when the poet returned home after the war was over.

(5) It was written by Du Fu.

The second poem:

(1) It's about the wild grass in the open air.

(2) In the poem, you can find the wind, the camp fire, the old path and the deserted city.

(3) At the end of the poem, the poet expressed his sadness of seeing off his friend.

(4) It was written by Bai Juyi, who was then a boy of only 16!

Now, let me tell you the answers:

《绝句》(杜甫)

两个黄鹂鸣翠柳，一行白鹭上青天。
窗含西岭千秋雪，门泊东吴万里船。

《赋得古原草送别》(白居易)

离离原上草，一岁一枯荣。
野火烧不尽，春风吹又生。
远芳侵古道，晴翠接荒城。
又送王孙去，凄凄满别情。

解说与点评：

我们选取了更多的中国古诗有两个原因：一是便于更多学段的学生学习，二是中国古诗尤其是唐诗是世界诗歌史上一座难以逾越的高峰。唐诗运用意象想象之多之极是空前绝后的。

很多唐诗都是诗、书、画、乐四位一体，百读不厌，百听不厌。当然，转换成英语有一些美感遗失，但也多了一种欣赏角度和思考方式。

案例三十三

关键词：Sing Your Own Song

—Hello，everybody!

…

—Good morning，everybody!

…

—Great! It's much better than "How are you? Fine，thank you. And you?" In that case，you don't even have a look at me，saying "Fine，thank you. And you?"，even if some of you don't feel fine.

…

—Now，suppose today's my birthday. What would you say to me?

…

— Very smart. That's "Happy birthday to me". Now，would you please sing the song to me?

…

— Awesome，thank you! You sing much better than me. Next could you use the same music to sing a new song of "Good morning to you." ? Let's sing it together!

…

— Terrific! You see，music is a language of emotions while English is a language of communication. If we put them together，we can communicate with each other with real emotions.

…

— So from today on，when you come to my class in the morning，we'll sing this song first. That's "Good morning to you."

…

解说与点评：

这是笔者新学期上的第一节课的开场部分。有点新鲜、有点趣味吧，其效果都超出了笔者的想象。音乐、美术、情感、笑声、真实交际都是启发形象（直观）思维的重要手段，英语课堂为什么不能多采用呢？形象（直观）思维就在身边，就在课堂，贵在转变思维和坚持实践。

案例三十四

关键词：Churchill's Shortest Speech

It's well-known that Winston Churchill is a famous politician, the former British prime minister in WWII, a Nobel Laureate of literature and a prestigious public speaker. In his lifetime, he had made numerous speeches that had great impact upon his country and the world.

Churchill's best and also last speech was made for a commencement of Cambridge University. Accompanied by his attendant, Churchill went up to the stage when the hall of nearly 10,000 students was waiting quietly. He first took off his coat and gave it to his attendant. Then he took off his hat and gave it to his attendant. Silently, he stared at everybody for a minute and finally made a three-word speech, "Never, never, never give up!" With this, Churchill put on his coat and hat, and left the hall calmly and steadily. There was a minute of silence, followed by a surprising applause of thunder.

More amazingly, Churchill's most personalized gesture while making a speech, as you can see in this photo, is to hold his index finger and middle finger forming a letter of "V" —Victory Belongs to US! Because Churchill was both a strong speaker and smoker, many people also interpret this gesture as "Two More Cigarettes, Please!"

解说与点评：

简洁也是一种独特的美。丘吉尔如此简短的演讲正应了林语堂的名言：最精彩的演讲应该像短裙一样短。

简短是一种留白艺术，给人无穷遐想。案例中还有丘吉尔的标志性手势、雪茄烟、外套和礼帽，都具有很强的视觉韵味。

案例三十五

关键词：6 Types of English Learners (1)：A Plough-boy

Leo Tolstoy, a famous great Russian writer, said "All happy families are alike; each unhappy family is unhappy in its own way."

As an experienced teacher of English, after a 10-year research into successful learners of English, I'd like to say, unsuccessful learners are alike; each successful learner has their own knack.

Teachers, thus, shouldn't always force their students to listen to them and impose their own experiences and strategies upon the students. A student-based teaching route is actually a bottom-up belief matching that famous theory of multiple intelligences by Dr. Howard Gardner.

These successful learners can be categorized into 6 types.

First type, a plough-boy. As the proverb goes, plough hard while it's sunny and read much while it's rainy. A "plough-boy student" always listens to his teacher carefully and seriously, doing almost everything he's told to do, from reading to reciting, from previewing to reviewing, from homework to house work, from taking notes to taking tests. He's never absent from class nor absent-minded in class. This type of learner is quite obedient, patient and hard-working, so naturally fruitful. A plough-boy is a teacher's typical traditional pet simply because he never brings any trouble.

6 Types of English Learners (2): A Bookworm

The second of 6 successful types of learners of is a bookworm.

As the Chinese proverb goes, a book always helps as long as you read it. Gorky from Russia, once said, he liked to jump onto a book like a hungry man jumping onto a loaf of bread.

It's no surprise for a teacher of English to find some students who are 100 percent bookworms in the classroom. They may not pay much attention to what you lecture; they may not take many notes; they may not complete the homework on time, or they may not even care much for the exams.

However, they are successful learners because they know the truth of a language: language sense comes from reading. Great contents, fine words and delicate designs lie in the classical masterpieces.

Bookworms know, some books are to be tasted, others to be swallowed, and some few to be chewed and digested. They like to read aloud and recite in the morning, read silently over a cup of tea in the afternoon sunshine, and read their books under the pillow secretly lying in bed before bedding. Bookworms know, reading is the best way to communicate with great minds traversing time and space.

Sometimes, Shakespeare or Mark Twain; sometimes, Churchill or Lincoln, and some other times Whitman or Frost. Whatever, by whomever.

Bookworms are just crazy about books, about reading. Without books, they would die.

6 Types of English Learners (3): An Actor/Actress

According to the Theory of Multiple Intelligences, many of us were born with a strong desire to speak out and act out either at school or at work. Sometimes, we just can't help doing that! The third successful type of English learner is just such an actor/actress.

An actor/actress-like learner doesn't like to sit alone quietly reading books or writing compositions, or listening to the teacher without any response. Probably, he/she can't be stimulated or motivated in this way, so, even if he/she's physically present, he's mentally absent.

An actor/actress-like learner prefers to be involved in doing something, either speaking out or acting out, while watching and listening. Pair work, group work, role plays, games, competitions, singing and dancing activities are their favorites. Thus, an actor/actress-like learner is always good at listening, speaking and naturally better at communicating with native speakers.

Indeed, actor/actress-like learners are endowed with more and higher bodily-kinesthetic, and musical-rhythmic intelligences. They shouldn't be blamed for overacting or showing off in class.

Facing such students, a teacher needs to employ methods of "task-based instruction", or "product-oriented approach" and "learning English by doing things."

6 Types of English Learners (4): A Test-killer

Exam/Test-oriented education has been fiercely criticised over the last 3 decades in China. However, this tendency of teaching and learning isn't alleviated paradoxically, very much like the housing price in China. Not surprisingly, Chinese students enjoy an international fame of top scorers, either in IELTS or in TOEFL, either in SAT or in GRE. Some of them are even called "Test-killers" —the fourth successful type of learners of English!

Test-killers like to hide their heads in large heaps of reference books and test papers, from dawn until dark, even all through the night. They believe in the Chinese motto "Diligence is the only shortcut to a mountain of books while, efforts, the only boat to help you out of a learning ocean". They also believe, doing lots of exercises or problems is an effective and efficient rehearsal.

Outsiders might assume it's too boring or dull to do those tests but test-killers tell me, once you have really tasted it you will become crazy and addicted! It's like playing a game in one way or another. Behind it is a special psychological magnetic appeal from the achievement. It's both challenging and stimulating.

Test-killers would regularly set up a fixed time, a fixed place, and a fixed number of problems or items, silently and seriously, and finish it on time. Then, they would check up the answers immediately and do a self-assessment. Finally, they would praise or punish themselves depending on the results. Practice makes perfect. Usually high scorers, test-killers could pass more tests, gain more certificates, and grasp more opportunities of further studies and ideal jobs.

You might wonder as I once did, whether test-killers are comparatively poorer in listening and speaking. But they have just told me, "It's up to you. Everything has become possible now due to the Internet. Besides, haven't you noticed the latest achievements of AI and VR?"

6 Types of English Learners (5): An Inspiration-catcher

In Chinese, we have a phrase of (like the fisherman) "fishing for three days and sunning the net for two" (三天打鱼两天晒网), to laugh at those who are not wholehearted or persistent in doing something. In comparison, there's an interesting fable story of "a kitty learning to fish" (小猫钓鱼), to laugh at those half-minded or absent-minded in doing things.

However, in reality, it's really hard to be dedicated and devoted to doing something for days, for months, and for years. Learning English is just such a tough trifle. So, we assume it's necessary to learn English from a kindergarten through a university, otherwise we couldn't make it. Really? Is that the only route?

It was 20 years ago, one of my students that helped me to think differently. She used to, in my classroom, either be having a small talk with her deskmates, or reading her favourite books, martial arts novels by Jin

Yong. Luckily, her parents and I got to know her in time and gave her enough autonomy that others didn't enjoy.

What struck me most, was that she had stayed up watching European Cup for almost two weeks just before Chinese Gaokao! And then she had been accepted by Peking University as an English major because of her strong interest, competitive talent and stunning high score in Gaokao!

Her secret, if there is, lies in inspiration and inspiration catching. Perhaps due to her personality, or her internal (biological) clock, only at night and alone could she generate and catch her own inspirations to learn most efficiently. Then and there, she learned everything by herself in her own way.

She is not the only case among my interviewees. She belongs to the "Inspiration-catchers" —the fifth successful type of learners of English!

6 Types of English Learners (6): Wide-absorbers

One of my classmates, Monkey, in junior middle school didn't enjoy a very high IQ but really a high EQ, compared with his classmates. That was a class of many talented people, including a few geniuses, so it was a class with no predecessor nor successor in the school and in the county. Many successful learners of English, like a plough-boy, a bookworm, an actor, a test-killer, and an inspiration-catcher, were around us. Monkey, like an ugly duckling surrounded by a large flock of white swans, was under great pressure at first. To everyone's surprise, magically, he turned a white swan himself eventually.

Many years later, he told me, he had been learning from all his deskmates and classmates, absorbing their knacks. In the morning, he ploughed with the ploughboy; in the afternoon, he acted with the actor; in the evening, he read with the bookworm. At weekends, he followed the test-killer, and during the summer holiday, he imitated the inspiration-catcher.

Now, Monkey has become an inclusive, tolerant and erudite scholar. I thanked him jokingly, "You are not only open-minded, but also hungry and foolish." He replied, "Got it! Stay hungry, stay foolish."

You see, such successful learners as Monkey can be called wide-absorbers.

解说与点评：

这是笔者多年教学体验、采访大量优秀学生，并经过深入调查研究后归纳的结果（详见本书第五章第二节“英语教学策略与学习策略”）。

六种学习风格的生动写照，附有生动的学习细节，只要你爱学习，总有一款适合你。这里成型的案例读起来偏重形象（直观）思维，但笔者前期的工作确实综合了抽象（逻辑）思维、灵感（顿悟）思维以及创造性思维和批判性思维的综合成果。

同时，既尊重了国内外关于英语教学策略、学习策略、教学风格和学习风格等多种理论，也忠实地借鉴了多种学生的不同感悟。

案例三十六

关键词：3 Parts of A Speech（1）：A Phoenix Head

According to Chinese culture，a good composition is like a play，a novel and especially one's life which is composed of 3 parts：a phoenix's head at the beginning，a pig's stomach in the middle，and leopard's tail at the end.

Generally speaking，the beginning of a successful public speech aims to gain the audience's attention and lead in the topic or theme，as soon as possible. Thus，it's like a phoenix's head. But how to build up a phoenix's head?

Besides the frequency-used methods like walking into audience and getting started directly，or making the best use of the situation，or using analogies and comparisons，here are more choices for you.

First，begin with your personal experiences. In 2007，when Bill Gates was invited to make a commencement speech in Harvard University，he began like this：

I've been waiting more than 30 years to say this，“Dad，I always told you I'd come back and get my degree.” I want to thank Harvard for this timely honor. I'll be changing my job next year… and it will be nice to finally have a college degree on my resume. I applaud the graduates today for taking a much more direct route to your degrees. For my part，I'm just happy that the Crimson has called me “Harvard's most successful dropout.” I guess that makes me valedictorian of my own special class… I did the best of everyone who failed.

Second, ask rhetorical questions. This is a speech about " Time management", which begins like this:

Have you ever spent a sleepless night studying for exam ? Can you remember rushing to finish a term paper because you waited too long to start writing it ? Do you often feel overwhelmed by all the things you have to get done at school ? At work ? At home ? If so, you may be the victim of poor time management. Fortunately, there are proven strategies you can follow to use your time more effectively and to keep control of your life.

Third, cite famous sentences or unique comments. This is a speech about "Contradictory forces", which begins like this:

It was the best times. It was the worst times; it was the age of foolishness, it was the age of reason; it was the epoch of belief, it was the epoch of incredulity, it was the season of light; it was the season of darkness; it was the spring of hope, it was the winter of despair. With these words Charles Dickens described the era of the French Revolution, early 200 years ago. But he could just as well have been talking about today and tomorrow. We live in a similar age of contradiction and turbulence, in an atmosphere which threatens to destroy every institution, including this school.

Another example. The speech about "A Matter of time" begins like this:

Americans are either getting ready to go somewhere; they are going somewhere; or they are resting up after having been somewhere. This remark came to my ears while I was on board an Atlantic steamer last September on my way home from spending a summer abroad. One of my shipmates was quoting his Italian host, who had made this keen observation on the American pace of life.

3 Parts of A Speech (1): A Pig Stomach

The body of a public speech is just the core and essence, so it should be specific and detailed, making the audience impressed. How can we make it as vivid as a pig stomach, or a pig bag?

To organize the main points coherently and consistently is always the first step. The main points are simple, discrete, coherent and complete, which, normally, should be organized in a balanced parallel structure. Here is a good example about "Basics of a scientist". The author, also chemist, put the 3 basics in a very unique way. That's C3H3: A Clear Head, A Clean Habit and A Pair of Clever Hands.

To refine the supporting materials is the second step. Here are two paragraphs from Martin Luther King's famous speech of "I have a dream":

It is a dream deeply rooted in the American dream. I have a dream that one day this nation will rise up, live up to the true meaning of its creed: We hold these truths to be self-evident; that all men are created equal.

So let freedom ring from the prodigious hilltops of New Hampshire. Let freedom ring from the mighty mountains of New York! Let freedom ring from the heightening Alleghenies of Pennsylvania! Let freedom ring from the snow-capped Rockies of Colorado! Let freedom ring from the curvaceous slops of California! But not only that; let freedom ring from Stone Mountain of Georgia! Let freedom ring from Lookout Mountain of Tennessee! Let freedom ring from every hill and molehill of Mississippi! From every mountainside, let freedom ring!

To highlight the highlight is the third step. Here is the climax of Franklin Roosevelt's address in 1942, when the Japanese attacked the Pearl Harbour.

The attack yesterday on the Hawaiian Islands has caused severe damage to American naval and military forces. I regret to tell you that very many American lives have been lost.

Yesterday the Japanese Government also launched an attack against Malaya.

Last night Japanese forces attacked Hong Kong.

Last night Japanese forces attacked Guam.

Last night Japanese forces attacked the Philippine Islands.

Last night the Japanese attacked Wake Island.

And this morning the Japanese attacked Midway Island.

Japan has therefore undertaken a surprise offensive extending throughout the Pacific area. The facts of yesterday and today speak for themselves. The people of the United States have already formed their opinions and well understand the implications to the very life and safety of our nation.

3 Parts of A Speech (3): A Leopard Tail

To begin is an art, while to end is more of an art. A good ending of a speech has 3 functions: forecast of its ending, summary of its main points and appealing for actions. Here are several famous examples.

1. A Brief Summary

To summarize what I have said: Aim for the highest, never enter a barroom; do not touch liquor, or if at all at meals; never speculate; never endorse beyond your surplus cash fund; make the firm's interest yours; break orders always to save the owner's; concentrate; put all your eggs in one basket, and watch that basket; keep expenditure always within revenue; lastly, be not impatient, for, as Emerson says, "No one can cheat you out of ultimate success but yourselves."

2. A Utopian Vision

Some see leadership as high drama and the sound of trumpets calling, and sometimes it is that. But I see history as a book with many pages, and each day we fill a page with acts of hopefulness and meaning. The new breeze blows, a page turns, the story unfolds. And so, today a chapter begins a small and stately story of unity, diversity, and generosity——shared, and written, together.

3. An Echoing Ending

So that is money. M-O-N-E-Y. M-Magical, O-Ordinary, N-Necessary, E-Extraordinary sometimes, Y-Yummy.

4. Appealing for Actions

And so, my fellow Americans: ask not what your country can do for you—ask what you can do for your country.

My fellow citizens of the world: ask not what America will do for you, but what together we can do for the freedom of man.

解说与点评：

这是一个内涵丰富、操作性强、对写作和演讲都很有帮助的案例。中国文化中的"凤头"是说作品的开头要像凤凰的头那样秀气、漂亮，"猪肚"是说文章内容要像猪肚那样内涵丰富，充实，有很强生命力，"豹尾"是说作品的结尾要像豹子尾巴那样有力、刚健。写作、演讲固然如此，仔细想想，小到生活、学习，大到事业、人生，又何尝不是如此呢？

笔者和英美朋友讨论过多次，对于中国文化的精品，我们除了崇拜还是崇拜，英语当然也可以大胆借鉴。毫无疑问，案例中的“凤头、猪肚、豹尾”是典型视觉意象，演讲中举的很多例子也是形象思维的成果。

第三节 灵感（顿悟）思维培养案例

案例一

关键词：A Lie in Believe

The other day, when I asked my students, “Have you noticed there’s a special word within BELIEVE, and another special word within FRIEND? The two words are contradictory to BELIEVE, and FRIEND !” One of them told me immediately, “I know, I know. 就算是 believe 中间也藏着一个 lie；就算是 Friend，还是免不了 end；就算是 Lover，还可能会 over；就算是 Wife，心里也夹杂着 if；欣慰的是：即便是 Forget，也曾经 get，就算 impossible，但还藏着 possible，如果现在 Unhappy，谁又保证不会 happy?” “Wow! How do you know so much?” “Frankly, I got it from the internet.”

You see how powerful and how convenient the internet is. What’s more, how inspirational and creative are the netizens!

解说与点评：

这个案例的确源于网上的一个段子，很有创意，也很有辩证道理。其实，我们还可以接续下去：Forgive 之后，才能 give；Forever 之后，才有 ever；无论 Input 还是 Output，你都要去 put。

这里的灵感源自良好的观察习惯，同时又有一定的构词法和辩证法引导。

案例二

关键词：Teach Arithmetic in English

I was just about to teach what I had prepared for the new lesson of the new semester based on my ppt, when the electricity went off. The screen together with my brain went blank. I just told myself to calm down, and then a great idea came to my mind: teach something simple but interesting.

I wrote, “+ − × ÷” on the blackboard, and said, “We are going to learn arithmetic in English today. I hope everyone can follow me, because this stuff is always taught in primary schools". Then I taught the lesson in the following steps.

Step 1.

"+" is plus in English. Plus, plus, plus, 3 times.

"2+2=?"　How much is 2 plus 2?

"2+2=4"　2 plus 2 is 4.

Now, pairwork. Ask and answer each other.

Step 2.

"−" is minus in English. Minus, minus, minus, 3 times.

"4−2=?"　How much is 4 minus 2?

"4−2=2"　4 minus 2 is 2.

Now, pairwork. Ask and answer each other.

Step 3.

"×" is times in English. Times, times, times, 3 times.

"4×2=?"　How much is 4 times 2?

"4×2=8"　4 times 2 is 8.

Now, pairwork. Ask and answer each other.

Step 4.

"÷" is divided by in English. Divided by, divided by, divided by, 3 times.

"8÷2=?"　How much is 8 divided by 2?

"8÷2=4"　8 divided by 2 is 4.

Now, pairwork. Ask and answer each other.

"Well done! All of you are smart students, much smarter than primary schools kids. But from now on, I won't write any number or symbol on the blackboard. You must listen to me carefully and answer: How much is…? Remember, this is a competition between girls' team and boys' team. Come on!"

(1) How much is 1+2+3+4+5 ?

(2) How much is 15−5 −4−3−2−1 ?

(3) How much is 1×3×5 ?

(4) How much is 48÷6÷4÷2 ?

"Have you got all of them correct? Cheers and congratulations! Now, pairwork. Challenge each other. Before that, write down the four problems that I told you just now, and read them at least 3 times until you are familiar with them."

……

解说与点评：

本案例是一节真实的灵感加创意课：英语和数学的有机融合、听说读写技能的有机融合、传统手段（黑板加嘴巴）的推陈出新，以及讲练结合、独立学习和小组合作的科学运用。

课堂的高潮是关于听力理解和快速运算的小组竞赛，事实证明，没有多媒体也能上英语课。课后，多数学生说，这是一节比有电、有准备、有课件更好的课。

案例三

关键词：Interesting Blind Logic

That was a foggy afternoon in the thick forest of Shennongjia, Northwest Hubei. It was getting darker and darker. A team of cars were trapped but they had to move on. Everyone was afraid of those wild frightening animals, especially the mysterious savages like human beings although nobody had ever seen them with their eyes, except for some footprints and fingerprints. What's worse, the cars were going downhill on the zigzag road. After a short and heated discussion, the team decided to choose the best driver to drive the best car taking the lead. The rest must follow it closely, one after another.

Tragically, soon, all the cars slipped and crashed down one by one, because the first driver didn't make a turn at the corner due to the damn thick fog!

解说与点评：

悲剧发生了，已无可挽回。但教训或者原因发人深省：集体决定有时并不可靠，行业权威有时也不可靠，经验常识有时也不可靠。唯有自己观察、分析、判断，才能做出明智的决策。英语教学既是科学，更是艺术，没有必要迷信、盲从权威。

化学老师愚弄学生用手指蘸煤油尝味道的故事，其实老师的真正目的是要学生仔细观察，而后用心学习（LOOK CAREFULLY AND LEARN）。顺便附上这篇1984年版初中英语课本第六册的最后一篇课文。

LESSON 9　TEXT（课文）

LOOK CAREFULLY AND LEARN

My friend Carl will never forget a certain professor. This professor taught him chemistry at the university. He was an ordinary-looking little man with thick glasses, but he had a strange way of making his classes lively and interesting. And the lessons he taught were not easily forgotten.

Carl remembers one of his first lessons from this professor. After the students were all in the chemistry lab, the professor brought out three bottles. One was filled with kerosene（煤油）, one with castor oil, and one with vinegar. "Now watch carefully," said the professor. "Pay attention to everything that I do."

He then filled a cup with some of the kerosene, some of the castor oil and some of the vinegar. As the students watched with fascination, he mixed the three together. After that, he held up one of his fingers and showed it to the class. He then dipped it into the cup. After a few seconds he took his finger out. "Now watch," he said. "Remember, you must do everything that I do."

He put a finger in his mouth and sucked it. He nodded with a smile. Then he handed the cup around the class of students. Each student dipped a finger into the mixture and sucked it. Each immediately made a face. The mixture tasted horrible.

When the cup was at last returned to the professor, he shook his head sadly. "I'm sorry," he said to the class, "but none of you watched carefully enough. Yes, I sucked a finger, but the finger I put into my mouth was not the one I had dipped into the cup."

It was their first important lesson as students of chemistry and they never forgot it.

案例四

关键词：Creative Trick

I used to be very naughty and talky in class as a primary school student. But I was always the smartest to sit in the best place, because my village was a small world. So, even if I made my head teacher annoyed in class, he would try to save my face without criticizing me before the public.

One day, I was talking in class noisily again. After glaring at me several times, my headteacher warned openly, "Someone, in the middle, is still talking although I've reminded several times". Everyone threw their eyes at my neighbors and me but no one knew whom exactly it was. So I kept on talking without any fear. Finally, the teacher shouted loudly, "It's you, just, you, in the middle of the third row!" Then the students in the first two rows turned round at me, I suddenly joined them and turned round, on and on, to the wall at the back. When at last, nobody found the talking student, we all laughed wildly and heartily.

This is a typical creative trick which took advantage of a Herd Effect or Conformity.

解说与点评：

本案例有点类似上一个案例，如文末提到的"羊群/群聚效应"。我们常看到学生在英语课堂上望天跟读、读书、背书的现象，典型的和尚念经有口无心。新的教学研究已经显示，大量机械的跟读、齐读其实是弊大于利的。

这里不仅有很多南郭先生、降低情感输入、没有思维训练，而且全班一个调子本身就不符合人的特性。从 BBC 到 CNN，再到 CCTV 主持人口语的多样化、个性化趋势判断，我们的教学也应该鼓励学生的个性化。

案例五

关键词：Anycall

Anycall used to be one of the best names and best brands of mobiles in the world. For about a decade, one-third of Chinese had been using Anycall mobiles because it was enduring and convenient.

It's said that, when the founder of Anycall, Samsung, began to make a new type of mobile for the Chinese customers, he hoped it should be very simple and really easy, accessible to anyone, young or old, men or women. He did a lot of investigations and asked a lot of customers for help, but still couldn't make up his mind. One day, while lost in thought, he ran into a fool in the street. Before he could say "sorry", the fool had already shouted at him, "Any call, any call, the police, it's your fault, anyway, anyhow."

Anycall? got it! Anyone with such a mobile can do anything!

Amazingly, one of Kevin's good friends said, "If you translate Anycall into Chinese, it can be '骚打、苕打、骚说、乱打', or '随便打'. No wonder it sells like a best-seller in China."

解说与点评:

这个案例来自一位非常有创意、非常受欢迎的高中英语老师。故事很接地气,很有时代感,一看就懂,一听就笑。

笑过之后,可以学到 any 和 call 的多种用法,激发学生自己去查词典和进一步学习。

案例六

关键词:PUN (1)

Former First Lady, Hillary Clinton is running for the next American president. One of her slogans is "Fighting for us". Have you found out something special? Is this "us" the same as that "US"? Indeed, the word here has double meanings. She is playing on the word, which is called a pun in English.

This is a very humorous conversation about the common sense about US, between an official and a voter.

"Where is Washington?"

"He's dead."

"I mean, the capital of the United States."

"They loaned it all to Europe."

"Now do you promise to support the Constitution?"

"Me? How can I? I've got a wife and five children to support."

Here, the 3 words of "Washington, capital and support" are all puns.

解说与点评:

英语中的双关语(pun)和谜语(riddle)一样,可以激发学生的另类思考,迸发灵感和创意。但课本上的例子稀少,需要老师广泛阅读,用心收集。同时,应该教学生养成查词典、看例句以及根据上下文理解和推测的习惯。

案例中的 Washington,capital、support 分别有两种不同的意思:华盛顿总统和华盛顿特区、首都和资本、拥护和抚养。

喜欢双关和谜语的人,大多是富有机智和灵感的人。

案例七

关键词：PUN（2）

Puns have always been used in short advertisements. Here are more examples：

1. Trust us. Over 5000 ears of experience.（For a hearing-aid）

“Ears” and “years” are almost the same in pronunciation，but quite different in meaning.

2. Give your hair a touch of spring.（For a shampoo）

“Spring” can be a season or a cascade，or both.

3. Money doesn't grow on trees. But it blossoms at our branches.（For a bank）

“Branch” can be a division of a tree，or a subbranch of a bank.

4. Two beer or not two beer，that's a question—Shakesbeer.（For a beer）

This ad. is a parody of “To be or not to be，that's a question—Shakespeare.”

5. Every kid should have an Apple after school.（From Apple Corporation）

“Apple” can be either a fruit or a computer，or both.

解说与点评：

同上一个案例，但都是来自精彩广告的双关语。每一句广告词之后都有对所用双关语的解释，这里不再赘述。双关语作为一种富于变幻的修辞手段，是广告词的“常客”。请看更多例句：

1. Thirst come，thirst served.（For a drink）

This ad. is a parody of “First come，first served.”

2. No business too small，no problem too big.（From IBM）

This ad. is a parody of the famous proverb “No pains，no gains.”

3. It changed our well water to wonderful water.（For a water purifier）

“Well” can be both fine water and the water from the well.

最后来一句自创的双关语，也是绕口令。

I missed Miss Li's class yesterday，but I didn't miss it at all although I always miss Miss Li so much.

案例八

关键词：Pets' Names

Keeping a pet has become a fashion in China recently. Although I don't keep any, I do appreciate the names of the dogs my good friends keep, interesting and refreshing.

One dog is called Tangyuan（汤圆），another Shaobing（烧饼），and the third Fagao（发糕）. Have you noticed that all of them are popular food in China?

Besides, the Chinese characters of "圆"，"烧" and "发" always refer to something lucky and auspicious.

The only English name of a pet that I know of is，"Ready—Go"（热地狗）! The owner，a couple，who always speak English，have taught their dog English，because it's always "Ready — to— Go". This "Go" is not that "狗"，though and of course.

Dogs' names can be those of famous people and VIPs in the world. The other day，at a party，one friend told us loudly and proudly，"My dog is Abe". Another friend told us more loudly and more proudly，"My dog is Trump".

Then came the third who seemed to defeat both，"Guess my dog? It's both !" "Yes?" Everybody was puzzled. "My dog is AT. You see? @ ! Wherever and whenever." There was a silence，complete silence，then.

Just at that moment，the last friend with a small size，said in a low voice，"My dog is Putin. It will，I'm afraid，put all your dogs in it."

解说与点评：

这是源自当代生活的趣味英语，看似与教学无关，实则很有启发意义。拿食品、拿某些名人做狗的名字，很风趣，亮点在"Ready—Go"（热地狗，很容易联想到"阿尔法狗"），据说那狗都已经学会英语了。

在全球化、网络化的今天，英语已进入我们的生活，泛在学习和终身学习已不是空洞的口号了；在中国逐渐融入世界的时候，英语和汉语混杂的场合也越来越多，"China English"应运而生。如前，中国网民的创造性也越来越强，很多网络词汇虽然不够纯净和标准，但对启发思维、提高兴趣还是利大于弊的。

这不，昨天手机上刚传来的“英语老师的情书”：

I love three things in the world.

Sun，Moon and You.

Sun for morning，Moon for night，

And You forever.

中文翻译如下：

浮世三千，吾爱有三

日、月与卿

日为朝，月为卿

卿为朝朝暮暮

亮点在翻译，完全符合翻译家严复所说的“信、达、雅”的原则。

案例九

关键词：Sensational Season

This is a special season between spring and summer. The flowers have blossomed and already faded，but the leaves and grasses are just full in colour and in water. Every morning，you can hear birds chirping；every evening，you can hear frogs croaking.

This is also a season of graduation. It's the season of boys and girls，young men and young women who are graduating. The graduates are crazy youth full of dreams and memories，little dreams and big dreams，sweet memories and painful memories. They are full of love，passion，power and vigour. So when it's time to say goodbye，they will gather to eat and drink；they will laugh，cry，shout out and burst into tears.

This is a seasonal sensation. This is also a sensational season.

解说与点评：

这是一篇很优美的散文。灵感源自两个关键词：season（季节）和sensation（轰动）。作者运用了双关、头韵、似非而是和回环等修辞手法，读起来既有韵味，又颇富幽默。

如前，仔细观察英语单词，你会获得不少灵感，运用起来就更令人惊奇了。

比如，新学期开学，笔者就说：Let's first warm up，then speak up，speed up and cheer up. Never give up！Whenever you wanna share and show， don't hesitate to stand out. Only when you dare to stand out can you become outstanding!

案例十

关键词：SPA

You can't deny we have come to an era when you will be judged first by your beauty index, then by eloquence index, and last by your real abilities. However, beauty index is always the last to change through your own efforts.

Personally, I suggest that girls should go to SPA as much as possible keeping or staying healthily beautiful. There's also a special reason—SPA could teach you to speak eloquently. Ah-ha, eh? What's SPA or who's SPA?

SPA stands for three giants in ancient Greece, Socrates-Plato-Aristotle. Don't you like to learn something from them?

Haha, the cat is out of the bag.

解说与点评：

隔行如隔山。SPA 在美容界和演讲界是完全不同的两个概念。还好，作者将二者串联起来了，SPA 就成了新的双关语。

案例十一

关键词：Wild Man

One day, I was introducing a special animal to my students in English:

"This is always a legendary tale about the savage, or the wild man (野人). Actually, whether there is such a man and mammal is still a mystery, like UFO, ET or dinosaur. But, it's undeniable that it has been reported and recorded since 2500 years ago. Qu Yuan, a great poet, who lived too far away, wrote about the Goddess of the Mountain (《九歌 · 山鬼》) in his poetry, alluding to the savage. Arguably, many scholars and scientists today think, the legendary tale about the savage is just the best commercial promotion for Shennongjia District. Do you know what it looks like?"

One of the students responded quickly, "Have you ever seen it with your eyes?" "No, but…" "Then, you don't know what it looks like. Why couldn't we imagine in our own ways and words?" The student interrupted me, making me very embarrassed. However, later, I did it as he suggested, which turned out to be great success.

解说与点评：

这是一个教学插曲，也是值得研究的灵感式案例。作者受学生启发，让学生去想象、描述、交流、共享他们心目中野人的模样，一百个读者就有一百个哈姆雷特。老师过多准备现成的教案，就会干预和压抑学生的想象力，吃力不讨好。对于传说、小说、模棱两可而没有定论的人物和动物，还是让学生自己去探究吧。

瞬间联想到作者上大学时外教 NINA 上课的一个插曲，一个案例。下午四点，NINA 在介绍吉尼斯世界纪录时让我们单腿站立，看谁能创造吉尼斯纪录。不一会儿，一位瘦瘦的小个子男生胜出，下课时间也到了。可是这同学却说，"纪录没出来吧？我还能站好久呢！"于是，男生继续站，NINA 继续上课，一直拖到晚上七点半。

最后，NINA 才告诉我们，她原来计划的是要求不许换腿地单腿站立，结果忘了强调"不许换腿"！不过，同学们把吉尼斯纪录永远地记住了。

案例十二

关键词：Mark Twain's Stories

Mark Twain was a great humorous writer with many interesting books and stories.

(1) Before Mark Twain became famous, he was once introduced to a renowned general. After a handshake, Twain couldn't find a word to begin their talk and the general refused to speak first as he always did. Finally, Twain said, "I feel really awkward. How about you?"

(2) One day, Mark Twain was sitting at a table, next to a wealthy woman. He greeted her politely saying "You look very beautiful!" The arrogant woman responded coldly, "But I can't say so to you!" "Then, you may tell a lie as I did just now." Mark Twain switched in time with great wit.

(3) Another day, Mark Twain was travelling on a very slow train. When the ticket inspector came to him, he took out a ticket for children. The inspector said jokingly, "I couldn't tell you are still a little boy!" Mark

Twain answered very quickly and smartly, "Of course I'm no longer a little boy. But I was, when I bought the ticket!"

解说与点评：

大家知道，马克·吐温是世界知名的幽默作家，他的幽默不仅深刻、辛辣，而且反应异常敏捷。为人处世，马克·吐温常常有机智的惊人之语，灵感横溢。以上三个故事正是这种灵感的生动写照。

案例十三

关键词：QQ

Many people always ask me, "When's the best time to learn English? Where's the best place to learn English? What type of English is the best to learn? As a teacher of 30 years, I want to say, it doesn't matter at all when, where, or what type of English to learn. What really matters is WHO teaches in way !

Then, what matters most to a teacher of English? IQ? EQ? Or…. Q! I guess, it's QQ. People with a high QQ are more interesting, and their classes more interesting. They know how to make their students interested, and they know their students' interests clearly. So I call this quality and personality QQ, which was inspired by QQ of Tencent, popular among all of us. Also, it has something to do with the Chinese 趣商 accidentally. Teachers with high QQ are full of tricks and surprises like magicians. Students in their classrooms, thus not only learn more knowledge and skills comfortably, but also gain more wit and wisdom.

Just as the saying goes, this society needs more interesting people than significant people. It's time for the teachers in schools to take this responsibility and meet this need.

解说与点评：

这个案例也源自笔者的灵感。对于英语教师而言，只有智商、情商还不够，它们只和真、善相关，还有什么关乎美呢？英语教师相对更全面、更时尚、更有品位，所以应该有求真的胸怀、向善的心怀和尚美的情怀。

TEACHER 原本就意味着：

Talented, Elegant, Awesome, Charming, Helpful, Efficient, Receptive。有一天，笔者对着 QQ 的 Logo“企鹅”发呆，突然灵感就来了：就是这个头

像，这个 QQ。大家都知道，QQ 功能强大，好用、好学、好玩儿，其中好玩儿是关键。从心理学上分析，好玩儿的原动力、内驱力就是尚美。

虽然学生的天职是学习，但他们的天性却是玩儿，这是无法剥夺的。即使是大学生、研究生毕业了，成家立业了，也拥有一颗爱玩儿、玩儿好的心。这里，笔者想分享一下去年给大学毕业生的一段讲话，之后是梁启超 100 多年前的《少年中国说》。

Dream Big

Hi，guys！You are graduating，and saying goodbye，congratulations！Guess，what I am gonna say as my gift to you? Dream big！

A century ago，Liang Qichao said，“When teenagers are wise，rich，and strong，China will be wise，rich and strong.” Today，I wanna say to you，“When graduates are wise，rich，and strong，China will be wise，rich and strong. Only when graduates are ambitious，will China be ambitious.”

Dream big and you’ll become wise with much wisdom and insight; dream big and you’ll become rich with a lot of money; dream big and you’ll become strong with great strength，determination and power. All of us were born to dream big and make a difference in this world. You are at the right time now.

Dream big and play hard. If not me，who ? If not now，when?

少年中国说（节选）

梁启超（1900 年 2 月 10 日）

日本人之称我中国也，一则曰老大帝国，再则曰老大帝国。是语也，盖袭译欧西人之言也。呜呼！我中国其果老大矣乎？梁启超曰：恶，是何言！是何言！吾心目中有一少年中国在。

欲言国之老少，请先言人之老少：老年人常思既往，少年人常思将来。惟思既往也，故生留恋心；惟思将来也，故生希望心。惟留恋也，故保守；惟希望也，故进取。惟保守也，故永旧；惟进取也，故日新。惟思既往也，事事皆其所已经者，故惟知照例；惟思将来也，事事皆其所未经者，故常敢破格。老年人常多忧虑，少年人常好行乐。惟多忧也，故灰心；惟行乐也，故盛气。惟灰心也，故怯懦；惟盛气也，故豪壮。惟怯懦也，故苟且；惟豪壮也，故冒险。惟苟且也，故能灭世界；惟冒险也，故能造世界。

……

使举国之少年而果为少年也，则吾中国为未来之国，其进步未可量也；

使举国之少年而亦为老大也，则吾中国为过去之国，其澌亡可翘足而待也。故今日之责任，不在他人，而全在我少年。少年智则国智，少年富则国富，少年强则国强，少年独立则国独立，少年自由则国自由，少年进步则国进步，少年胜于欧洲则国胜于欧洲，少年雄于地球则国雄于地球。红日初升，其道大光；河出伏流，一泻汪洋。潜龙腾渊，鳞爪飞扬；乳虎啸谷，百兽震惶。鹰隼试翼，风尘吸张；奇花初胎，矞矞皇皇。干将发硎，有作其芒。天戴其苍，地履其黄。纵有千古，横有八荒。前途似海，来日方长。美哉我少年中国，与天不老；壮哉我中国少年，与国无疆！

案例十四

关键词：My Words，My World

Good morning，ladies and gentlemen. Here are 5 simple words：**Life-Love-Dream-Create-Challenge.** Can you make or make up an impromptu speech? This is my demonstration to share with you，and of course，I sincerely welcome your comments and criticism.

Life is a long journey for all of us in the world.

Love always comes first on the journey. Love is universal，so you could love your parents，your friends，your neighbors，your classmates，your teachers and anyone else that is worth loving. Just as Shakespeare said，**"Love all，trust a few and do harm to none".**

Then comes the word of **dream**，especially dreams for kids. As a boy，I used to be a productive dreamy dreamer. I dreamed of becoming a writer，a scientist，a diplomat，a policeman，a cook，and even a barber，but hardly of a teacher who I'm now. Thanks to those dreams，I would like to **create** so many new things and objects when I have grown up. And I hardly wake up any student who falls asleep in my class，because I guess they must be dreaming as I used to be. Doers should begin with dreamers and thinkers. That's my belief as a teacher.

As I go on，I'll come across many ups and downs I take for granted. "Take life as it is." is my father's motto，while mine is "**Challenges** create changes and chances." Whether you are an expert，emperor or a beggar，a general or a soldier，you have to be challenged or to challenge others on your way forward，sooner or later，here and there.

In one word, I do love "life, love, dream, create and challenge" on my journey in my world. They have formed a full and colorful life of mine.

解说与点评：

这是笔者在让学生写作的同时现场写的一篇作文。文章展示了较好的整体逻辑布局、丰富的想象力和一定的创造力，不乏有趣的精彩句子。

很显然，这种灵感源自厚实的长期积累和临时的精神愉悦，有感而发。

案例十五

关键词：一堂外教的口语课

这是一节普通外教口语课。Jennifer 在一间普通教室里给初二的同学们上课，像往常一样，Jennifer 并没有提前告知课题，也没让同学们做什么准备，但同学们说："Jennifer 的课总那么新鲜好玩儿，印象深刻，而且有收获没负担。"（以下 Jennifer 简称 J，同学们简称 Ss）

Step 1　Warming up (about 5 minutes)（我们称此步骤为 Step 1，J 自己没有明确的叫法，以下同。）

课堂实录：

J：Good morning, boys and girls. Today, I'd like to invite you to my home. (J takes out several photos from her teaching bag)

J：Now look at the photo, this is my house. Do you know these names?

Ss：Yes, …and no…

J：OK, good. Let me tell you one by one. On the ground floor, there are my living room, dining room, the hall, the front door and back door of course. Then on the first floor, there are my study room, bedroom, toilet and bathroom. Now, guess what's between the ground floor and the first floor?

Ss：阳台，走道，楼梯……（汉语）

J：Right, that's stairs, but can you guess what's beside the dining room? This time, speak English.

Ss：TV, window, WC, kitchen…

J：Where do we cook meals? Oh, yeah, very good, that's kitchen. I'm going to invite you to have dinner in my house. But I'll have to ask you to help me with the cooking. We'll make HPB together, that's honey peanut balls，my favorite food.

板书：Kitchen→ Cooking→ Honey Peanut Balls (as the title).

及时点评：同学们随着老师的讲解，特别是照片中的空间变换和启发性问题，迅速进入角色。新奇的环境往往很能刺激学生的求知欲、好奇心以及灵感思维。但也有部分同学对过多的单词感到吃力，像 the ground floor，living room，dining room，the hall，the front door，back door，the first floor，study room，bedroom，toilet，bathroom 这些单词都没板书，于是开始窃窃私语，“老外吃什么 HPB，谁知道是什么东西？”“她的房子真大，这房那房的，一楼二楼的怎么说呀？”也有的听课老师暗自纳闷：“这节课就教这玩意？学生能学到知识吗？这老师完全不懂汉语，该怎么教呀，又做游戏吧？”

Step 2 Presentation (about 8 minutes)

课堂实录：

J：Well，please read after me，Kitchen→ Cooking→ Honey Peanut Balls，each，3 times . Now tell me，what is kitchen? Very good，a kitchen is a place for cooking; what is cooking? Good，cooking means making food like HPB. What is HPB? HPB means Honey Peanut Balls，my favorite，your favorite food. Now speak the last 3 words loudly to each other—We love Honey Peanut Balls!

Ss：We love Honey Peanut Balls! We love Honey Peanut Balls! We love Honey Peanut Balls!

J：Now class，what is Honey Peanut Balls?

Ss：Our favorite food. (all in one voice)

J：Great! Smart students! But do you know，what do Honey Peanut Balls look like ? How do they taste and smell? What do we need to make the food?

Ss：No，no，no…

J：Great，honest boys and girls! So we'll do it together and smell，and taste it together. (J takes out a series of cooking utensils and materials from her large teaching bag.)

J：In my kitchen，we always use these utensils: bowl，fork，spoon，table spoon and tea spoon. Read after me，bowl，fork，spoon，table spoon and tea spoon.（with the utensils being held up one by one.）We also use cups，different sizes of cups，this is the biggest cup. We call it one cup. Then half size，we call it half cup，second cup，then，who can tell me the next cup? Very good，fourth cup，then eighth cup. Read after me.（J walks around the class，with the utensils being held up one by one.）

板书：bowl，fork，spoon，table spoon，tea spoon，one cup，half / second cup，fourth cup，eighth cup.

J：We'll use these utensils later. First we need something to eat or to drink. Look，what's this in the bag，white and dry? Yeah，dry milk. Then this bag，look at the color，oatmeal，and this bag，vanilla. Finally，I've brought three bottles；they are honey，peanut butter，and chopped nuts. Now read after me loudly and clearly. Please look at the objects in my hand at the same time.（with the bags and bottles being held up one by one）

板书 ：dry milk，oatmeal，vanilla，honey，peanut butter，chopped nuts (in their different colors)

及时点评 ：这一阶段出现了两个高潮：

一是当老师要同学们练习 We love Honey Peanut Balls! 后，提问时大家竟异口同声地回答 Our favorite food! 可见，只要引导得当，氛围轻松，学生的很多表现会出乎老师的意外。

二是老师演示不同量度的 cup 的场景时，同学们非常好奇，好像看老师表演魔术一样。动感而变化着的实物带来的现场感有利于学生的形象思维。

Step 3 Practice (about 15 minutes)

课堂实录：

J：Attention please，boys and girls. We'll begin to make HPB，Honey Peanut Balls. I have a bowl here on the table in the middle，and we'll put in many kinds of food together. Who'd like to help me?（About half of the students put up their hands，and J chooses one of the students in the last row.）

J：I'm glad that you become my first assistant. I'm still the cook. Are you ready? Thank you. Now please pick up one cup of dry milk and put it into the bowl. One cup of dry milk，class，please say "one cup of dry milk" and help my assistant. Get it，the right cup and the right milk. Let me help you to split the bag… Well done! Congratulations! Let's give him a big hand for one cup of dry milk. (another 4 students finish one teaspoon of vanilla, one cup of peanut butter, half cup of chopped nuts, and one cup of honey, in the same way in proper order.)

板书：one cup of dry milk + one teaspoon of vanilla + one cup of peanut butter + half cup of chopped nuts + one cup of honey→

J：Now it's time for me, the cook to act, make the real HPB, on the stage, in my kitchen. Watch carefully, if you cannot see it clearly, you may stand up or come to the front, you should be careful, this is going to be our dinner, Honey Peanut Balls. Who'd like to help me to hold the bowl? I still need two assistants, one on the left and one on the right. (Almost all the students put up their hands.) Yes, two strong boys, come on. Now, look at the bowl. First of all, mix them all, all of them. Look they are separate, different from each other, now mix, mix, mix them all, aha, they are mixed with each other, look at the colors, the shapes, they are the same, flat. Then, roll them into balls, roll, do you know how to roll? Balls always roll on the ground, yes, roll them into balls, round and smooth. Let me see, how many groups in our class, monitor? Oh, yeah, 9, I'll roll them into 10 balls. Finally, here you are, Honey Peanut Balls are finished! (Suddenly one boy named Wan Li bursts out, "喔，蜂蜜花生丸子！我最不喜欢吃！" and all the class burst into laughter, staring at him.)

板书：one cup of dry milk + one teaspoon of vanilla+ one cup of peanut butter + half cup of chopped nuts+ one cup of honey → mix +roll → Honey Peanut Balls.

及时点评：课堂进入实质阶段，做中学，学中做。几乎每个同学都参与其中，课堂气氛活跃，但也显得有些混乱。主要悬念得以解决，原来 Honey Peanut Balls（"蜂蜜花生丸子"）就这样儿啊！新的悬念又产生了：既然是老师的最爱，真好吃么？制造悬念和解答悬念是思维训练的极好抓手。

Step 4　Practice (2) / Evaluation (about 10 minutes)

课堂实录：

J：Great! (looking at Wan Li, puzzled) But how do you know it's so delicious before you taste it? (The class burst into another laughter, looking at J. J feels more puzzled.)

J：Do you all agree with him? Do you all want to have one and taste it?

Ss：Yes，yes，yes…

J：Thank you，great boys and girls. But I'm afraid you can only share one among your group. Remember，share and taste it one by one. After you have tasted it，each of you must tell the group how you feel it—Is it good and delicious，or bad and terrible? Or just so-so?（J walks around，handing out the balls，one ball，one fork and one napkin for each group；and the students begin to taste. Many hesitate for a while at first，then more and more taste it. All the students participate in the activity，while few teachers taste the 10th ball. Their remarks are various from "good，great，OK，just so so，bad，terrible，strange，and no taste，no fun" Later more and more say "蜂蜜花生丸子" instead of saying "terrible，strange，and no taste，no fun".)

J：After we all taste the Honey Peanut Balls，as usual，it's time to choose the STUDENT OF WEEK. Let's elect and vote，who is the best?

Ss：Wan Li，Wan Li，Wan Li!（all in one voice)

J：Nobody else?

Ss：No，no，no!

J：OK，that's it. Congratulations，Wan Li! Do you know why all the class voted for you?

Wan Li：I know the Honey Peanut Balls are "蜂蜜花生丸子"，in Chinese.（applause from the class)

J：Pardon? Would you please write it on the blackboard?

Wan Li：With pleasure.

板书：share，taste，delicious Wan Li—STUDENT OF WEEK，蜂蜜花生丸子!

及时点评：美丽的误解，智慧的解题——"蜂蜜花生丸子"！学生亲口品尝，亲口评说，真有趣！这次同学们没做鬼脸，却玩起了"蜂蜜花生丸子"的游戏，值得吗？多数听课老师仍然担心课堂实效。Jennifer 的 language points 和 grammar 呢？"蜂蜜花生丸子"从抽象的概念到有色有形的食材，再从食材到可观摩可参与的操作过程，学生身临其境，最后成型到亲自吃到，确实是巨大的享受。正所谓，敝帚自珍，自己做的饭最香。

Step 5　Consolidation (about 7 minutes)

课堂实录：

J：Now，before we end this class，let's go over what we've learned. I want you to read all the words and expressions on the blackboard，after me. (each，3 times)

J：Very good. I believe you can do it as well as I can next time. But do you know the Chinese of all these words? Check up with your partners. You may look up a dictionary if you really don't know. (The students are discussing hotly when the bell rings，announcing the end of the class.)

及时点评：课堂相对安静，同学们有的在讨论，但更多的是在查词典。绝大多数同学的收获和喜悦溢于言表。听课的老师们感到很踏实很亲切，"中国化了"！铃响的时候有近半数同学还在埋头查词典，课间还有近十个同学将老师的板书抄了下来，虽然Jennifer没做要求。有必要吗？也有听课老师在议论：如果把第四步"品尝蜂蜜花生丸子"减掉，最后一步的"巩固实效"可能会更好。

解说与总评：

外教进入我国中小学英语教学已近三十年，大规模进入大中城市也超过二十年了，他们到底为我们的英语教学带来了什么影响？我们应该向他们学习借鉴什么？这是一个大课题。笔者在这里只想分析以上个案，审视完整的课堂实录，从课堂教学的一个侧面分析我们在新课程形势下可以学习借鉴的几点：

(1) 任务型教学法。这堂课整体上运用了任务型教学法，"做中学，学中做"很成功。真实的场景，真实的烹调器具和食物，真实的厨师和学徒，还有真实的形神兼备的"蜂蜜花生丸子"。在实施任务中，学生的参与程度、活跃程度和听说写方面的收获都是很好的。我们观察到，Jennifer并没有带学生到她真实的家和厨房去，而是真实的照片；并没有撒手不管，让全班学生分组去做"蜂蜜花生丸子"，追逐轰轰烈烈的"全班皆厨"型场面，而是在她的掌控下开展有节奏的间歇式活动。另外，Jennifer的任务让同学们在学英语的同时，还学到了劳技知识和厨艺，有机地实现了新课程新课标提到的学科整合，也叫跨学科教学，这种设计特别有利启发学生的思维，触发灵感。

(2) 文化意识、情感态度、教学策略与思维品质。详细了解、制作并亲口品尝"蜂蜜花生丸子"是一种最生动的西方饮食文化教育，也是最现实的学习动机和兴趣的激发。Jennifer 让名叫万里的同学写出汉字“蜂蜜花生丸子”（虽然她自己也不知道是什么），寓意深刻。Jennifer 的课堂用语中“Good，very good，great，well done，congratulations”等褒奖词汇频率很高，我们几乎听不到“sorry，wrong”等贬义词汇，所以课堂人气旺，同学们热情高。相比而言，我们的多数教师很难做到这一点。正如我们在前面的章节和案例中提到的，学生的思维能力时刻蛰伏，等待教师唤醒。Tell me，and I'll forget；Teach me，and I may remember，Involve me，and I'll understand/learn。Jennifer 的教学设计和实际操作很显然做到了 Involve 和 Stimulate 学生。

（3）生词的教法。仅就板书统计，Jennifer 这节课教授且落实了 30 多个生词，多数是较专业的食品词汇，对于初二学生而言收获是相当可观的。我们有必要学习她的生词教法：实物展示、亲身感知、强化复现率、分散与集中结合、自查词典以及借鉴中国式的认知强化等方法都可以在这节课中找到实例。

（4）教学机智（teaching tact）与教具包（teaching tools bag）。不少听课老师觉得 Jennifer 的教学机智太出色，而她的教具包似乎不屑一学。教学机智指教师在课堂的灵活应变和机智处理，它来自平时的深厚功底和学识修养；教学机智来自教师长期的专业积累、教学策略、教学风格和灵感思维；教师的教学机智直接促进学生的灵感思维。而教具包就是服务于随堂教学的教学用品和教具，当然主要是指教师个人便于携带的随身包。两者看似无关，其实，都源于同一种观念和意识：开放的教学思想和灵活的教学方式。

（5）教师即教材。我们注意到 Jennifer 的教具很多，教学步骤也很多，但没有教材，也没用多媒体设备，平淡无奇。也许有老师说这样不规范不地道，其实，教师即教材，优秀教师即最佳教材，他们是最生动活泼，最富弹性和活力的教材，他们知道“用教材教而非教教材”，他们的纯正口语就是最佳听力带，他们的激情应变就是最佳任务（task），他们的因地制宜因材施教就是最佳校本课程。“教师即教材”意味着教师在课堂教学中最大的自主性、能动性和创造性，这也是教学中培养学生思维能力的核心。

毋庸讳言，Jennifer 的这节课也有不少值得商榷和改进的地方，毕竟是一节外教口语课，很难等同于我们的常规精读课。但，“蜂蜜花生丸子”课给我们带来思维和观念方面的启示仍然是多方面的。

第四节　创造性思维培养案例

案例一

关键词：LOVE On Campus

LOVE used to be a sensitive and sacred word that was hidden inside and seldom spoken out for college students. Dating or appointment among lovers was rare on the campus back to 30 years ago.

All of a sudden，or very quickly without being noticed，LOVE has become a catchword that can be heard everywhere，and dating has become so popular that it can be seen everywhere. It can't be simply regarded as a symbol of either progress or degeneration. Here，I'd like to paraphrase it like this，just for fun.

As a freshman，you need to find someone to love to fill in the blank. Otherwise you won't feel full.

As a sophomore，you may have to owe a lot because your lover has devoted so much.

As juniors，both of you come to value what you have built up step by step，piece by piece.

As seniors to graduate，both of you have to face the reality，because you have different hometowns，different family backgrounds and different dreams. Finally，both of you agree to eliminate everything about LOVE.

Meaning of AUTUMN

Generally speaking，autumn means harvest and fruit in Chinese culture. In the eyes of an English learner fond of divergent thinking and increasing vocabulary，it might imply quite differently.

"AUTUMN" first means Awesome. At the sight of the golden tree，golden rice，golden wheat and golden field，you must be amazed to say，"Wow，awesome!"

"AUTUMN" then means Universal. People in the Northern Hemisphere always share the same view at the same time，in spite of age，gender and nationality.

"AUTUMN" then，means Terrific. If you have to choose the best season among spring, summer, autumn and winter, most probably, it's autumn. It's really excellent and almost perfert.

"AUTUMN" then, means Unique. Compared with spring, summer and winter, needless to say, autumn is unique with distinctive features.

"AUTUMN" means Merry. Why not? What you see, hear, smell and taste will make you happy and hilarious.

Finally, "AUTUMN" means Nodding. Take a long journey or travel in the countryside, and you will find white clouds from blue sky smiling to you, birds around chirping to you, and, most of all, apples from trees and rice from fields, nodding at you in the gentle breeze!

The national flag is also nodding and greeting, "Hello, Autumn! Hello, October!"

解说与点评：

案例运用了"滚雪球"（snowballing）的创意法，即根据一个单词首字母分别扩大成好几个新单词的方法，包含了抽象思维、形象思维。

有趣的是，LOVE形象地刻画了校园爱情故事，可惜的是，略带悲伤和讽刺。

AUTUMN倒是展现了一派"喜看稻黍千层浪，遍地英雄下夕烟"的景象。我们可以运用类似方法解释LIFE：Live，Invent，Forgive，Evaluate。生活，即尽情生存，奋力创造，受了委屈也要原谅，到了晚年再开始评估自己的一生。

案例二

关键词：Creative Teaching

"Creative Teaching" is actually not an authoritative academic term in the field of teaching or pedagogy at the time. It's generally agreed among educators and instructors that China has a strong lack of creative teaching, and it's high time to tackle this issue.

To my knowledge and understanding, creative teaching, also called original or innovative teaching, means a unique way of teaching with a different style that others can't copy, usually with a better and surprising result. Creative teaching is deeply rooted in a teacher's personality and personalized way of thinking. The traditional textbooks, teaching tools, teaching steps or exercises might be changed, or even omitted, but a live teacher with a gigantic brain must be there.

Creative teachers don't say "reading comes from reading", but "follow me!"

Creative teachers don't say "writing comes from writing", but "follow me!"

Creative teachers don't say "vocabulary must be memorized", but "follow me!"

Creative teachers don't say "grammar must be understood", but "follow me!"

Besides, creative teachers are always there encouraging their students, "Come on, baby!"

解说与点评：

什么是创造性教学？案例并没有落入俗套去抽象地定义，而是突出了创意教学源自创意老师，案例本身就是有一种创意式解释。

创造性教学不可能有模式或者框架去顺藤摸瓜，轻松实现。如前介绍，创造性教学与教学策略、教学风格，特别是思维特征密切相关。所以，这里只有老师的"加油！跟我来！"如同芝麻开门一样神奇，带来灵丹妙药。

案例三

关键词：Why Creative Teaching?

Why do we need creative teaching urgently?

To begin with, teachers are different from person to person just as students are. Though we can set a basic routine and goal in a classroom, sometimes the bottom line, you can never expect the teachers to do the same job with the same rhythm. Teachers have different levels of cognition, different attitudes towards life, different IQ and EQ and QQ, especially different personalities, thus different teaching styles.

Then, different students need to be taught differently. To use the same ruler to measure every student is both unfair and ineffective. More than 2,400 years ago, the great Chinese philosopher and educationalist, Confucius had told us to teach different students differently. In the 1980s, the American educational psychologist, Howard Gardner also told us to use different methods to teach our students thanks to his famous Theory of Multi-intelligences.

Thirdly, compared to the education in most developed countries, China's education is still left behind mainly in practice and innovation. But the core competitiveness of a country lies in innovation. Do we really have a Chinese dream? Do we really want to revive our nation? If yes, let's start from our classroom.

Finally, believe it or not, our students have evolved and changed rapidly. Today's students have been brought up under the open-door policy, in the one-child family and over the internet era. They enjoy and need more ideas, they enjoy and need less rules, at least in the classroom.

In addition, this generation have been brought up in the era of globalization and internet. They know much more than we do and they need to know more, change more and create more.

Creative teaching helps to liberate teachers and students, which propels China's wheels of progress. Why don't you have a try?

解说与点评：

案例给出了较多的我们倡导创造性教学的理由，符合逻辑，符合现实。其实，最重要的是“此外……”（In addition）的部分，全球化和互联网倒逼我们必须进行教学改革。无创造，不教学；无改革，不生存。不可否认，IQ，EQ，QQ（趣商）的提法也是一种创造。

联想起一个小奇迹，近几年中国“双 11”购物节的销售奇迹。这里分享一篇我 2015 年 11 月 11 日写的一篇 QQ 日志《2015 年“双 11”与“双创”的冷思考》。

趁“双 11”还未落下大幕发点感慨：为什么“双 11”可以从“光棍节”迅速成为“购物狂欢节”？为什么 BAT（百度、阿里、腾讯）在网络时代迅速捕获全民而获得巨大成功？三位掌门人能否作为一代网络精英，代表和引领大众创业万众创新的趋势？

越来越觉得我们必须大众创业、万众创新了，燃眉之急，时不我待！而最应该领头的自然是高校这个特殊社区了：我们必须适当减少学术型研究，大力增加应用型研究，减少不痛不痒的一般课程，增加解决问题的关键课程，减少平铺直叙的知识课堂，增加讨论争辩的学术沙龙。所有的学术型理论研究必须有考核尺度，即创新性，尤其是原始创新，杜绝浪费人力财力的废话、空话和重复活儿。其实“对错”都无所谓（创新是容许犯错的，何况判断标准也没有），所有的实践探讨必须有实际成果，物化成果，其“可行与否”都不重要。的确，我们再也不能原地踏步，做假科研了。

国际上曾经有“2E”（Einstein 和 Edison）之争，孰轻孰重？其实，他们代表着不同的价值观和功能观。我们可以向英国、法国这些长于学术型原始创新的国家学习，同时，也可以向德国、日本这些长于应用型创造的国家学习。

那么，我们大学生又该如何创新和创业呢？我以为，创新和创业的共核是胆略与创造，既能创新又能创业的人就是以企业家为代表的创业者一族。在网络时代，我们急需“三剑客”：创客、威客和极客。创客（maker）从某种角度上看是一种信仰，威客（witkey）是一种商业模式，极客（geek）是一种胆略。在市场经济时代，我们同样急需自由职业者（freelancer）。

在大家狂欢购物的时候，我们是否可以联想到爱因斯坦和牛顿及达尔文呢？爱迪生和乔布斯及扎克伯格呢？马化腾、任正非、李彦宏、董明珠呢？

如何把 14 亿的人口数量变成 14 亿的人力资源，进而变成 14 亿的人才金矿？这是一个值得我们思考的问题。

一个中华民族伟大复兴的中国梦时代，理应且必将是一个百花齐放、百家争鸣、百舸争流的时代！一个万马齐鸣、万马奔腾和大众创业、万众创新的时代！

案例四

关键词：My Name Is John!

(It's the first class for the new teacher and the new students. The teacher introduced himself, “My name is John. Just call me John!”)

First, John taught his students to speak “My-Name-Is-John”, one by one. John asked them to shout out very loudly, with both hands pushing forward, (just as Li Yang did in his crazy English).

Then, John taught his students to speak “My-Name” together, (focusing on “Name”) and “Is-John” together, (focusing on “John”). (I nodded my head) After that, “My-Name-Is-John” was done. (I smiled)

And then, John asked his students to do pairwork, following “My-Name-Is-John.” It was a great job. (I clapped my hands.)

Finally, (came the climax) John invited a cute boy, named Jack, to do the job together before the class. John shouted "My-Name-Is-John" extremely loudly and pushed his hands extremely strongly and so did Jack ("My-Name-Is-Jack"). Everyone laughed. John and Jack did it again. Everyone laughed again. "Now, watch my face and hands, and listen to my voice." When John introduced himself naturally with a smile and a handshake, Jack did the same. Everyone stood up and clapped their hands.

Comment on "My Name Is John!"

Some of you have asked me, "What's special about this class?" Here is my personal comment, and I welcome your comments.

This is a typical student-centered class, taught on the basis of simple situation. Both the teacher and his students are very active in the class, so I guess they must have enjoyed the class. More uniquely, John has a great design for the class: from real communication to classroom exercise, and back to real communication; from the whole sentence to single words, and then back to the whole sentence.

Besides, John has built up a very harmonious and relaxing atmosphere in which students feel free to speak English very loudly and confidently. In the climax, John involves the students in an occasion, to experience and tell fake communication from real-life communication.

解说与点评：

这是一位初中英语老师John在外校即兴给初一学生上的一节口语课。创新的亮点在于真实交际到课堂练习，最后回到真实交际；由整句到单词，再到单词的学习。真情景、真交际，学生很受鼓舞，争先恐后地发言，参与活动，激情高涨，整个课堂充满了欢声笑语，达到了寓教于乐、亦庄亦谐的目的。

这堂课堂的创造性在于打破了书本的条条框框，将学生置于中心，将生活搬进课堂。固然有"疯狂英语"的痕迹，但很受学生欢迎，课后的效果检测也很好。

案例五

关键词：CHOCOLATE

One of my favorite words is CHOCOLATE. It's a kind of sweet, hard food made from cacao. It is brown in colour and eaten as a sweet. I like the taste, the color, the feel and especially the creative advertisement of Dove (德芙巧克力):

Dove : Don't You Love Me ?

It always reminds us of romance, youth, health, energy, care and love.

For me, there's a special reason behind it. I like to encourage my students to divide it and make simple words, such as coco, late, ate, eat, cool, hate, tell, cat, coat, ache, teach. Once, a top student got 20 words!

It does motivate the students' interests to learn and train their abilities of diverse thinking as well as observation .

解说与点评:

如前，案例运用了“滚雪球”（snow-balling）和“化雪球”（snow-melting）的创意法，既扩充了词汇量，又增强了学生想象力、观察力和重组的逻辑能力。

类似的例子还有 ANSWER 可以分解重组成 an, as, are, we, wear, ware, ran, swear, ear, new 等，WOMAN 可组成 man, mow, now, an, on, no 等。小学和初中的学生好动、好尝试，这种分解重组单词的游戏特受欢迎。流畅、快速、变换都是创造性思维的重要因素。

最后，顺便分享更多的关于德芙巧克力的广告语:

(1) 德芙纵享丝滑。

(2) 沉醉在爱情的恋人们，Dove 巧克力让爱人执手相握。

(3) 外形整齐，表面光亮、平滑，断面均匀，无气泡——好的巧克力选德芙。

(4) Dove 给人的感觉是入口即化，巧克力溶化后在舌头上的感觉就像丝绸一样滑爽，香浓可口。

(5) 牛奶香浓，丝般感受——德芙巧克力。

(6) 闭上眼睛，Dove 能给你带来美妙感受，它细腻的质感给人以喜悦和甜蜜。

(7) 纯正、幼滑、易融的口感。

(8) 得到你是我一生的幸福——德芙巧克力。

(9) 带给消费者全新的口感体验——德芙巧克力。

(10) 心随心动，愉悦丝滑，愉悦随时随地，享受心随时随地的愉悦——德芙巧克力。

(11) 发现新德芙更多丝滑，感受更多愉悦惊喜——德芙巧克力。

(12) Dove 能给人带来的精神感受已经逾越了作为一种食品的价值。

案例六

关键词：BBC & CCTV

As English majors or learners, do you listen to BBC? As Chinese citizens, do you watch CCTV? Most probably, the answer is YES. But here I want to open another window. In the special transitional period of China today, we should NOT watch BBC, but CCTV.

BBC, here, stands for Blame, Belittle and Complain. There are many people who like to belittle and blame others, blame the society, the government, and the country. Also, they like to complain about the air, the water, the price, the traffic, and even about their families and themselves. Finally, they become cynics. But what should we do?

I think, as real wise Chinese, we have to face the problems and difficulties and try to find out the solutions. That's, CCTV, which stands for Criticize (those who should be responsible), Correct (those serious mistakes), Tolerate (what can't be changed easily and immediately) and Verify (what comes as rumors and hearsay).

解说与点评：

本案例运用的“滚雪球”(snow-balling) 则是针对大学生和成人的了，因为需要创造性思维和批判性思维。当然，BBC & CCTV 只是一种吸引眼球的小创意了。不责备、不小看、不埋怨，而应该批判、改正、宽容、证实，是一种学问态度，也是一种人生境界，带来的是正能量。

看来，运用创造性教学，不仅能培养思维，也能渗透德育教育。

案例七

关键词：Ship of Friendship

I guess you must have heard of a hot catchword from the internet—The ship of friendship can break up and sink down at any moment. (“友谊的小船说翻就翻”! friend，一读快，听起来还真是“翻”呢！咦，怎么是 SHIP 不

是 BOAT 呢?) On the one hand, I'm amazed at Chinese netizens' innovation of coining new phrases. Their speed and spectrum have far outpaced my imagination. On the other hand, I do feel astonished and depressed at how rapidly the Chinese concept of friends and friendship has changed. We used to say, "Faraway relatives are not as close as nearby neighbours", and "Friends are brothers while brothers are not really friends". Remember?

Maybe, the catchword is just for fun. It's cool to find many awesome ships like partnership, companionship, readership, scholarship and leadership. Now, you won't ask me, "Why is it SHIP (of friendship) instead of BOAT ?!"

解说与点评:

"友谊的小船说翻就翻"本来是前段时间网络流行语，寓意不牢靠的友谊经不住考验，脆弱得像大浪中的小船一样。本案例把英语和汉语有趣的部分揉在一起，增强了学习的趣味性，也帮助学生熟悉了构词法: It's cool to find many awesome ships like partnership, companionship, readership, scholarship and leadership. 当然，只有不懂英语的人或者初学者才会问"Why is it SHIP (of friendship) instead of BOAT ?!"

案例八

关键词: Heaven and Hell

We usually say, this is a small world, or the world has become a global village. Thanks to the internet, the villagers can contact everybody else and we know what is happening at any moment without stepping out half a foot. Besides, we can pay a visit to both the heaven and the hell.

What is the heaven?

It's a world where the English are policemen, French are cooks, Germans are drivers, Swiss are stewards, and finally Italians are lovers.

What is the hell?

It's another world where the Germans are policemen, English cooks, French drivers, Italians stewards, while Swiss lovers.

Not surprisingly, these two worlds are just Europe of different national characters and different stereotypes.

解说与点评：

这是一个对欧盟几个国家性格和职业模式化评价和笑话的案例。汉语版应该是“天堂是什么？英国人当警察，法国人当厨师，德国人修车或当司机，瑞士人当秘书或管家，意大利人当情人。地狱是什么？德国人当警察，英国人当厨师，法国人修车或当司机，意大利人当秘书或管家，瑞士人当情人”。

这一创意和启示至少有三点：欧盟内不同的国家文化差异很大、欧盟的分工明确、用人所长非常重要。但是，刻板化的印象（stereotypes）其实也是有利有弊，我们可以一般化分类但不能过度分类或者过度简单化（You may generalize but never over-generalize nor oversimplify）。

案例九

关键词：Huge China

China is so huge that it can be another Europe，with different provinces and cities like European countries.

When people from Beijing say they have such a heavy sandstorm，people from Inner Mongolia laugh. When Mongolians say they have such a large territory，people from Xinjiang laugh. When people from Xinjiang say they have so many ethnic groups，people from Yunnan laugh. When people from Yunnan say they live at such a high altitude，people from Tibet laugh. When Tibetans say they have so many cultural relics，people from Shannxi laugh. When people from Shannxi say they began their revolution very early，people from Jiangxi laugh. When people from Jiangxi say they enjoy prosperous life，people from Shanghai laugh. When people from Shanghai say they have an international city，Hong Kongers laugh.

解说与点评：

很有趣，这是一个对中国地大物博、人口众多、各地差异巨大的形象化描述。的确，一个中国就是一个欧盟，甚至更大，更复杂。没有足够的历史、地理、文化和幽默感的人还真看不懂呢。大致意思是这样的：北京人说他风沙多，内蒙古人就笑了；内蒙古人说他面积大，新疆人就笑了；新疆人说他民族多，云南人就笑了；云南人说他地势高，西藏人就笑了；西藏人说他文物多，陕西人就笑了；陕西人说他革命早，江西人就笑了……

这里的创意在于同样的结构、迥异的内容、连环式追问，以及包含广泛的中国国情内容。

感叹，巍巍中华，浩浩荡荡。

案例十

关键词：Chinese Couplets

Chinese antithetical couplets（对联）are considered as an important Chinese cultural heritage. Typically，an antithetical couplet includes two phrases or sentences written as calligraphy on vertical red banners，typically placed on either side of a door or in a large hall. Such couplets are often displayed during special occasions such as weddings or during the Spring Festival. Other types of couplets include birthday couplets，decoration couplets，and the like.

Couplets are a unique Chinese culture，but the translation into English is always a hard nut to crack. This is a creative and interesting Chinese couplet I read the other day on the door of a restaurant. Can you have a try?

上联：白水泉边女子好

下联：山石岩下鱼羊鲜

横批：无名山酒家

"The daughter (girl) and the son (boy) beside the white-water spring are a perfect match，while，the fish and the goat under the mount-stone cliff are a fresh dish".

解说与点评：

印度国父甘地曾说，越学外语越珍视自己的母语。泱泱中华，源源不断的文化和文脉俯拾皆是。本案例来自真实的餐馆对联：独特的汉字结构（白＋水＝泉，女＋子＝好，山＋石＝岩，鱼＋羊＝鲜）构成了相映成趣的绝佳对联，引得食客驻足品赏，啧啧称赞。

这里的翻译可能有争议，因为越是绝佳的汉语越难翻译，但却能激发学生的兴趣，促进他们思维能力的发展。同时，学生会感受到母语的魅力，产生与国际友人分享的冲动。

此外，为学习英语的对偶（Antithesis）修辞手法埋下了伏笔。

案例十一

关键词：English Antithesis

There is no couplet in English but antithesis，the rhetorical contrast of ideas by means of parallel arrangements of words，clauses，or sentences. Here are several examples：

1. Back and forth his head swiveled，desire waxing，resolution waning.

2. It is，easier to make a beautiful dumb girl smart than to make an ugly smart girl beautiful.

3. Cool was I and logical. Keen，calculating，perspicacious，acute and astute—I was all of these.（Dobie Gillis）

4. Same age，same background，but dumb as an ox. A nice enough fellow，you understand，but nothing upstairs. Emotional type. Unstable. Impressionable.（Petey Burch）

In addition，let's share a special "English couplet" just for fun：

Eat well，sleep well，and have fun day by day；

Study hard，work hard，and make money more and more.

解说与点评：

英语中的对照也称对偶、对称，非常类似汉语中的对联。它是一种将结构相同或相似、意义相反的语句排列在一起，以达到加强语气的修辞手法。所以对照既可以归作词汇修辞格一类，也可放在句法修辞格一类。从形式上看，结构整齐匀称，音乐节律较强；从内容上看，它凝练集中，概括性强，尤其在表达幽默、夸张、讽刺、嘲弄或揭示哲理思想方面具有鲜明的特点和突出的表现力。

对照有三个特点：修辞美化、意义对立和结构平行。对照经常运用于谚语、习语、小说、诗歌、散文、电影与戏剧的对白等文学作品，各种演讲和广告作品，乃至日常生活会话中。

仔细体味，英语的对偶（Antithesis）形式上是修辞的美化，本质上是思维的火花。学会了这种修辞，就会拥有诗人气质、哲学家思维、科学家的逻辑。我们再看一些英汉双语不同层次的例句：

- Penny wise，pound foolish. 小事清白，大事糊涂。
- Men make houses，women make homes. 男人造屋，女人理家。
- Hope is a good breakfast but a bad supper. 希望是顿美味的早餐、无味的晚餐。

• When poverty comes in at the door，love flies out at the door. 贫穷走进门，爱情飞窗外。

• Shared joy is a double joy；shared sorrow is half a sorrow. 分享欢乐，欢乐倍增；分担痛苦，痛苦锐减。

• A small leak will sink a great ship. 千里之堤，毁于蚁穴。

• Man proposes，God disposes. 谋事在人，成事在天。

• Deeds show what we are；words，what we should be. 行动显示我们的实际，言论显示我们的理想。

• Crafty men contemn studies；simple men admire them；and wise men use them. 狡猾者蔑视学问，无知者羡慕学问；明智者变学问为我所用。

• I know not what course others take；but as for me，give me liberty，or give me death! 我不知道其他人作何选择，但对我来说，不自由毋宁死。

最后分享一下笔者在教授高级英语经典篇目《爱情是谬误》时，创造性地对其中的"对照"（antithesis）修辞进行探索，以启发学生思维的成果。原文题目为《〈爱情是谬误〉中的"对照"修辞探幽》。该文的最大亮点是把"对照"（antithesis）从简单的词句修辞手法上升到了语篇布局和宏观构思。文中揭示了作品中主题、标题、故事大意、主要人物、中心线索、篇章结构、三个人物命名艺术、对话与非对话段落间的对照以及部分精彩对照句例的赏析。

《爱情是谬误》中的"对照"修辞探幽

摘　要：英语中的"对照"（antithesis）是一种结构工整、内容凝练并和汉语相似的修辞手段。美国作家马克斯·舒尔曼在其名篇 *Love Is a Fallacy* 中从宏观构思到微观写法上都充分运用了"对照"手段，使作品成为永具魅力的流行经典。本论文探讨了作品中主题、标题、故事大意、主要人物、中心线索、篇章结构、三个人物命名艺术、对话与非对话段落间的对照以及部分精彩对照句例的赏析。

一、"对照"定义及作用

英语中的对照（antithesis）是一种将结构相同或相似、意义相反的语句排列在一起，以达到加强语气的修辞手法。从形式上看，结构整齐匀称，音乐节律较强；从内容上看，它凝练集中，概括性强，尤其在表达幽默、夸张、讽刺、嘲弄或揭示哲理思想方面具有鲜明的特点和突出的表现力。它经常被运用于英语小说、电影与戏剧的对白、各种演讲乃至日常生活会话中。著名学者 James E. Robinson 在其专著 *The Scope of Rhetoric* 中指出:"Antithesis means contrast. As a stylistic device, it refers to those sentence patterns which balance opposing thoughts by placing the similar or parallel structures or positions."(对照即对比,一种文体手法,由意义相反结构相似或并列的句子构成)。《韦伯斯特新大学词典》(*Webster's New Collegiate Dictionary*)则解释为:"Antithesis, the rhetorical contrast of ideas by means of parallel arrangements of words, clauses, or sentences",即"修辞上把意义相反相对的单词、从句或句子平行并置进行对比"。由此可见,对照(antithesis)有三个特点:文体/修辞手法、意义对立和结构平行。

随着现代语言修辞的发展,广义的对照(antithesis)不仅是一种词、句、段、篇等方面的微观修辞手法,而且是包括主题、标题、线索等结构和内容在内的宏观创作策略。

外研版《高级英语》(张汉熙主编)中的经典名篇 *Love Is a Fallacy* 是美国作家马克斯·舒尔曼(Max Shulman)的代表作,经久不衰,常读常新。马克斯·舒尔曼创作生涯的杰出成就就是创作了一位大受欢迎的多比·基利斯形象,一位典型的饱受浪漫焦虑之苦的美国青年。147 集的多比·基利斯系列故事曾于 1959 至 1963 年在美国 CBS 电视台连续播放,产生了轰动效果。

仔细品味,*Love Is a Fallacy* 像马克斯·舒尔曼的其他作品一样,魅力在其风趣幽默的故事,在其栩栩如生的人物,在其轻松活泼的文风,而究其根本,却是作者匠心独运而巧夺天工地成功运用了"对照"这一英汉共享、形神兼备的修辞手法和创作策略的结果。本文拟从宏观构思到微观修辞技巧方面探讨对照(antithesis)手法在 *Love Is a Fallacy* 一文中的精妙运用。

二、宏观构思上的"对照"

宏观构思上看,*Love Is a Fallacy* 从主题、标题到故事大意,从主要人物到中心线索,从前言到正文再到正文的对话与非对话段落间,无不充满着作者巧妙铺设的对照。

1. 先看主题、标题和故事大意

Love 是一个弥漫于文学作品和社会生活的永恒火热的话题,古今中外但凡伟大的作品,无论悲剧喜剧,无论诗歌小说,其主题均与 Love 有关。而 Fallacy(谬误)则常常与前者相反,只是一个专业(逻辑学)性强、趣味性差并与日常生活相距甚远的冷僻术语和枯涩话题。然而,二者竟鬼使神差般画上了等号——Love Is a Fallacy（爱是谬论）！寥寥四词，浑然天成，这种主题和标题堪称该随笔的绝佳对照，既具有规范的语义语用功能，又具有鲜明的修辞讽刺意味。故事讲述的是一位法律专业学生以逻辑会女友惨遭谬误的故事。文中的 freshman，eighteen，boy，girl，pretty，gracious，date/go steady 等关键词又与下列术语形成对照。

（1）Dicto Simpliciter：基于限定条件的论点。

（2）Hasty Generalization：草率结论，不完全归纳。

（3）Post Hoc：拉丁文，意思是假性因果。

（4）Contradictory Premises：二律背反，大前提有毛病。

（5）Ad Misericordiam：拉丁文，意思为诉诸同情。

（6）False analogy：错误类比。

（7）Hypothesis Contrary to Fact：与事实相反的假设。

（8）Poisoning the Well：投毒下井（人身攻击）。

2. 再看主要人物与中心线索

文中只有三个角色，但个个堪称主角。第一人物/主角 Dobie Gillis 以第一人称出现，显得特别真实可信，与另外两个同样棱角分明、栩栩如生的 Petey Burch，Polly Espy 形成对照。

Dobie Gillis 与 Petey Burch 同为室友，均为青年才俊，但一个理性、机敏出奇，一个感性、时常发呆。两相对照，犹如阴阳太极的黑白两盘，极度分明。

Dobie Gillis 的"Cool was I and logical. Keen，calculating，perspicacious，acute and astute—I was all of these. My brain was as powerful as a dynamo，precise as a chemist's scales，as penetrating as a scalpel. And—think of it！—I was only eighteen."（详见课文第 4 段）

对照 Petey Burch 的"Same age，same background，but dumb as an ox. A nice enough fellow，you understand，but nothing upstairs. Emotional type. Unstable. Impressionable. Worst of all，a faddist. Fads，I submit，are the very negation of reason. To be swept up in every new craze that comes along，to surrender oneself to idiocy just because everybody else is doing it—this to me，is the acme of mindlessness. Not，however，to Petey."（详见课文第 5 段）

Dobie Gillis 与 Polly Espy，一男一女，一个满腹经纶，沉着老到，朝思暮想俘虏对方以成家业，一个貌若天仙，亭亭玉立，但幼稚天真，毫无芥蒂，而结果却是，天真少女后来居上反寇为王，成熟俊男反王成寇。

Dobie Gillis 与 Polly Espy 的对照则体现在“She was，to be sure，a girl who excited the emotions，but I was not one to let my heart rule my head. I wanted Polly for a shrewdly calculated，entirely cerebral reason.”（详见课文第 23 段）和“Beautiful she was. She was not yet of pin-up proportions，but I felt that time would supply the lack. She already had the makings.”之中（详见课文第 24 段）。

Petey Burch 与 Polly Espy 的对照，散见于全文诸处，却特别凝练、神聚；故事中虽然没有他们俩的直接对话或晤面，但任何读者都能通过他们的想象空间读出两位恋人的默契，简直就是中国人所说的那种“郎才女貌，情投意合”。

全文的中心线索 logic fallacy 与 raccoon coat 又是一对暗线对照——一文一武，一雅一俗，一理智经典，一感性时尚，一精神抽象无影无形，一物质具体活灵活现，二者的对照及呼应就像乐谱的高低音一样，既让乐曲前言和自由发挥，又使之得到适当控制。

3. 最后看篇章结构

全文由正文（故事主体）两部分构成。第 1 至 3 段是典型的前言结构，规范、严谨、引经据典且语汇高级，与其后“informal，limp，flaccid，spongy”的正文恰好形成极佳对照。特别有趣的是，“informal，limp，flaccid，spongy”就是出自第 3 段原文。这种一文两体、两作一人的佳品也是散文创作中罕见的对照。

故事的主体可分作三部分，即第 4 至 59 段为第一部分，可以概括为 Love deal；第 60 至 125 段为第二部分，概括为 Love dating；第 126 至最后一段为第三部分，可以概括为 Fallacy between love and logic，故事结尾就是故事的高潮。因此，故事的三个部分间，以及序曲、发展和高潮间都是鲜明而高明的对照。

三、微观写法上的“对照”

1. 三个人物命名艺术的对照

大家在创作时都特别讲究命名艺术，马克斯·舒尔曼在 *Love Is a Fallacy* 中除标题艺术外，还对故事中的三个人物给予用心刻画，蓄意对照。

Dobie Gillis 的 Dobie 就是 adobe，有“泥砖，土坯”之意；Gillis 近似 Gilly，有“侍从，男仆”之意，难怪 Dobie Gillis 如此老实、刻板最终却倒霉呢。Petey Burch 的 Petey 即 Pet，可作名词、动词、形容词三种词类，取“宠物，受宠爱的人；宠爱的，亲昵的；宠爱，拥抱，爱抚”多种含义，必然受女孩子青睐；Polly Espy 的 Polly 即 Mary 的昵称，自然可爱；不仅如此，Espy，意为“窥探，窥见”，既是 Eye-spy，所以惹人喜欢，且不笨不傻。

2. 对话与非对话段落的对照

故事正文共 151 个段落，其中纯对话 111 段，非对话 30 段，混合 10 段，这种安排绝非偶然。在非对话中描写人物性格和外表时，作者极尽修辞夸张之能事，大量堆砌和铺陈，所用句式和词汇均显复杂深刻；与之对照的是，在纯对话中，尤其是 Polly Espy 的话语中，以简洁、省略和俚语为特征的口头语充斥字里行间，读起来朗朗上口，嚼起来津津有味。当然，正如语言学家 Geoffrey Leech（*Principles of Pragmatics*，1983）所说，语用学中说话者常常是“意大于言”（mean more than say），文中的对话又充分满足了语用中的“交际原则”和“合作原则”（即使是 Polly Espy 在初期接受 Dobie Gillis 的逻辑课时只能假合作、伪合作，也是一种合作）。对话与非对话段落的两相对照，有时疏可走马，有时密不透风。

先看 Polly Espy 优雅之至的段落描写：

Gracious she was. By gracious I mean full of graces. She had an erectness of carriage, an ease of bearing, a poise that clearly indicated the best of breeding. At table her manners were exquisite. I had seen her at the Kozy Kampus Korner eating the specialty of the house—a sandwich that contained scraps of pot roast, gravy, chopped nuts, and a dipper of sauerkraut—without even getting her fingers moist.（详见课文第 26 段）

再看 Dobie Gillis 和 Petey Burch 在磋商 Love deal 时的精彩对话：

“You don't understand,” he interrupted, impatiently. “It's the thing to do. Don't you want to be in the swim?”

“No,” I said truthfully.

“Well, I do,” he declared. “I'd give anything for a raccoon coat. Anything!”

My brain, that precision instrument, slipped into high gear. “Anything?” I asked, looking at him narrowly.

“Anything,” he affirmed in ringing tones.（详见课文第 17—21 段）

值得注意的是非对话中又以 Dobie Gillis 第一人称内心独白为主，彰显出有声和无声、外在和内在的对照，深化了主人公不断变化的心路历程，增强了故事的曲折性和真实感。例如：

But then I reconsidered. I had wasted one evening; I might as well waste another. Who knew? Maybe somewhere in the extinct crater of her mind, a few members still smoldered. Maybe somehow I could fan them into flame. Admittedly it was not a prospect fraught with hope, but I decided to give it one more try.（详见课文第 98 段）

Heartened by the knowledge that Polly was not altogether a cretin, began a long, patient review of all I had told her. Over and over and over again I cited instances, pointed out flaws, kept hammering away without letup. It was like digging a tunnel. At first, everything was work, sweat, and darkness. I had no idea when I would reach the light, or even if I would. But I persisted. I pounded and clawed and scraped, and finally I was rewarded. I saw a chink of light. And then the chink got bigger and the sun came pouring in and all was bright.（详见课文第 123 段）

此外，不同人物的不同对话以及同一人物不同时期的不同风格也形成了鲜明的对照。

文中最突出的莫过于 Dobie Gillis 和 Polly Espy 对话的对照——一个阳春白雪、曲高和寡、富有强烈的书卷气但却枯燥乏味，一个下里巴人、通俗易懂、虽然缺乏文化修饰但却时尚生动。

在 Dobie Gillis 给 Polly Espy 上逻辑课时，Dobie Gillis 的话语自信通达且游刃有余，Polly Espy 则童趣天真而傻得可爱；而在 Dobie Gillis 切入约会正题时，Polly Espy 迅即反客为主，思维敏捷，口齿伶俐，聪明得可怕。Dobie Gillis 在一退再退之后，由激怒（exasperate）到绝望（desperate），终于语无伦次，斯文扫地。请看最后三段：

I reeled back, overcome with the infamy of it. After he promised, after he made a deal, after he shook my hand! "The rat!" I shrieked, kicking up great chunks of turf. "You can't go with him, Polly. He's a liar. He's a cheat. He's a rat."（详见课文第 151 段）

"Poisoning the Well," said Polly, "and stop shouting. I think shouting must be a fallacy too."（详见课文第 152 段）

With an immense effort of will, I modulated my voice. "All right," I said.

"You're a logician. Let's look at this thing logically. How could you choose Petey Burch over me? Look at me—a brilliant student, a tremendous intellectual, a man with an assured future. Look at Petey—a knothead, a jitterbug, a guy who'll never know where his next meal is coming from. Can you give me one logical reason why you should go steady with Petey Burch?"（详见课文第 153 段）

3. 其他精彩对照语句赏析

全文中精彩对照语句俯拾皆是，仅举四例供读者赏析。

（1）Read, then, the following essay which undertakes to demonstrate that logic, far from being a dry, pedantic discipline, is a living, breathing thing, full of beauty, passion, and trauma.（详见课文第 3 段）

译文：那么，就读读下面这篇文章吧，它将向我们展示逻辑并不是一门枯燥乏味、迂腐不堪的学科；恰恰相反，逻辑是一个活生生的事物，充满美丽、激情和心灵的创伤。

句中 a dry, pedantic discipline 对照 a living, breathing thing。

（2）It is, after all, easier to make a beautiful dumb girl smart than to make an ugly smart girl beautiful.（详见课文第 27 段）

译文：你想，把一个漂亮的笨女孩变得聪明一点总比把一个聪明的丑女子变得漂亮容易一些吧。

句中 to make a beautiful dumb girl smart 对照 make an ugly smart girl beautiful。

（3）Back and forth his head swiveled, desire waxing, resolution waning.（详见课文第 50 段）

译文：来来回回，他的脑袋旋转着，欲望一点点在增强，决心像潮水在衰退。

句中 desire waxing 对照 resolution waning。

（4）Look at me—a brilliant student, a tremendous intellectual, a man with an assured future. Look at Petey—a knothead, a jitterbug, a guy who'll never know where his next meal is coming from.（详见课文第 153 段）

译文：看看我吧——才华熠熠的学生，智力高强的知识分子，拥有光明前途的一个大男人。再看看皮德——大脑像木头疙瘩，神经过敏，一个永远不知道吃了上顿还有没有下顿的家伙。

句中 a brilliant student, a tremendous intellectual 对照 a knothead, a jitterbug; a man with an assured future 对照 a guy who'll never know where his next meal is coming from。

结语

英语中的对照（antithesis）手法非常类似汉语的对仗、对比或对偶，因其形式工整、音韵丰美、内容殷实而表现力强，不仅大量运用于各式英语作品，而且越来越多地为中国人和其他东方人品味和赞赏。于是，谙熟“对照”之道的马克斯·舒尔曼便创造了以 *Love Is a Fallacy* 为代表永具魅力的流行经典。

案例十二

关键词：What Can you Do in a Minute?

The other day, I asked my students to have a brain-storming activity in class.

“Now, close your eyes. Imagine you are given a minute, that's 60 minutes, what can you do? Think of as many things as possible, but you must speak out in English.” Here are the answers:

- Make a laugh/cry
- Make/receive a phone call
- Take a picture
- Watch an advertisement
- Drink a cup of water
- Cool down
- Run for 400 meters
- Wash your face
- Tell a joke
- Draw a picture
- Think for a while
- Recite a poem
- Work out a problem
- Make notes
- Read a message
- Make a face/dance
- Take a deep breath
- Dance for a while
- Count numbers from 1 to 100

- Sing a simple song
- Have a good idea
- Sign as name
- Shake hands and make friends
- Take a cat's nap
- Play a guessing game
- Wait and wait, doing nothing!

……

I had hoped that someone could mention "Make a 60-minute Speech", but no one did it. Luckily, the number of their answers surprised me.

解说与点评：

案例是一个小创意，头脑风暴：给你一分钟时间，可以做些什么？你是仰天大笑或号啕大哭？拨个电话或者接个电话？拍张照片或者摆个姿势？看段广告或者吹一通牛？还是，做个深呼吸冷静下来？闭目养神打个小盹儿？想个好点子？画张简笔画？洗把脸照个镜子？读条短信？讲个笑话？签个字？做个鬼脸？还是自娱自乐地踢踢腿扭扭腰？哼哼小曲儿？跳跳舞步？慷慨地握握手交个朋友？浪漫地背首情诗？放肆地大碗喝酒大口吃肉？狂放地在田径场跑 400 米？还是无聊地、呆呆地数 100 个数呢？甚至啥也不做，等着等着，一分钟就过去了？

虽然没有老师预想的答案"一分钟英语演讲"，但学生们的数量和创意已大大超过预期。创造性教学不强调标准答案，而强调多样性、流畅性和颠覆性。此案例可运用在从小学到大学的各种课堂。创意无限，答案无限。

案例十三

关键词：I don't know

Do you know how many ways to express the idea of "I don't know"? Do you think vocabulary is always the basis of learning English better or better English? Sure, that's the truth. Here are some examples to help you and illustrate it.

e. g. When do you have to submit this essay?

Dunno. I can't remember.

e. g. What time does the film start?

I have no idea. Why don't you call the cinema?

e. g. Would you by any chance know where St James's Street is?

I haven't a clue. Sorry.

e. g. Could somebody please explain how this happened?

I haven't the faintest idea.

e. g. Who left this mess on the table?

How should I know? I've only just come home.

e. g. What time did she say she was catching her train?

Don't ask me. I'm always the last to know.

e. g. Will they ever find the missing aircraft?

Who knows? The search has been going on for such a long time now.

How the situation will develop from here is anyone's guess.

e. g. Do you think we will be able to book the restaurant for Friday?

Your guess is as good as mine.

e. g. Has Clive left the company? I haven't seen him for ages.

Not as far as I know, but I haven't seen him recently either.

解说与点评：

本案例与上一个案例类似，但又不同。在英语交际中，"我不知道"根据上下文的不同情境会有语气强弱、程度高低和是否关切的很大差异，多种表达。

这里的创造性体现在语言背后的文化和思维层面。这里继续分享一个课堂实例：《高级英语》中的一篇课文《马克·吐温：美国的一面镜子》的课后拓展。

Besides a mirror, what else is Mark Twain for America? Brainstorm to trigger as many metaphors as you could.

学生最后的创意答案有这些：

Mark Twain is America's Wheel, Eyes, Mountain, Tongue, Milestone, Candle, Pioneer, Compass, Door, Bridge, Window, Light, Sun, Tree, Camera, Engine, Starter, Gunshot, Camp-fire, Knife, Sword, Dynamo, etc.

案例十四

关键词：What's a Haunted Castle Like?

"Stephen Lucas, the author of *Art of Public Speaking*, says, magical words create pictures and images that let you "see" the haunted house ..." Then, I was interrupted by one of the most troublesome, and creative students. "Sir, what's a haunted castle like? What's a ghost like?"

"I've no idea. One hundred drunkards may have one hundred answers. Obviously, I'm not one of them." The class burst into laughter. However, I felt guilty and awkward. It occurred to me that I should invite the class to discuss what a haunted castle is like, and what a ghost is like.

It was a heated class, a great success. The most troublesome are the most creative students.

解说与点评：

俗话说，"画鬼容易，画犬马难"，但要用语言描述鬼神其实最难（比动物难得多）。这里的案例却从另一个角度提供了极好的突破口：让学生去大胆想象，只要有词汇、有句子、有想象力，说什么都对。

好的有创造力的老师并不是什么都知道的全能者，也不是把学生和课堂控制得死死的"独裁者"。恰恰相反，是善于搭台、善于启发、善于"煽风点火"的人，也是善于听取学生建议、将计就计的人。这里顺便分享关于好的教师、好的教育的名人名言：

Aristotle:

Educating the mind without educating the heart is no education at all.

Socrates:

I cannot teach anybody anything. I can only make them think.

William Butler Yeats:

Education is not the filling of a pail, but the lighting of a fire.

A child is not a vase to be filled, but a fire to be lit.

The best teachers are those who show you to look, but don't tell you what to see.

Brad Henry:

A good teacher can inspire hope, ignite the imagination, and instill a love of learning.

William Arthur Ward:

The mediocre teacher tells. The good teacher explains. The superior teacher demonstrates. The great teacher inspires.

案例十五

关键词：Snowden's Secret（1）

Edward Joseph Snowden, an American computer professional, former Central Intelligence Agency (CIA) employee, let out a secret recently in Moscow that shocked both US and China.

He claimed billions of messages and texts from Chinese have been stolen by CIA of US. After a series of careful analysis by FBI, it's concluded that 35% of them are only best wishes for festivals, 25% business ads, and 30% sheer rubbish information such as that of fake certificates, illicit loaning and illegal supervision.

When the report of the discovery was finally submitted, Obama was rather disappointed, guessing "Then, the rest 10% must be valuable to us?" The CIA director replied, "Mr. President, I promise and I guarantee, all of them are dirty jokes!"

Obama refused to give it up by urging, "Um, what about those messages from Wechat ?"

Snowden's Secret（2）

The CIA director felt achieved and accomplished, "Well, Mr. President, we've gained a lot. 35% of them are Chinese unique reflections upon their life, 25%, floods of various pictures and videos of their fine food, also Chinese unique characteristics, and 30%, common sense of keeping healthy and becoming longevous. You know, every Chinese is a philosopher, and gourmet and doctor."

"But what are the rest 10% about?" Obama was obviously impatient. To his surprise, the CIA director lowered his head as if he had committed a crime. Obama became more impatient and puzzled, "What on earth has happened?" The director pulled a long face replying, "Mr. President, just a minute, but … I have to forward this message." Obama was almost exasperate, "I'm asking about the rest 10% ? Damn forwarding the message!" The director had to tell the truth, "The rest 10% are what must be forwarded unless your family are cursed to death. I've just had the message forwarded to you."

Obama was indeed awed and thrilled, "Oh, my God! Chinese are Chinese!" Without saying goodbye, Obama hurried off. "What are you heading for, Mr. President?" "I must forward the message to Putin immediately!"

解说与点评：

案例是关于美国中情局前雇员斯诺登的笑话，但却把中国网民的兴趣爱好、年龄特征和中、美、俄的大国关系神奇地联系起来了。这就是文学的创造，源于生活高于生活。

这里的创造性体现在以小见大、以表面见实质、寓严肃于轻松，生动而形象地反映了网络时代的中国和世界的状况。

案例十六

关键词：QQ Zone & Backyard

Almost every Chinese netizen has a QQ account, and some of us even have more than one. Besides the most frequently function of chatting and communication, including those of learning, working and leisure, the QQ Zone is a special half-public and half-private space.

The QQ Zone is like a backyard, whose owner varies from person to person. If it is open to any visitor, the owner must be open-minded, generous and has no secret to hide. If it is half open, only to some close friends, the owner must be careful and reserved. If it is never open, the owner must be either weird or hold a special position.

Similarly, if the QQ Zone is frequently updated, especially with many pictures, the owner must be very diligent, fashionable, and loves his or her life dearly. But perhaps, he or she likes to show off. If the QQ Zone is full of only words, the owner is probably a writer or a philosopher. In contrast, if the QQ Zone is full of only pictures, the owner is probably a foodie or an artist. If the QQ Zone is hardly updated, the owner is most probably a workaholic or a lazy bone. In other words, he or she is out.

3 Groups of Visitors (1)

I've got a backyard too, which is an online paradise. I like to plant some rice, corn, fruit and most of all, vegetables and flowers, all the year round. On the left of the gate is a little blackboard for my signature, while on the right, a large blackboard for visitors' comments. Both are updated frequently. There's no locked door but a low fence around my backyard because quite a number of my family, neighbours, relatives, friends and passers-by are interested. Anyone that passes by may tiptoe to have a look or step inside and over the low fence, once they say hello to me. I'm honoured to be joined by three groups of visitors.

1. Those who just peep stealthily without leaving any trace or voice or expression. They are anonymous visitors, I guess, who may just want to enjoy a free lunch, or may hate to disturb the owner. Anyway, I hope, these visitors can get something positive or entertaining, thus be encouraged or inspired here.

3 Groups of Visitors (2)

2. Those who always say YES to me. It's really encouraging to find some thumb-ups and smiles on the large blackboard at first when there are few. Human nature, isn't it? Then, with more and more thumb-ups and smiles, I'm bored though happy, honestly speaking. Sometimes, I even take it for granted. But once in a while, there are some thumb-ups and smiles that make me surprised and embarrassed, when my vegetables and flowers are hit by the unexpected rainstorm! I have come to know that these visitors are just kind and polite, but they don't know or care.

3. Those who make real comments. Sometimes, they say "Great" or "Wow"; sometimes, they say "I can't agree more" or "Thanks for sharing. You're my soul-mate". Also, there are times when they say "Sorry, I disagree with you" bluntly, with their logic and some evidence. Amazingly and unbelievably, several rounds of heated debating might follow up. Controversy energizes. As a matter of fact, they are most welcome and my best friends! They know me and spend time communicating with me.

How about you, as a host or as a guest?

解说与点评：

这一案例是笔者受上一案例启发原创的。创造性主要体现在逻辑分类很清楚，形象思维异常生动，间接反映了网络时代人际交往的最新特征。

想想，偷偷进你空间的人、总是点赞的人、常常留下评论的人，你到底最喜欢哪一类呢？

案例十七

关键词：Hold it!

This morning, my wife suddenly asked me, "Why are you always taking us across the world without any stop, and without any aim? Can you **hold** it ? As one of your earnest listeners, I just could' t **hold** it!"

Amazingly, "**hold**" has become one of the catchwords, inserted in or together with Chinese, in the recent years because it's dynamic and active although it's quite simple. Normally, we say "**Hold** on, please" when you are coming up to receive the phone. We also say, Winston Churchill loved to **hold** a pipe between the teeth while making a gesture of "victory" with his hands. Many people now, are still doubting that Donald Trump could **hold** the White House and the Capitol Hill. You know, Trump is regarded as the President-elect of the "Divided States".

Actually, "**hold** 住" mainly means control, manage and persevere with confidence, with ease and at leisure.

解说与点评：

"Hold 住"是最近几年在中国兴起的一个英汉混用流行词，具有很深的文化内涵，很能激发人们的想象空间。其实，学语言不在于简单地重复和限制思维，而是模仿、仿造和创造。

其实，你不用担心是否能"Hold 住"这篇文章和这种教法，也不用担心 Trump"Hold 不 Hold 住"白宫和国会山。用心用力 Kick IT 就好啦！

案例十八

关键词：Grammar Tree

25 years ago, I created a "Grammar Tree", to teach grammar creatively. It was a surprising success to my students and my colleagues.

After two years of studies, our students in Grade Three had already learned almost every detail of basic English grammar. But how should we help them to review and master it to achieve a better effect? To give students piles of exercises to practise, or to give numerous lectures to summarize?

I made a brave change. I had divided the whole class into 6 groups and asked each group to make their own "Grammar Tree", (according to part of speech and constituents of sentence). The trunk, branches and leaves stand for different parts of English grammar. My students not only made green trees through team work, but also mastered English grammar and passed their Gaokao.

解说与点评：

案例说的是高三英语复习课的大胆创意：扔掉“炒现饭”式语法讲授和题海战术，让位于学生自己动脑自己动手的归纳和复习。

按照现在的时髦说法，有小组合作、有动手实践、有学生中心。而当时的创造动机就是让学生感兴趣，让知识更牢靠。仔细分析，这种创造性教法还运用了让语法知识立体化形象化的形象思维，以及让语法规则系统化的抽象思维。

案例十九

关键词：Still Water Runs Deep

The teacher came into the classroom quite by accident, and picked up this class of primary school students. He had a quick look at the the textbook, 15 minutes before the class began, focusing on the key sentences of “Is this/that…? What is…? Are these/those…? What are…?” Then he taught the class in his own way.

Two hands, two pens and two books, to teach 24 sentences. Yes, no more.

Two hands are his own, and the two pens and two books are the one he borrowed from the students temporarily. Yes, that's the truth.

(First a book in one hand, and a pen in the other hand)

— Is this a book?

—Yes, it is.

—Is that a pen?

—Yes, it is.

—Is this a pen?

(Then he exchanged them.)

—No, it isn't.

—What is it?

—It's a book.

—Is that a book?

—No，it isn't.
—What is it?
—It's a pen.
(Then two books in one hand，and two pens in the other hand.)
—Are these books?
—Yes，they are.
—Are those pens?
—Yes，they are.
(Then he exchanged them.)
—Are these pens?
—No，they aren't.
—What are they?
—They are books.
—Are those books?
—No，they aren't.
—What are they?
—They are pens.

This is a great class I watched yesterday in a primary school classroom taught by one of my good friends.

解说与点评：

于无声处听惊雷，于无色处见繁花。这堂课充分体现了这位教师的平凡、质朴、深厚、奇绝的教学思想和创意。他没有精心准备的课件、特地带来的教具或者热之闹之的活动，但却让绝大多数学生参与其中；没有专门的词汇、语法讲解，学生却自然而然地学到了这些词汇和语法，并且能活学活用。

这是以一种化腐朽为神奇的忠于学生、忠于生活的情景教学。创意是一种扔掉课本的颠覆式逆向思维，但这种颠覆不显山不露水。

案例给我们的启示是：Teach what students with whatever you have at hand。

案例二十

关键词：Chinese Multiplication Table

The Chinese Multiplication Table（九九乘法口诀表）is a special Chinese culture in maths. It is the first requisite for using the Rod calculus for carrying out multiplication, division, the extraction of square roots, and the solving of equations based on place value decimal notation. It was known in China as early as the Spring and Autumn Period, and survived through the age of the abacus. Pupils in elementary schools today still must memorize it.

The Chinese multiplication table was often called the nine-nine table, or simply nine-nine, because in ancient times, the nine nine table started with 9×9: nine nines beget eighty-one, eight nines beget seventy-two, seven nines beget sixty three, etc. In the opinion of Wang Guowei, a noted scholar, the nine-nine table probably started with nine because of the "worship of nine" in ancient China. You see, the emperor was often considered as the "nine five supremacy" in *the Book of Change*.

The existence of the Chinese multiplication table is evidence of an early positional decimal system: otherwise a much larger multiplication table would be needed with terms beyond 9×9.

Now, can you have a try at it? It's a really awesome tongue-twister to practise.

九九乘法口诀表：

一一得一

一二得二　二二得四

一三得三　二三得六　三三得九

一四得四　二四得八　三四十二　四四十六

一五得五　二五一十　三五十五　四五二十　五五二十五

一六得六　二六十二　三六十八　四六二十四　五六三十　六六三十六

一七得七　二七十四　三七二十一　四七二十八　五七三十五　六七四十二　七七四十九

一八得八　二八十六　三八二十四　四八三十二　五八四十　六八四十八　七八五十六　八八六十四

一九得九　二九十八　三九二十七　四九三十六　五九四十五　六九五十四　七九六十三　八九七十二　九九八十一

Try at 24-Point Game

To play the "24-Point Game" in English, we have to know the basics of "+ − × ÷" in English. Do you find it difficult? Let me teach you within half an hour.

First of all, "+" is plus. Read after me, "+". Let's see, how much is 2+2? Read after me, "how much is…?" Now, together. "How much is 2+2?" "2+2=4".

Similarly, "−" is minus. Read after me, "−". Let's see, how much is 4−2? Now, together. "How much is 4−2?" "4−2=2".

Then, "×" is times. Read after me, "×". Now, together. "How much is 2×2?" "2×2=4".

Finally, "÷" is divided by. Read after me, "÷". Now, together. "How much is 4 ÷ 2?" "4 ÷ 2=2".

Are you ready now? Let's play it.

I have four cards: 7 clubs, 7 diamonds, 5 spades and 5 hearts. Can you figure it out?

Cheers! 7+7+5+5= 24. That's easy.

You have four different cards: 2 clubs, 5 diamonds, 8 spades and 8 hearts. Can you figure it out? This time, it's much more difficult.

(5×8 + 8) ÷ 2 = 24. Congratulations!

Since it's still Spring Festival holiday, why don't you have a try?

By the way, I was a poor student of maths, very very poor. Sh…

解说与点评：

前面灵感思维案例中介绍过灵机一动用英语教 20 以内的四则运算的做法。这里则是难度更大、更具创造性的教学案例：用英语背九九乘法口诀表和玩“24 点”游戏的做法。如果只是单纯教四则运算或者几个生词，必定枯燥，效果会差得多。

而把 plus，minus，times，divided by（加、减、乘、除），以及 spade，heart，club，diamond（扑克牌分四种花色，分别是黑桃、红桃、梅花、方角。四种花色有不同称呼。法国人称“矛、心、丁香叶、方形”，德国人称“叶、心、橡树果、铃”，意大利人称“剑、硬币、酒杯、棍”。桃、心、梅、方表示春、夏、冬、秋四季），这些词汇放在口诀表和游戏中，顿时灵动起来了。这就是创造性教学的生机、活力与效率。

第五节 批判性思维培养案例

案例一

关键词：Hillary，or Trump?

Today is a special day that has drawn much attention from the whole world，when a new president is to come out. Hillary，or Trump? Could you take a creative perspective to predict who will be the winner?

Creative teaching，as we have already discussed，seems to belong to few talented teachers. It's none of our business，you might argue. Let me present my viewpoint.

Creative teaching is indeed deeply rooted in a teacher's personality，but at the same time，it is a kind of awareness and thinking. It must obey the basic rules of sciences，like psychology，pedagogy and logic. Also，as long as you don't go to extremes，your personality is half-born and half-bred. Furthermore，teaching is a very advanced and professional as well as creative and individual trade. Every qualified teacher has something to do with creative teaching，simply because our students from the society are creative.

Let's come back to Hillary and Trump. What should the new American president be like? I don't know. You see，even a madman（Trump）or a cheater（Hillary）works! But both are creative.

Trump's Words

Do you know Trump? Do you know about Trump's words? Here are 5 of Donald Trump's favorite words which have already become catch phrases in America now：

Top 5：Huge

In Trump's speeches and debates，he likes to mention "huge Mexican Walls，huge nuclear weapons，and huge American national debt. They are really huge.

Top 4：Tremendous

Trump likes to tell his stories of "tremendous success，with tremendous ego". You know，he's not satisfied with "huge" just as not satisfied with his tremendous success in business，although he is 70 years old.

Top 3：Beautiful

It's well known that Trump's "beautiful wife and beautiful daughter" have contributed a lot to his victory over Hillary in the presidential election.

Top 2：Unbelievable

As a very successful businessman，Trump likes to say，"I've built an unbelievable company and I'm unbelievably happy".

Top 1：China

Little as Trump knows about diplomacy，he does know the special role of China and the special strategy towards China he has to employ.

These 5 words are like the 5 key cards of a poker game. But of course，Trump is the last trump.

You are what you speak and what you write. Trump's 5 words are **Trumplish.**

Will Trump Make a President?

After Trump's victory in the presidential campaign，most of my students were disappointed. It was a great pity for Hillary and for America! They just thought Trump couldn't make a president of America. Although Trump's victory was beyond my expectation and our expectation，I told my students：

First，our feelings or emotions towards Hillary are different from those of American citizens. Then，American voters do have their reasons behind. Finally，how to define "make a president of America" has many interpretations. Do you know how to make a president of America? What's a qualified or successful president in America? What do you know about Trump's real policies towards China and the world?

After a small discussion，most students agreed that Trump could probably make a president of America.

解说与点评：

此案例三部分都围绕美国新当选总统特朗普。美国是世界第一大国，所以其风吹草动都会牵动世界的神经，其总统选举自然引发国际关注，学英语的人也应该适当关注。但是，如何点评？如何预测和事后反思？这个是需要全面了解和批判性思维的。

案例梳理了四个问题：创造性思维很难预测总统选举、语言的平淡或奇葩不等于人的综合能力、情感因素不等于理智选择、中国人的“成为美国好总统（What makes an American President）”的概念与美国人的理解很不一样。这样的时事讨论和点评课有视野、有深度，便于培养学生的思辨能力。

案例二

关键词：Trump’s Inaugural Address

In spite of much heated criticism，Trump’s inaugural address has something we，as students and teachers of English，can and should learn. What is it?

In terms of content，Trump’s super confidence in his country and in himself has explicitly conquered his audience. You can’t deny his fanatical patriotism which only belongs to Trump，but of course he is in the meantime criticized for populism and narcissism. In a sense，Trump does believe in Lincoln’s “government of the people，by the people，for the people”.

The composition of the address has two distinctive features. One is the choice of plain and simple words，understood by any American that has been to primary school. The other is obviously parallelism，repeating and reiterating to its extreme. Together with these two features，Trump’s slow speed of delivery has also helped his articulation. I suggest middle school students use it as listening material.

Let’s see some paragraphs of this address.

Paragraph 1:

We，the citizens of America，are now joined in a great national effort to rebuild our country and restore its promise for all of our people. Together we will determine the course of America and the world for many，many years to come.

Paragraph 8:

It belongs to everyone gathered here today and everyone watching all across America. This is your day. This is your celebration. And this，the United States of America，is your country.

Paragraph 9:

What truly matters is not which party controls our government but whether our government is controlled by the people. January 20th，2017 will be remembered as the day the people became the rulers of this nation again.

Paragraph 14：

We are one nation，and their pain is our pain. Their dreams are our dreams，and their success will be our success. We share one heart，one home and one glorious destiny.

Last paragraph：

Your voice，your hopes and your dreams will define our American destiny. Together，and your courage and goodness and love will forever guide us along the way. We will make America strong again. We will make America wealthy again. We will make America proud again. We will make America safe again. And yes，together，thank you. We will make America great again.

解说与点评：

当所有人还沉浸在特朗普“推特治国”的话题中时，这位美国新任领导人已经风风火火地在白宫就职了，他的就职演讲可谓瞬间传遍各大媒体。究竟如何看待他的演讲呢？

美国总统的就职演说一般就是围绕总统的新一届政府执政纲领的正式发布会，对内对外都是很正式的通告和宣布，因此历来受国内外的关注，包括世界大国、相关利益国、联合国等组织和主要媒体。由于网络的发达和特朗普个人的高调风格，他的就职演说显得不那么神秘，也不如以前的总统演说那么吸引人了。

但是，如何评价他的演说仍然需要从内容、语言和演说风格上去分析，积极面和消极面上考究，还有不同受众的感受去辩证考量。同时，要有独立的观点和充足的证据，这些都是批判性思维所需要的。

案例三

关键词：After Trump's Victory

Breaking news！Breaking news！Donald Trump has won the US presidential election！How do you take it? My comments are as follows：

1. One is never too old to “run”. Whether you are a grandma or a grandpa，you can run，run and run for the American president，with the help of your spouse，children and grandchildren.

2. All of us can become American presidents，including a madman and a

liar. There are only two rotten apples on the table. Can we eat it? "Yes, we can!" Obama has said.

3. "House of cards" is still far from American politics. We come to know, that American presidential election is actually much more surprising and dramatic.

4. The way to success is always with ups and downs. Never be too confident nor too disappointed.

5. There are many secrets to American presidents, one of which is, that you must have a sonorous name. A "Trump", is of course much better than a "Hill".

6. People from Sichuan are wild with joy, because they always speak Chinese Mandarin with a strong local accent called Chuanpu ("川普").

7. Experience of politics, in the face of business and money, is still very weak. Either the First Lady or Secretary of State means nothing before a billionaire.

8. We Chinese just live our normal life as usual. American presidents neither in history nor in the future can really take China or Chinese as a real friend. Winston Churchill once said, there's no forever friend but forever interest. So is it true of China and America. No American president could really break up the American political mechanism.

解说与点评：

与前两个案例有所不同，此案例是以幽默、调侃的口吻点评特朗普带给网民的启迪。作者运用了创意思维、灵感思维、形象思维、创意思维和批判性思维。热之闹之的美国总统选举结束后，我们的生活依旧，美国的社会也不会有质的变化。

案例四

关键词：Critical Thinking

We have mentioned "critical thinking" several times this week and it is indeed a hot word in our education today, especially in higher education. What is critical thinking?

Austin J. Freeley, an American scholar defined it (in his book of

Argumentation and Debate—Critical Thinking for Reasoned Decision Making) as: The ability to analyze, criticize, and advocate ideas; to reason inductively and deductively; and to reach factual or judgmental conclusions based on sound inferences drawn from unambiguous statements of knowledge or belief.

It's generally agreed that critical thinking has the features of being truth-seeking, open-minded, analytical, systematic, confident in thinking, inquisitive and judicious.

To put it simple and short, critical thinking holds that opinions are not as important and reliable, as logic + evidence. Here are two examples:

1. Do you believe that libraries in Harvard University open around the clock by taking a glimpse of several pictures of Harvard at dawn from the internet? Why?

2. Do you believe Empress Wu Zetian was the inventor of the skirt when one of your good friends told you so? Why?

解说与点评：

本案例简单解释了批判性思维定义的关键词——分析、批判、倡导、逻辑推理，在可靠的而非模棱两可的资料来源基础上得出判断和结论。简言之，逻辑+证据。如何回答两个例子才是关键：

(1) 网上流行的那张哈佛图书馆凌晨图片是真是假？（你去过哈佛吗？你读过有准确来源的介绍哈佛的文章吗？你看过关于哈佛说法不一的报道吗？你倾向于如何自己判断？你听过有什么特定身份的什么人介绍过哈佛吗？你仔细看过与哈佛图书馆凌晨图片一起在网上流行的哈佛图书馆墙上的名言吗？你琢磨过那些名言的英语吗？是否有 chinglish 的味道？你知道哈佛有多少图书馆吗？它们开放的规则是什么？与国内大学图书馆有什么不一样？请教过有关专家吗？）

(2) 你相信朋友说的武则天是裙子的发明者吗？（你对武则天所处的唐代历史有什么了解？读过有准确来源的武则天传记或者正式文章吗？在网上查过裙子的来历吗？中国女性什么时候开始穿裙子？为什么穿？考察过裙子的沿革和发展吗？拜访过有关专家吗？你朋友是什么身份？他或她如何得来的消息？）

案例五

关键词：3 Levels of Creative Teaching

Here are 3 levels of creative teaching.

Firstly, Teacher A and Teacher B teach the same course, and their respective classes are the same in size, academic achievements and other related backgrounds. If Teacher A can teach his class something that teacher B even doesn't know about, this is the first creative level.

Secondly, both Teacher A and Teacher B can teach something, but Teacher A can teach it better. In other words, Teacher A teaches more effectively and efficiently, with less time and more tactics. This is the second creative level.

Thirdly, both Teacher A and Teacher B teach the course so well that every detail is at their fingertips. However, there comes a new problem surprisingly. The new students are not satisfied. Teacher A has hit upon a new way, a totally fresh idea to deal with it, which Teacher B as well as other colleagues in the country has never heard of. This is the third creative level.

Creative Content

Yesterday, we discussed the 3 levels of creative teaching, step by step. The third level is actually innovation and originality. There are two different opposite views about whether creative teaching lies in content or in form.

Those who prefer creative content, hold the view that only content can't be imitated or copied. Creative teachers should be like Newton, Edison, Einstein, Gates and Jobs, with their inventions. The world is changing rapidly, so both teachers and students should be open to new ideas and new technologies. Either for a course or a curriculum, some old content should be cut off while some new content should be added to. Only those who are really sensitive and far-sighted dare and will do so.

Take phonetic symbols of English for example. Teacher A has found out, because of the latest development of AI and VR, it's much more convenient to follow the sounds of the computer than to remember those symbols. Then, Teacher A crossed out phonetic symbols, and taught AI instead, which proved a great success!

Creative Forms

Those who prefer creative forms hold the view that teaching is a profession that carries on what's proved true, and teachers could only create forms of teaching at most. Creative teachers should be like gardeners, architects and designers. Students are always different, from person to person, from class to class, so the ways and forms of teaching should be always changing. However, the basic content remains the same.

Take English vocabulary for example. High-frequency words are always there, believe it or not, even in today's internet era. Teaching is both an art and a science, but most of all, an art. The more advanced our science and technology become, the more better ways teachers will have at hand, to teach their students. There's no doubt that quite a number of personalized progressive teachers will become more and more creative in their teaching.

解说与点评：

本案例聚焦于“创造性教学”的定义、层次、内容和形式。由于创造性教学本身具有太多的可塑性和未知性，以上的解释只是一家之言，读者需要运用批判性思维对待。案例中有传统观点，如孔子的因材施教；也有现代观点，如学生中心论、个性化教学；还有前沿技术，如 AI 和 VR。思辨能力的关键，如前所述，还是“逻辑＋证据＋独立判断”。

举此案例的主要目的不在于制定标准，树立标杆，而在于强调英语教学中创新思维和思辨能力的重要性。

案例六

关键词：A Story in Washington DC

We all know that USA is a melting pot. You may have heard of many stories about this pot. My story must be unique, I guess.

That was my first visit to Washington DC, the capital city of America.

One of my former students, a Chinese American, picked me up on the outskirt. Before we reached the downtown, we were stopped along the side of the Hudson River, by an African American, a young, tall and strong man who washed our car within a minute.

Having been forced to pay 10 dollars, my student said sullenly, “African American again! Obama's spoiled buddy!”

I had been told before I went to America, that African Americans usually have large families, little education and quite a few of them have become superstars in sports and on TV, but most of them just stay at home doing nothing, or just rob the rich people from time to time.

So I asked my student, "Is it because of their education, their gene, or neglect from the government or prejudice from the society?"

After a minute of silence, my student asked me, "Is it a question worth discussing?"

A Story at Newark Airport

Chinese parents have been enjoying a fame of Tigress Mum or Wolf Dad internationally. How do you take it? What's the picture of the only-child generation now?

That was back in 2009. When I flew back to China, I took the flight from Chicago, through Newark to Shanghai. After a break of 5 hours, the passengers went back aboard. When everybody else was already aboard and it was already late, the plane couldn't take off on time, because a boy was crying loudly and desperately at the departure gate. No matter how hard his parents, the air-hostesses and the aircraft commander tried to persuade him, he refused to go aboard. An American next to my seat murmured scornfully, "Chinese kids again! Spoiled Chinese kids!"

解说与点评：

本案例中笔者亲身经历的两个小故事看起来彼此无关，其实都关系到美国人对外来移民或者其他国家人的看法，可能是偏见，也可能是源于事实的夸张。都说美国是“大熔炉”，也有贬义地说成“大染缸”，但真能熔能染吗？语言的差异、文化的差异、思维的差异，也造成了行动的差异。

会思辨的人应该知道，不能简单地归类，用机械的刻板印象去判断，而要实事求是，因人而异。另外，只有亲身经历了才会更深入地分析。没有思辨，只用“是否爱国”去判断显然是幼稚可笑的。

案例七

关键词：Foolish Old Man

Many years ago, I thought the Foolish Old Man who removed the mountains (愚公移山), was really foolish. Later, I came to know, the

Foolish Old Man was not foolish but persistent . He did make a difference and set a good example for us. However, on a third thought of critical thinking today, I've come to my final conclusion: The Foolish Old Man was a really foolish old man.

First, he was already 90, so his work was not effective.

Second, he only asked his family to do such huge work with him, and only by hand. So, he was not efficient.

Third, he had destroyed the natural environment, which was against the sustainable development.

Fourthly, he had no right to force his children and grandchildren to follow up his foolish errand.

...

Finally, why didn't he migrate to a better place with his family instead? It would have been much more effective, efficient, environmentally－friendly, and sustainable!

解说与点评：

神话寓言是一种神奇的文学题材，伟大的文明、伟大的文学都有大量神话寓言故事。一般而言，没必要特别当真。如果拿来专门训练思维，则会非常有趣。世易时移，事物都是一分为二的。大智若愚，大愚若智？批判性思维要求我们应该把历史事件、神话传说放在特定的历史时代去分析。

案例八

关键词："Are Our Kids Tough Enough?"

There was a BBC documentary in 2015 which hit many Chinese teachers, students and parents, educators and scholars, named "Are Our Kids Tough Encugh?" The focus of the debate is: Has the Chinese basic education been the winner because it's more effective and more advanced than the British education?

Although it's hard for me to take sides, I do have my own critical idea. There's no winner or loser, no advanced or backward in the experiment of this documentary. The key point is, because of globalization, both China and UK are moving towards and learning from each other. The UK is focusing on the integration of freedom and discipline, formative assessment and summative assessment, while China is beginning to emphasize more democracy than discipline, more discussion than cramming.

解说与点评：

案例说的是对 2015 年在中国风行的一部 BBC 纪录片《中国教师在英国支教》引起的辩论：中国基础教育是否胜过了英国？辩论可以细分为关于中英教育对比的四个问题：谁输谁赢？谁优谁劣？谁先进谁落后？“向东走”还是“向西看”？

著名教育家朱永新在《中英教育对比，中国真赢了吗?》一文中说：“真实世界里的教育趋势是，中国在向西走，从纪律走向民主，从灌输走向讨论；西方在向东走，注重自由和纪律结合，强调评价的引导和影响。”

案例九

关键词：Can you carry a pig?

There was a small boy who could carry a small pig of the same age and weight. He then carried it everyday until both of them grew up. In the end, surprisingly, the young man could carry the 800 kilogram pig!

Many English teacher in the countryside used to tell the story to encourage his students to learn English, saying “If you read Shakespeare everyday, you will become another Shakespeare when you grow up!”

But when I examine the story logically, I can find out 2 serious mistakes: First, a pig grows much faster than a boy! So, how old is a grown-up ? Second, even the strongest man in the world can't carry 800kg! So, how could that young man? Similarly, students couldn't become Shakespeare even if they read Shakespeare everyday, because there was only one Shakespeare in the world!

Think logically, and you will find many secrets. Sh…!

解说与点评：

案例中的故事和很多寓言、童话及神话一样，经不起推敲，但隐含了很多朴素的道理，激励人们勇敢乐观地生活。

所以，在听故事的时候就尽情想象和享受吧，听完后反思的时候则需要冷静的逻辑推理和批判性思维了。

案例十

关键词：Mock UN Debate

Have you ever heard of or taken part in Mock UN Debate? It's a very amazing and demanding debating activity to raise people's awareness of the world and enable them to tackle the world's issues. Naturally, participants, most often college students and high school students, can improve their abilities of debating in English. Students participating in the debate take on the role of diplomatic delegates from various countries debate for their own countries.

For example, the North Korean Nuclear Crisis has been escalating recently, which is threatening the whole world. The countries directly involved in this issue are South Korea, Japan, USA, Russia and China. Now, we'll invite one student to play the role of Secretary general of UN to preside over the debate, some students to be the delegations of North Korea, South Korea, Japan, USA, Russia and China. The topic is: How should we solve the North Korean Nuclear Crisis? You will be given half an hour to prepare in groups first, and then we'll begin the Mock UN Debate formally. Here are the basic rules for the debate…

解说与点评：

本案例是结合最新鲜的国际时事热点“朝核危机”而开展的模拟联合国辩论活动：如何解决由来已久、愈来愈烈的朝鲜核危机？这样的辩论本身就是典型的运用批判性思维解决实际问题的高级思维和高级口语活动。由于朝核危机的复杂性，最好的开展方式是提前一周分组、预告话题，然后分组准备、写辩词，最后在课堂辩论。模联辩论涉及政治、军事、经济、外交、历史、地理、科技等领域，而且要有换位思考的辩证思维，特别能锻炼学生的世界眼光和综合能力。

比如：朝鲜核危机的来历究竟是怎样的？为什么是韩国、日本、美国、俄罗斯和中国最为关切？这些国家之间以及它们和朝鲜是什么关系？为什么一直不能解决？朝鲜发展核武器的根本动力是什么？中国究竟应该扮演什么角色？如果朝核危机不能解决会有什么后果？

案例十一

关键词：Donglang Standoff（洞朗对峙）

I suppose most of us have heard of or kept a close watch on the Donglang

Standoff between India and China. Personally, I had been terribly concerned about it for a long time, reading articles and watching programs about it almost every morning and every evening. But do you know how and why it happened this summer? Whose fault should it be? How should we solve it peacefully? Today, we'll divide the class into two groups, that is, India's delegation, and China's delegation. We'll have an open debate about it…

解说与点评：

与上一个案例类似，该案例是结合最新国际时事热点中印“洞朗对峙”而开展的课堂辩论活动。

以下问题可以帮助双方辩得更深入，更有看点：洞朗到底在哪里？洞朗对峙的直接原因是什么？谁先改变了现状？中印间有哪些历史纠葛……

如本章上节所述，我们要多将真实的世界搬进英语课堂，培养外交官和文化使者。结合时局的辩论正是很好的选择。

案例十二

关键词：Teach English In English

If I ask you, "Do you teach English in English?" Nobody will think this is a good question. But if you sit into classrooms all over China, you will find it a tough question with various answers.

Some say, students aren't capable enough to understand all-English classes; others say, teachers couldn't speak English themselves all the time; some others even say, it's pointless to teach English in English in China because both teachers and students here are Chinese with black eyes, black hair and yellow skin.

However, 35 years ago, my English teacher named Mr. E, taught us junior English for 3 years hardly in Chinese in a small remote town, which proved a great success.

In spite of anything, I strongly hold the belief of "English possible, Chinese necessary".

So, to teach English in English or not, that's a question!

Actors or Directors

Most English teachers are either like actors or directors. What's your choice? That depends. Generally speaking, teachers like actors like to speak, act, sing and dance on the stage. Their classes are interesting, active and lively, thus popular with their students.

Teachers like directors like to organize, and encourage and direct their students. They give more time and space to the students so that the students could enjoy themselves. Their classes are also quite welcome.

As the saying goes, you are what you teach and you teach what you are. We can't simply use teacher-centered or student-centered to judge a class. We can't use one ruler to measure every object, or one color to paint every picture, or one cage to feed every bird.

Know yourself, and know your students!

To be a director or an actor? It's up to you.

解说与点评：

本案例有两个涉及英语教学的问题：是否用英语授课？英语老师是导演还是演员？看似相同，实则很不一样。“是否用英语授课?”是一个教学理念和语言本质的问题，代表着授课者的能力与水平，所以答案应该是肯定的。可以商讨的是用英语和汉语授课的比例和实际问题。“英语老师是导演还是演员?”主要是一个教学风格问题，并不存在原则上的教学理念问题。虽然也涉及双主体（师生）和双中心（师生），但了解自己和了解学生（Know yourself, and know your students）才是核心问题。

案例告诉我们，批判性思维并不意味着所有的问题都是一样的“批判”角度，正如，“我们是否要学英语”和“我们到底该如何教好学好英语”是不一样的问题。

案例十三

关键词：September 11th

What's special about yesterday? What was the date of yesterday? It was 9-11, or September 11th, 2016—that is, 15th anniversary of September 11th Terrorist Attacks.

There's no doubt that the event of the 9-11 Terrorist Attacks is one of the two most significant events that have attacked America in American history. Also, it is one of the most serious and most bloody terrorist attacks in the world history. It has made the world understand that we have to come together and fight together against man's common enemy no matter where and no matter when it happens. It has, at the same time, made us analyse and reflect upon the roots of terrorism, like poverty, disease, colonialism, globalization, religious beliefs and cultural conflicts.

15 years have passed, but terrorist attacks of one way or another are still taking place from time to time. Compared to world powers and most advanced well-equipped armies, terrorist groups are never powerful. Then, don't we, can't we have any solution yet?

I guess, as global villagers, we should always bear in mind a famous sentence in the UN headquarters, from Chinese philosopher Confucius: Never impose what you don't like upon others.

解说与点评：

"9·11"事件改变了世界，促使世界各国要重新认识世界。但恐怖主义、恐怖分子的根源到底是什么？国际组织、世界大国、恐怖分子的来源国究竟应该如何防范？发达国家和发展中国家如何相处？不同信仰的人民如何相处？究竟是亨廷顿的"文明的冲突"论有道理，还是费孝通先生的"十六字箴言"（各美其美，美人之美，美美与共，世界大同）或孔子的"己所不欲，勿施于人"给人类带来更多希望？的确，思辨可以让我们视野更开阔，思考更深入。

联想到另一个问题：汉语对英语的正迁移和负迁移问题。

学好汉语就一定能学好英语吗？不一定！学好汉语对学好英语有正迁移吗？那是一定的！从语言学、文学、社会学、教育学、心理学以及广义的文化角度来看，答案都是肯定的。

汉语好的人，一般而言，有较好的语感，善于听、说、读、写中的一两项或者更多的语言技能。这种语感和技能在学习英语中会起到促进作用，并增强学习信心。比如，爱读爱背汉语诗歌和散文的人，一开始也有朗读英语单词和背诵英语课文的冲动。这种冲动很像爱唱歌的人就有爱演讲的冲动一样。

汉语好的人，在语言文字的观察、分析、识别、模仿和书写方面具有比较优势。这种优势其实归结为对语言文字的敏感。虽然汉语属于汉藏语系，英语属于印欧语系中的西日耳曼语支，二者差别很大，但对语言文字的敏感显然会有利于英语的学习。拿笔者来说吧，自己曾经对汉语"日月星辰"和"花鸟虫鱼"等字词很痴迷，学英语时很快就转化为对字母标牌、缩略语和广告语的自然而浓厚的兴趣。比如，每当看到 BBC、VOA、CCTV、NBA、VR、BAT，还有 Anything is possible, Ideas matter, Ideas worth spreading，就像看到亲朋好友一样亲切!

汉语好的人，对一种语言的词汇、语法和篇章结构有了比较深入的理解，就会对另一种或者更多种语言的词汇、语法和篇章结构产生好奇。事实上，好奇心是学好任何东西最好的老师和最好的启蒙。诚然，英语和汉语有诸多宏观与微观上的不同，但没有人会在两种语言之间简单地画上等号。更多情况下，我们会观察、分析、辨别、归纳后，扬长避短，趋利避害。比如，汉字的声调更重要，英语的重音更重要；汉语的修辞更重要，英语的语法更重要；说汉语讲究字正腔圆，像“嗑瓜子”一样，而说英语讲究行云流水，像“吃面条”一样。

汉语好的人，会对中国文学和中国文化更有感情、更自豪和更自信，时不时就会念叨唐诗宋词、四书五经、四大名著、四大发明、孔子孟子、老子庄子。同样，在接触到一门新的语言后，我们也会期盼了解这门语言背后的文学和文化。《圣经》、古希腊古罗马神话、莎士比亚、马克·吐温，也会同样吸引我们的目光，触动我们的神经。不仅如此，两种语言、两种文学、两种文化更能培养我们的辩证思维或者批判性思维。

总体上说，学好汉语对学好英语是一种正迁移、正能量和正相关，大于其负迁移、负能量和负相关。因此，我们还是不要讨论全球化下“我们是否要学英语”这类问题了。

案例十四

关键词：What's fraud?

Chinese are recently haunted with swindles or frauds. Here are two horrible cases.

A freshman from a poor peasants' family in Shandong, before going to his university, having been swindled out of his total tuition, was shocked and saddened to death.

A retired professor from Qinghua University, was swindled out of a large sum of money of more than 17, 000, 000 RMB!

I did hear of some types of fraudulent cases in the past, but what happened to China this summer dauntingly has dragged me into a careful deep thought.

What is fraud? It's an evil cheating practice of robbing people of their money or properties, which is of course illegal. Usually, the fraud who does fraudulent affairs employs various traps and conspiracies that can't be easily seen through by ordinary people, especially by those who are innocent, inexperienced or out of date.

But why are there so many fraudulent affairs frequently happening in China right now?

Why China now?

Why are there so many fraudulent affairs frequently happening in China right now? I think we need to focus on "China now", a vague and intriguing term.

China now is a large country with a population of over 1.4 billion. Few are surprisingly wealthy, some are better-off, but a comparative majority of people are poor or in great poverty. In other words, there isn't a steady middle class yet. Facing the tremendous rapid change of China and the sharp contrast or gap between the rich and the poor, many Chinese feel uncomfortable though they are living a much better life now. It's the traditional concept of "better to have less than face inequality" that matters.

Furthermore, in the transitional period from planned economy to market economy, many newly wealthy people are those who have actually broken the law or made the best of the grey box boldly. This phenomenon has caused a series of social problems in many groups and professions.

It's been quite a while since the government began to take some measures to solve this knotty problem. However, it hasn't really taken effect yet.

Then come gangs of people who have gone to extremes to "rob others", because they long to become rich overnight on the one hand, but hate to work hard on the other hand. In addition, these people have caught up with a fleeting era of science and technology, which has made their fraudulent practices highly convenient and efficient.

Four Groups

Yesterday, we discussed some of the main reasons why there are so many fraudulent affairs right now. One of my friends added that so many people in China do have this "need"! It's this "need" that has pulled them into the trap. Admittedly, this is a special large market where the sellers and the buyers are doing a sort of dangerous transaction. The consequence is that, eventually, the sellers become criminals and the buyers become victims. As 181 has investigated and analyzed, here are 4 groups of people who are often swindled.

• The elderly who are isolated from the normal and ever-changing world. They don't know about the new policies, rules, and technologies. But they have enough time to pick up rumors and tend to believe the producers and passers.

• The housewives who always try to best take care of the whole family with least. They are likely to buy something on sale or at a discount.

• The innocent people who like to take others as kind-hearted because they themselves always are. They never doubt "People were born kind". Of course, these people haven't travelled or experienced much.

• The bargain hunters who are actually penny wise, pound foolish. Often, they like to buy something cheap, cheaper or even free. From time to time, they still think there might be a pie from the sky, or a free lunch in this world.

Although the 4 groups of people vary from person to person, they do share something, that is, all of them have a strong lack of critical thinking.

解说与点评：

这是一个认识诈骗、防诈骗的思辨系列案例。在中国，从百姓到公务员、从小学生到大学教授，受骗的案例已出现多起，发人深思。作者带着思辨武器这双慧眼，对诈骗的定义、诈骗犯的心理和受骗人的类型做了剖析，并提供了建议。

不难看出，思辨能力在生活、学习和工作中是如此重要，很多人却又如此匮乏。学两种语言、两种文化、两种思维的人是不是要强一些呢？

案例十五

关键词：Five Types of Fraudulence

According to our incomplete investigation, there are five prevailing and pervasive types fraudulence in China.

1. Fake certificates, diplomas and academic misconduct. Ads of "making up" certificates, diplomas and academic papers can be seen on the street poles, in the TV and radio programmes, and over the phone and

internet.

2. Fraudulence in telecom, banking, insurance and media. Various of channels gaining large sums of money through the telecom, banking, insurance and media are so alluring that we really can't resist the temptation.

3. Cheating in business transaction and trade. Dishonesty in practice, disobedience in negotiation and cheating each other have almost become the unspoken rule in many fields of business and trade.

4. Cheating in private lottery and gambling, private medical treatment and cosmetic surgery.

5. Illegal pyramid selling. This is already well-known to us, but there are swarms of people flooding in every year.

解说与点评：

本案例是上一个案例的延续和深挖。这五个类别的诈骗分类也许不全面、不专业，但至少是一种警示，可以帮助民众擦亮眼睛，加强防范。对着它们看看，想想，我们身边真的已经充斥着各种诈骗。

案例十六

关键词：English, Curse or Blessing?

Good morning, ladies and gentlemen!

Toward the end of last century, there was a popular saying: Two licenses are the tickets to the entrance of the 21st century. One is English, and the other is a driver's license. I still remember my mom's comfort to me when I graduated from college, "Son, we're proud of you because you've already got one of the tickets. As for the other, no worry, no need now. Sorry, we have no money to buy you a car. It's not your fault but ours." No words from my mouth but tears from my eyes.

Last year, when I finally got my driver's license, however, I couldn't light up my brows before my mom. The world has indeed changed rapidly and even dramatically. Look around, and you will find English everywhere, cars everywhere. There is so much English in the classroom, as there are so many cars in the street. English, like cars, has become a source of "smog or pollution"! Some experts and officials even claim that it's the English that contributes to the deterioration of Chinese language and Chinese culture. A battle seems to have broken out between Chinese, our mother tongue, and English, the foreign language.

I've been wondering why on earth Chinese has fallen down sharply since the reform and opening-up policy 40 years ago. Is it really because of English? Is it because of globalization, westernization or Americanization? Is it because of Chinese teachers' way of teaching Chinese? I've also been figuring out how much progress has been made in the past 3 decades of teaching English in China, how English is getting along today, and how English is going forward tomorrow.

There's no doubt that Chinese is a "must" for all of us while English is a "should" for only many of us. You can't compare a mother language with a foreign language. But both are languages! Both are for problem-solving tools. They are helping us to solve different problems in our life. You can't say one is superior and the other is inferior, or sacrifice one for the other.

We can't deny that the teaching of Chinese has some problems, just as the teaching of English in China. I'm sure there are many solutions for the deterioration of Chinese, and many solutions for the mania for English. It's time to raise the young generation's awareness of Chinese language and Chinese culture. It's time to reflect upon the position of English in today's China and today's world. It's time to promote the recognition of Chinese language and Chinese culture by means of English in the global village. It's time to balance the teaching of Chinese, English, French, Spanish, Russian, Japanese, Korean and even Vietnamese, among different groups of Chinese in different places of China. But above all, to improve the effectiveness and efficiency of teaching and learning is the No. 1 solution.

To learn Chinese or to learn English? Both, I've already decided.

Is English a curse or a blessing? You decide.

解说与点评：

这是作者的一篇课堂英语演讲稿。从标题"English, Curse or Blessing?"看得出来，这是一篇需要充分批判性思维的稿子：眼下汉语水平的下降到底有哪些原因？与英语的提升有多大关联度？内因、外因、单因、多因、主因、次因？对于全球化时代的中国而言，英语是多了还是少了？英语在参与国际竞争中的作用到底如何？汉语的教与学是否跟上了时代步伐？英语的教与学有哪些经验和教训？如何定义 a curse or a blessing？你有亲身经历吗？你对中国的汉语教学和英语教学做过调查研究吗？咨询过有关专家吗？

案例十七

关键词：Do We Still Read Books?!

(This is a speech I made to my students 2 years ago before Children's Day.)

Children's Day is coming. What gift do you think I should buy for my 8-year-old niece? Can you give me some good ideas and different choices? Toys, candies, chocolates, Iphone, Ipad, or I-watch? Good, thank you! Then what gift do you want to be given on your birthday, may I know?

But my choice is a book, either a picture-book, or a storybook. Any book does work !

Francis Bacon said, "Reading makes a full man". Today, I'll say, without reading, we'll become fools.

Let me ask you: how many books have you read this semester, besides the textbooks that we teachers ask you to read? Then how many books a year altogether?

According to an investigation made by UNESCO in 2011, the number of books the average person reads every year from different countries varies so much! Koreans, 11, French, 20, Japanese 40. The largest is from Israelis, 60! But Chinese, only 4! Only 4, you know?

Recently, an article entitled "A Worrying Situation for Chinese, Who Don't Read" from an Indian has shocked us Chinese. From his observation on many international occasions, whenever and wherever you see Chinese, they must be either playing computer games or showing off their pictures, either QQ chatting or We-chatting, while at the corner are Germans, reading books silently and seriously. So this Indian friend comes to his conclusion "China cannot go too far in this way". Not surprisingly, I did the same observation and came to almost the same conclusion while I was in Shanghai last year.

It's troubling, but true, right?

Ancient Chinese, our ancestors used to say "There is always a charming beauty in books; and there is always shinny gold in books". But why don't Chinese today like to read ?

Is it because we have no time to read? No place? No books? Or is it because we find no need to read? No mood? No good? I don't know.

Most probably, the dominant internet and market economy are the two main curses and causes. Let's ask ourselves:

Can E-books take the place of traditional paper books? Can going online work better than reading books indoors? Can Baidu or Google help you much more than reading paper books?

Let's go on to ask ourselves:

Does market economy mean money is everything? Does market economy mean earning money has nothing to do with reading books? Does learning economics, sciences, technologies and engineering, all take place in a virtual university, and you don't have to read in a library?

All the answers are definitely "NO!" "NO"!

Then you might wonder, how we should pick up the good habit of reading again. Here are 4 practical solutions:

First, set up a quiet place and a quiet time for yourself every week if not everyday. Shut the door, turn off the smart phone and the TV set, and isolate yourself from the internet. Go to the library, the countryside or even a cave. I always believe, if there were a Heaven in this world, it must be a library. Actually, the motto of the library in Wisconsin University says: Read, Eat and Sleep.

Second, pick up a notebook and a pen. Whenever you begin to read, make some notes for your future use or enjoyment. Perhaps, if you like it, you can share it with your good friends and family members.

Third, join a reading or a writing group. Readers like readers' company, just as players like players' company. Great minds think alike!

Fourth, prepare a speech or a lecture about why to read, what to read, and how to read, every month at least. To prepare for something is both an input and an output, so it is the best motivation for reading.

China is an old country with a long history and a splendid civilization. We are always proud of *the Four Books and Five Classics* (四书五经), *Tang and Song Poetry*（唐诗宋词），*the Four Great Inventions*（四大发明），*the Four Great Classical Novels*（四大名著），all of which have everything to do with reading and writing! If we stop reading or refuse to pass on this torch，we don't deserve the name of Chinese descendants（炎黄子孙）or descendants of dragon（龙的传人）.

As a teacher，a father，a reader and a writer，I must say：

To love my country is to give my people best books and help them to read best.

As a student，as a reader，why can't you do the same?!

解说与点评：

这一案例也是笔者的一篇课堂英语演讲稿。主题是，在资讯如此发达的网络时代还需要读书吗？文中运用了较多的例子和深层发问，特别结合笔者自己的多重身份，教师、父亲、作者和读者，多角度说明了读书的必要性和重要性。文末，还提供了远离嘈杂、安静读书的实用建议。

仔细体味，笔者在这里充分运用了系列思辨策略和技巧。

案例十八

关键词：Classroom Debate Model for Advanced English Teaching

这是作者最新教改成果的总结提炼，是一篇未公开发表的题为“《高级英语》教学的课堂辩论模式实践与思考”的论文。

《高级英语》教学的课堂辩论模式实践与思考

中文摘要：

文章分析了英语专业高级英语课传统及现有教法面临的困境，集中体现在课程定位不明、缺乏思维能力训练和单调耗时等方面。通过改革实践提出了课堂辩论模式的理论依据和实践程序，并提供了真实的课堂操作蓝本。最后，来自师生的反馈，认为英语辩论是高级写作和口语的最佳体现，是培养英语专业学生语言技能和辩证思维能力的最佳结合，还能培养学生自主学习及团队合作等能力，但也存在如何解决教材重点、辩论难度偏大、费时费力等小问题。

英文摘要：

The paper analyzes the dilemma of traditional and current teaching methods of Advanced English. Based on his teaching reform practice，the author puts forward both the theoretical bases and the practical procedures of the Classroom Debate Model (CDM), taking the text of *Love Is A Fallacy* as a real example. A feedback from both instructors and students involved in the reform reveals that CDM is the best embodiment of advanced English writing and speaking, the best integration of basic skills of English, and dialectical thinking. Furthermore, CDM helps to foster students' autonomous learning and team spirit, in spite of some slight disadvantages like how to deal with the intrinsic key points the textbook, how to make CDM less difficult with comparatively less time and less efforts, etc..

中文关键词：高级英语；教学改革；课堂辩论；实践；思考

英文关键词：Advanced Teaching; teaching reform; Classroom Debate Model (CDM); practice; reflections

1. 高级英语现有教法概述与困境

高级英语是英语专业高年级的一门传统主课和必修课，难度较大、范围较广、综合性很强且承担着思辨能力培养的重任。长期以来，特别是20世纪八十至九十年代，这门课一直由高校英语听说读写译综合素质较强的教师承担，教学的侧重点也主要是以文体学和修辞学为导向的语篇分析、以文学和文化为导向的经典鉴赏，以及以听说或读写为导向的高级听说或高级写作。由于当时学生整体水平不高，课外辅导资料缺乏，尤其是相关视听材料匮乏，互联网还没有真正进入千家万户，教师拥有较高的权威优势（时间差＋信息差），较为单一的课堂结构，即“讲授为主＋互动讨论为辅”也能完成教学目标，学生反馈也不错。实事求是地说，只要授课教师的综合素质较高，一张嘴、一支粉笔、一本教材加上一块黑板足矣。这种“讲授—讨论法”在教给学生有关经典课文的背景知识、大量生词和修辞句、阐释和解析长难句、鉴赏名作的主题和写作手法等方面，曾经起到了关键性作用。时至今日，“讲授—讨论法”仍然是这门课的主流教法。非常有趣也发人深省的是，曾经的唯一教材，由张汉熙等主编、外研社出版的《高级英语》历经三十余载，至今依然是众多高校高级英语课程教材的首选。

21世纪以来，英语专业的综合英语课，即基础英语和高级英语已遭遇越来越多且越来越剧烈的挑战。2008年，胡文仲、孙有中（2008：141）等学者就提醒外语界：“外语专业毕业生人文基础很差，批判性思维能力很弱。”两位学者提出，就英语专业本科生培养而言，有两个主要制约因素日益引起英语教育界的关注，其一，英语专业“一直将技能训练放在首要地位”；其二，“人文素质教育在整个教育中的比重很小”。李莉文（2010）认为，“思辨缺席症”是长期困扰我国高校英语专业本科人才培养的软肋。究其根源，构成英语专业课程设置主体的技能课程，即，基础英语和高级英语，难辞其咎。文秋芳等（2006，2010）在经过实证研究后发现，总体上英语专业学生的思辨能力显著高于其他文科类大学生（注意：没有涉及理科、工科等其他类大学生），但这种差距随着年级的升高逐渐缩小；英语专业学生的内部变化只有小幅量变，其他文科类大学生变化幅度较大，质变关键期在二年级、三年级。也就是说，“虽然外语专业学生入学时的思辨能力高于其他文科类学生，但这种优势逐渐丧失，到三年级时，就不复存在了”，“我们可以推断英语专业课程对大学生思辨能力发展的积极影响至少比不上其他文科专业课程”。由此看出，外语专业的学习特点使学生的思维发展受到很大制约，须引起密切关注和认真研究。文秋芳呼吁“广大外语教师和相关领导要充分认识到语言的三重功能，认识到学科系统思维训练的必要性”，建议“压缩单纯以语言技能为主的教学时间，从二年级开始就逐步增加学科内容含量大的英语课”。束定芳（2013）在点评第三届“外研社杯”全国高校外语教师教学大赛授课比赛更是指出，“语言专业的综合课应该充分考虑主体知识、语言知识的学习和拓展以及语言技能、学习能力、创新思维能力培养之间的有机衔接和平衡”，但教学大赛直接或间接暴露出，“相当一部分学校英语专业的综合课既不开展综合英语技能训练，又不培养真正的知识拓展或批判性思维能力。由于没有明确的目标，加之缺乏有效性的评估机制，英语专业综合课正在日益退化成教师和学生食之无味、弃之可惜的‘鸡肋’!”

事实上，大量国内外的外语教学的理论和实践均显示，英语技能课与批判性思维能力培养并非必然背道而驰。因此，必须通过压缩技能课的课时比例、调整教学内容和改革教学方法，英语专业完全有可能在巩固和加强听、说、读、写、译等基本功的同时，实现提高批判性思维能力这一人才培养的核心目标。虽然高级英语遭遇挑战的原因是多方面的，但最关键的是来自与网络成长、同英语相伴，因而见多识广而富有独立思想的 80 后、90 后学生。不可否认，我们的不少授课教师也感触到了这种变化，意识到了改革紧迫性，有从建构主义理论角度、有从科研意识培养角度、有从批评性思维和人文教育渗透等角度出发，对课程改革提出了富有新意而切实可行的意见，也做了不少有益的探讨。比如，大连外国语学院实施的由技能导向课程逐步向技能和内容导向课程相结合过渡，最终实现内容导向课程的做法（常俊跃，2012）；再比如，上海外国语大学英语学院精心打造的“英华人文系列讲座”文化品牌，都是非常有益而成功的尝试。越来越多的教师意识到：高级英语课程不仅仅是对语言层面的掌握和理解，还应包括一个大学高年级学生应该具有的逻辑思维、人文素养和科学价值观（范玲娟，2009）。但据笔者对近五年国内外语核心期刊的调查研究，同行们的改革探讨多停留在理论上和口头上，或者一时半会儿的活动里，鲜有真正落实到常规课堂教学实践的（卢红梅，2003），更没有可以借鉴的操作模式。

笔者负责的高级英语改革课题组，在经过面向学生、用人单位和教师三部分人群的调查之后认为，新时期高级英语（也部分包括基础英语）的困境关键在于“四对矛盾”：

①课程的综合定位与实际讲授的侧重点间的矛盾。

②授课教师的知识储备与学生的实际需求间的矛盾。

③课程提供的知识技能与社会急需的思维能力间的矛盾。

④教师较为单调和低效的授课方式与信息时代倡导的多模态和高效率间的矛盾。

于是，我们确定了改革高级英语的关键：整合授课内容，改革授课方式。内容是核心和基础，方式是杠杆和抓手。

传统的教学内容，即教材选用的课文，都是经典，文质彬彬，有口皆碑，显然不应抛弃；但这些经典课文与现实有较大时间差，不为学生熟知或喜欢，语言风格与当下的英语也有较大出入。于是我们决定采取整合的策略，以经典版教材张汉熙主编的《高级英语》课文为主，以杨利民主编的《现代大学英语精读5-6》两册为辅，补充一些来自报刊杂志的时文美文，如《二十一世纪学生英文报（阅读版）》、《新东方英语》、《沪江英语美文》、*New York Times*、*USA Day*、*Financial Times* 等。

关于授课方式，我们考虑过技能导向的讲授法、口语法、情景法、阅读法、听说法、交际法等，也尝试过综合能力导向的合作学习、多元智能、任务型教学法等，但都没有取得令师生较为满意的效果。课堂活跃度和实际效果之间、听说和读写之间、语言技能和思维能力之间、独立思考和团队合作之间很难达到一种平衡。而且，最为头痛的是，找不到一种相对固定可以长期操作的课堂模式。

2011年秋季，笔者在继续执教高级英语的同时，也执教了学院的新课“英语演讲”，并承担了辅导学生参加全国英语演讲比赛和辩论赛的任务。当我在告诉学生一位好的公众演讲者首先是一位思想者（thinker），其次是一位阅读者（reader），再次是一位创作者（writer），最后才是一位演说者

(speaker) 和演员 (actor/actress) 时，我突然想到了高级英语的授课突破口——给学生项目式任务 (project/task)，经过思、读、写、交流之后，在全班展示。让学生带着有关课文的文学批评 presentation 任务，先精读，再撰写，而后分小组讨论交流，最后派代表上台展示。虽然只挑选了特别经典而有趣的两课，即《震惊世界的庭审》(The Trial That Rocked the World) 和《马拉喀什》(Marrakech)，却取得了意想不到的效果。而后，当我在辅导学生参加辩论赛时，才终于找到了高级英语授课方式的改革模式：辩论！因为英语辩论是高级英语写作和高级英语口语的最佳体现，英语辩论还是培养英语专业学生听说读写译等语言技能和辩证思维能力的最佳结合。

从 2012 年春季学期开始，笔者在任教学校英语专业大三学生的高级英语课程上大胆实施了英语课堂辩论的教学模式，历经四年，取得了学生叫座、教师叫好的效果。

2. 高级英语课堂辩论模式实践介绍

(1) 关于课堂辩论

英语课堂辩论模式是以英语辩论为主要内容和形式的高级英语授课模式，旨在娴熟地运用英语的综合技能进行符合逻辑的思维训练，培养和提高学生英语的高级语言技能、团队精神和合作意识以及以批判性思维为重点的创新能力。

从古希腊与古罗马的哲人之辩，到美国人竞选总统的公开辩论，英国首相定期接受议会质询，再从国际大专辩论赛，到“外研社杯”英语辩论赛和风靡各高校的各种辩论赛，不难看出，辩论确实是一门充满理性魅力的艺术，堪称口才与思辨的完美结合。给以女性占绝对优势的英语专业学生提供常规化的课堂辩论机会，除了有利于推动高级英语教学改革之外，对培养我国大学生综合能力和国民素养都具有深远的作用和意义。

美国学者 Maridell Fryar，David A. Thomas，Lynn Goodnight 三人在其名作《辩论初步》(*basic debate*) 指出，“学术辩论可提供良好的公民素养”。“争论”一词也可能等同于争吵或者心胸狭窄地与人掐架。它训练的方式却可以让人们参与的任何新鲜而具有批判性的讨论机会最大化，这种机会是诚实的观点交流，有利最终作出理智和受人尊重的决策。有鉴于此，学生应该认识到，学术辩论是建立在交流伦理之上的。Maridell Fryar 等进一步提出，“辩论旨在公平交流观点，而不是一心只想获胜的智力游戏。只有当学生全心致力于推进和捍卫自己想法的时候，辩论才会真的有效”。因此，“辩论应该是诚实研究和合法证据的产品，绝不允许在辩术中歪曲事实和无中生有”。

辩论的核心是逻辑。C. Stephen Layman 在《逻辑的力量》（*The Power of Logic*）中精彩开篇：“每个人都要思考、推理和争辩，每个人也都受制于别人的思考、推理和争辩。我们都会受到来自诸多渠道的狂轰滥炸式推理：书籍、演讲、电台、电视、报纸、雇主、朋友和家人。会思考、善推理和能争辩的能力，部分来自天资，但无论你天资如何，它们是可以改善和提高（提炼和磨砺）的。逻辑就是最好的方式之一。”

因此，课堂辩论或学术辩论正好是运用专业知识及技能、逻辑知识和百科知识，培养思维能力，尤其是批判性思维能力，模拟解决社会实际问题的难得的和最佳的方式之一。

我们的课堂辩题来自高英课本、师生生活和社会热点三个方面，分别由教师设计、学生设计、师生共同设计或者借用国内外辩论赛现成的英语和汉语辩题（详见附表：课堂辩题一览表）；辩论的形式有班级辩论赛、小组对垒和同桌互辩三种，主要模仿英国议会制辩论和美国议会制辩论形式，时间和人数因地制宜。

考虑到辩论的难度和笔者在任教学校学生的知识与能力水平，我们把高级英语课堂辩论放在大三的下学期。我们把全学期的高级英语课时共 64 节划分成两周关于英语辩论的专题培训（8 节）、6 场专题辩论（48 节）、辩论总结及学期整理（8 节）。每场辩论分为专题阅读、专题撰稿、辩论演练和辩论展示四个阶段。

关于英语辩论的专题培训主要包括辩论的渊源和意义、辩论的原理、英语辩论必须具有的知识能力以及国内外英语辩论赛观摩模拟等。

（2）一个高级英语课堂辩论的实例

下面以《高级英语》第二册经典课文《Love Is A Fallacy》（《爱情是谬误》）为例说明本课题组高级英语课堂辩论的具体做法。

Love 是一个弥漫于文学作品和社会生活的永恒火热的话题，古今中外但凡伟大的作品，无论悲剧喜剧，无论诗歌小说，其主题均与 Love（爱情）有关。而 Fallacy（谬误）则常常与前者相反，只是一个逻辑性强、趣味性差并与日常生活相距甚远的冷僻术语和枯涩话题。然而，二者竟鬼使神差般画上了等号——《Love Is a Fallacy》（《爱情是谬误》）！寥寥四词，浑然天成，这种主题和标题堪称该随笔的绝佳对照，具有鲜明的修辞讽刺意味。课文讲述的是一位法律专业学生以逻辑会女友惨遭谬误的故事，历来为英语专业师生喜爱，教后学后爱不释手，感慨良多。笔者在学期初教授了英语辩论的基础知识，加上 *Marrakech* 和 *Pub Talk and the King's English* 两次辩论实践后，学生已有一定的辩论能力和较好的辩题意识。

这次在第一阶段的专题阅读前便要求学生根据课文主题或衍生主题自己设计辩题，有学生自由组合成四人小组，正方反方各两人，进行类似美国议会制辩论的小组对垒活动。学生阅读课文后设计的主要辩题有：

①Love is/isn't a fallacy.

②Love is/isn't romantic.

③Love/Marriage is more important for young couples.

④Love/Bread is more important for young couples.

…

辩题"Love is/isn't a fallacy"自然是选择最多的，但类似于"Love / Bread is more important"的辩题也颇受学生欢迎，毕竟时代感更强，学生的话语更多。但无论选择什么辩题，都必须细读课文，借鉴主体思想，寻找精彩句子，向课文学习运用逻辑推理的正确方法，以避免犯下类似文中提到的逻辑谬误。这里，笔者也只是梳理了 8 个逻辑谬误和几个典故。为了达到较好的知识储备和思辨能力，除精读课文以外，每一位辩手都需要强化阅读一定数量的课外书籍、期刊、杂志，浏览较多的网站，搜寻、筛选和加工相关素材。有些重要信息和论据还必须自己翻译成英文。

在接下来的专题撰稿阶段，正反双方均要求分角色写出较为正式的辩论稿。一辩负责开篇陈词（opening/constructive speech），二辩负责总结陈词（concluding/rebuttal speech），分别不少于 450 词，另外，一辩、二辩都要写下中间自由辩论环节（free argumentation）的要点。这一环节往往是学生最易忽视也最弱的，因此必须由老师检查小组长，小组长检查每一位组员来落实，没能写足 450 字或者文不对题的不能进入后面的环节。每一场辩论结束后必须将数易其稿的辩论电子稿发给老师批阅存档。开场陈词和总结陈词都属于典型的议论文，说服型演讲稿，要求论点清晰，论据确凿，逻辑严密，语言凝练而有感染力，首尾高度呼应。虽然学期初已作介绍，考虑到其难度，老师在这一阶段还必须给部分学生提供面对面的帮助。毕竟，这种高级写作还是不少学生的难关。下面是笔者 2012 年春季所教班上较为出色的两位一辩就辩题"Love/Bread is more important for young couples"所写的开篇陈词（笔者只对其文法错误做了很少的修正），相信读者可以看出陈词的文体特点和说服特征。

正方一辩：

Good morning, Chairperson, judges, debaters and all my classmates.

We are the Proposition Side, and we believe that love is more important than bread for young couples. As is known to us all, love is the most beautiful of all human feelings. However important bread is to our life, it cannot cure the hurt caused by the loss of love. In stories we constantly see the result as the loved in the end loving the lover. But in reality, it's different. Nowadays, with the development of our country and the soaring price of houses, many college students tend to choose bread over true love when graduating. Now I'm telling those girls what absurd decisions they have made. And I'll prove myself from the following three aspects.

Firstly, true love is a matter of once-in-a-lifetime. We are lucky, if we get the chance to meet it, and we are foolish if we give it up for the sake of bread. 佛曰:"前生的五百次回眸才换来今生的一次擦肩而过。" In that case, we have to break our necks for the exchange of the meeting with our Mr. Right and Miss. Right. So how can we give up such effort just for a loaf of bread?!

Secondly, where there is love, there is home. This famous sentence tells us two things. One is that love is the premise of a marriage, and the foundation of a lovely home. While we marry someone, we gain certain rights and benefits, as well as certain responsibilities. And one of the most important responsibilities is that, no matter what happens in the future, sick or healthy, rich or poor, life going on smoothly or roughly, you'll have to love him, respect him, cherish him, and take care of him, till the end of your life. Can you and dare you keep that promise without love? The other one is that, to start a family and build a home, it is love that matters most. It's not the condition of the house, nor the amount of money in your account, but the person whom you will spend the rest of your life with, that is entitled LOVE.

Thirdly, love is not only the most beautiful of all human feelings, but also the most powerful weapon of all kinds. Hatred cannot defeat hatred; only love can do that. People are selfish, more or less, but love has the power to make a selfish person unselfish. People are lonely, sometimes, but love has the power to drive the loneliness away. There is need for me to explain the Pygmalion Effect from the text we've just learned. People tend to live up to what's expected of them and they tend to do better when treated as if they are capable of success. Once in love, the young lovers or couples can achieve whatever they expect and they are expected of, and even make miracles.

To sum up, love is something that we can take our chances to meet, but that we can never create. Bread is just the opposite.

Love has the power to solve all the problems that cannot be solved, and avoid problems that cannot be avoided. We are healthy, with sound arms and legs, plus an educated head, so nothing is impossible, so long as we are endowed with LOVE.

So let me conclude, I firmly believe that love should be definitely more important than bread.

反方一辩：

Good morning, Chairperson, judges, debaters and all my classmates.

We are the Opposition Side, and we believe that bread is more important than love for young couples.

From my point of view, bread is absolutely more important than love in spite of anybody, in spite of anything.

Now, I will explain it mainly from two aspects: first from the theory, and then from the reality.

…

第三阶段是辩论演练，要求学生在撰稿的基础上熟读成诵、配以恰当的语调和手势，以及模拟自由问答和反驳，进行对垒辩论前的演示和彩排。彩排按照正式对垒一样的程序和时限，即正方一辩开场陈词 3 分钟、反方一辩开场陈词 3 分钟、自由辩论 6 分钟、反方二辩总结陈词 3 分钟、正方二辩总结陈词 3 分钟、嘉宾点评 2 分钟，每场总共 20 分钟。彩排的过程中，可以对辩论稿进行增减和内容及语言两方面的改进。辩论演练的另一个重要作用是小组磨合。教师不可能对每一组每一个人进行监督辅导，但对学生的基本要求是：每个人课前熟读辩词 5－10 遍，课上以小组为单位彩排 2 遍，并及时讨论改进，修改辩词确定终稿。

最后一个阶段是辩论展示，即正式辩论。如上所述，本课采用的美国议会制式小组对垒，共分开篇陈词、自由辩论、总结陈词和嘉宾点评四部分，共计 20 分钟。点评嘉宾主要是授课老师，也可以是特邀嘉宾或特别优秀的同学，点评从三个大的方面入手：matter（内容），manner（风格）和method（策略），简称 3M。辩论主持由一名学生承担，评委由老师及学生推举的四名代表组成。此外，辩论时还需要两名计时监督员，以确保用时公平和辩论的顺利进行。根据美式议会制辩论要求，每场辩论有"政府方"（Government 或 Proposition）和"反对方"（Opposition）两队组成。正方一辩又称为"首相"（Prime Minister），正方二辩又称为政府成员（Member of Government）；反方一辩又称为"反对方领袖"（Leader of Opposition），反方二辩又称为"反对方成员"（Member of Opposition）。四个不同位置上的辩手各司其能，有效合作。下面是与前述两位一辩同组（同为辩题"Love/Bread is more important for young couples"）的两位二辩同样较为优秀的总结陈词（笔者也只对其文法错误做了部分修正），相信读者可以看出其共性及各自得失。

反方二辩：

Good morning, Chairperson, judges, dear debaters and all my classmates.

As the saying goes, 'no money, no honey'. We don't despise the poor, and we don't fear enduring the poor life, but what is regrettable is when you are under poor conditions, your so called true love will be shaded by the trifles and will disappear naturally. It's not earthliness, but it's actually the reality. You have lost the bread yet, and you're losing the love. Then, what will you have in your hands, in your heart and in your life? Sweet memories? Beautiful pictures? Can you live on them?

As we have demonstrated and discussed, bread here refers to the material things, especially the daily necessities of our life. Love refers to the spiritual things, especially true feelings and emotions between lovers. That's why we firmly believe, bread is necessary while love is important, but bread is more important than love.

Love is beautiful and we can use countless words to praise it. But we have to face the reality. Love is just part of our life, and it is not equal to the whole significance of our life.

Our parents have brought us up. Shouldn't we reward them? Shouldn't we provide them with a smooth and steady life in their senior years? If there were no bread, how could we undertake this obligation?

Ladies and gentlemen, girls and boys, we all have our dreams, our goals, our values and we should make every effort to fulfill our dreams, to achieve our goals, to realize our values. Then we can enjoy our life. All these should be based on nothing but bread, the material conditions.

So let me reemphasize, we don't live for bread, but without bread we can't live. That's why bread is more important than love.

That's all. Thank you.

正方二辩：

Chairman Mao once said, "Any romantic relationship that is not based on the premise of a marriage is a kind of hooliganism." Similarly, any marriage that is not based on the premise of love is a kind of immorality.

…

最后附上笔者作为评委、嘉宾和老师当场做的即兴点评（课后略有添加和改进），供读者参考。

点评：

Thank you. I'd like to say a few words as a judge and teacher, and as a viewer as well. First of all, I should congratulate the whole group, four debaters from two sides, for your wonderful performances. Honestly speaking, I'm deeply impressed by your sufficient preparations, smooth presentations, quick responses, fluent English and great teamwork. Also, I'm quite pleased with your efforts to use what you've learned from the text of *Love Is a Fallacy*. It's only two months since you learned English debating this semester, you know, but you have already made such tremendous progress.

Then, I'd like to elaborate two of your highlights…

Finally, I'd like to, if I could, if you don't mind, give a few suggestions…

That's all for my humble opinion and I'm confident, you are going to be great debaters in the future.

Thank you.

3. 高级英语课堂辩论模式的思考与结论

笔者负责的课题组经过高级英语课堂辩论模式四年实践，4 届共计 8 个班，221 名学生参与。在随机抽样的 56 份有效问卷调查中，80%的学生达到“满意”及以上程度，其中“很满意”达到 50%。被访学生认为满意的主要原因依次是：提高了英语的综合运用能力，培养了辩证思维能力和创新意识，提高了写作和口语表达能力，培养了自主学习及团队合作能力。与此同时，被访学生认为不满意的主要原因依次是：耗时耗力，荒废或疏忽教材中的重点，难度太大。令人惊喜的是，课题组成员的自评结果和学生的调查反馈非常接近，甚至吻合：对高级英语课堂辩论模式感到“满意”及以上程度达 75%，其中“很满意”达到 50%。受访教师认为满意的主要原因依次是：培养了辩证思维能力和创新意识，提高了英语的综合运用能力，提高了写作和口语表达能力，培养了自主学习及团队合作能力。受访教师认为不满意的主要原因依次是：担心荒废或疏忽教材中的重点，耗时耗力，难度太大，部分学生吃不消。

本课题实践虽然仅有四年，但已取得超出预料的成效。细心思考，真正的成效其实是长远的，8 年，10 年，甚至 20、30 年以后才能追踪调查到。比如，辩证思维能力的提高和创新意识的增强；再比如，自主学习能力的提高及团队合作能力的增强。21 世纪以来，业内对英语专业学生越来越担忧的关键是两个问题：一是与其语言能力不匹配、与社会需求不接轨的贫瘠思维能力，二是与其他专业学生相比而显出的单一专业、不专业，甚至是无专业的窘境。因此，高级英语课堂辩论模式可谓恰逢其时，迎难而上，抓住了关键。

如图 6.1 及图 6.2 所示，高级英语的三大课程目标是：a. 综合语言技能。b. 专业知识。c. 思维能力。

英语辩论的三大要素是：A. 语言能力。B. 知识储备。C. 思维能力。

根据笔者在括号中所做的解释，图 6.1 的 a 与图 6.2 的 A，图 6.1 的 c 与图 6.2 的 C 涵盖的内容基本相同，只是图 6.2 的 B 比图 6.1 的 b 涵盖面要大得多，但并不矛盾，仍然包括图 6.1 的 b。况且，高级英语是英语专业高年级的课程，教师在课堂上除了要求学好专业知识外，还应该倡导学生关心社会，关注生活。这也是笔者把辩题分为来自高英课本、来自师生生活和来自社会热点三类的重要原因。

当然，我们也正在寻找上述师生均认为不满意的三个问题的对策。拟找

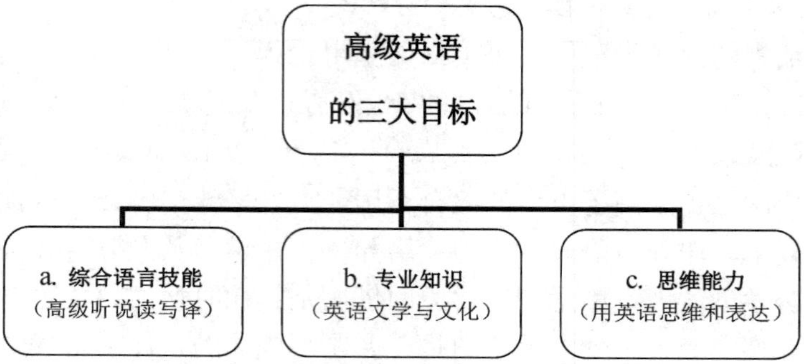

图 6.1 高级英语的三大目标

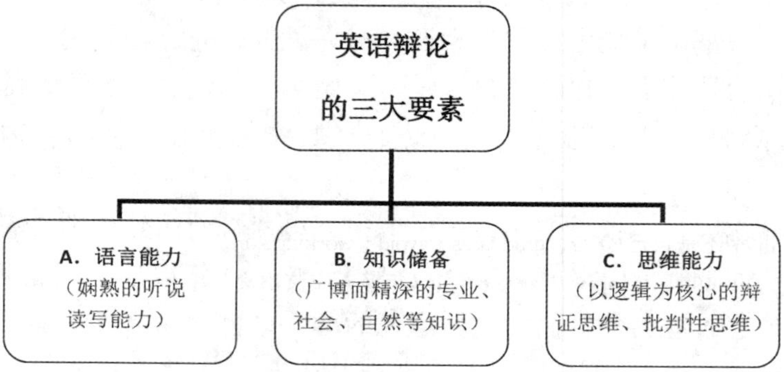

图 6.2 英语辩论的三大要素

出部分特别经典的课文，帮助学生疏通部分词句、分析修辞格和赏析写作手法，以解决问题之一“担心荒废或疏忽教材中的重点”；拟根据学生的选题推荐或提供参考阅读资料、适当减少辩论稿字数、减少辩论场次提高辩论质量以及联合其他课程等方法，以解决问题之二“耗时耗力”；拟根据部分学生口语太弱或者写作太弱的实际，让学生组内适当分工协作、点评时多鼓励少苛求等以解决问题之三“难度太大，部分学生吃不消”。事实上，以上三个问题对于生源上佳的北大、清华、北外、上外等学校而言，也许根本就不是问题。

高级英语课堂辩论模式只是笔者在自己学校探讨高级英语教学改革的一种较为成功的模式，有内容、有形式、可操作、易推广，欢迎有志者共同参与，共同探讨。

附表：高级英语课堂辩论参考辩题一览表（双语版）

	来自高级英语课本	来自师生生活	来自社会热点
辩题	1. Love or bread?（爱情还是面包?） 2. Standard English is a must?（中国学生是否必须要学标准英语？） 3. Science or Christianity?（对基督徒而言科学是否比神学更重要？） 4. Is US saving the world or itself?（美国是在救赎世界还是自己?） 5. Should China abolish death penalty?（中国是否应该废除死刑?） 6. Mark Twain or William Faulkner?（马克·吐温还是福克纳对美国文学贡献更大?）	1. Should internet slang be allowed in compositions of formal exams?（网络语言可不可以写进考试作文中?） 2. Diplomas or abilities?（文凭还是能力重要?） 3. Electronic or printing dictionaries?（对英语专业学生而言，查电子词典和查纸质词典，哪个更重要?） 4. Should young graduates avoid working in large cities?（年轻人应该逃离北上广?） 5. Reading or travelling?（读万卷书重要还是行万里路重要?） 6. Is the spread of English a kind of cultural invasion?（英语的普及是一种文化侵略？）	1. Were humans born kind or evil?（人性本善，还是人性本恶？） 2. Should we help strangers?（我们是否应该帮助陌生人?） 3. Is the rising rate of divorce a sign of progress of the society?（离婚率的上升是一种社会进步?） 4. Should mankind conquer nature or leave it as it is?（征服自然还是顺其自然？） 5. Does globalization do more good than harm to the world?（全球化利大于弊?） 6. Does urbanization do more good than harm to China?（城镇化利大于弊？） 7. Should businessmen talk politics?（商人该不该关心政治?）

本章小结

纸上得来终觉浅，绝知此事要躬行。问渠那得清如许，为有源头活水来。本章通过一百二十个英语教学中的英语版实际案例，按抽象（逻辑）思维、形象（直观）思维、灵感（顿悟）思维、创造性思维和批判性思维（思辨）五个类别进行了有理有据的解说和点评。

案例来源广泛，类型较多，文字长短不一、内容难易程度不一，原文有英美文学经典，也有网络时代的流行段子，但主要是作者实践、观摩、提炼后撰写的，兼具新颖性和实用性，因此适用于小学、中学和大学的不同课堂。绝大多数案例是以简介的方式呈现，一目了然，重点突出，但也包括一个上课实录的详案和一篇综合性教学改革报告式详细论文。

案例后的解说和点评尽量贴近现实，有感而发，同时契合思维科学、语言学和教育学的有关原理，也是一种思维科学和教学法的普及。由于思维科学的复杂性、前沿性和争议性，以及部分综合案例的缘故，五种思维方式和能力很难和每个案例一一对应或者准确对应，作者的点评仅供参考。

参考文献

中文部分

[1] 阿尔温·托夫勒. 第三次浪潮 [M]. 北京：中信出版社，1980.

[2] 陈瑞琳，董海琳，赵海燕. 英汉语音对比与英语语音教学 [J]. 河北理工大学学报（社会科学版），2007（02）：142-145.

[3] 程晓堂，赵思奇. 英语学科核心素养的实质内涵 [J]. 课程·教材·教法，2016，36（05）：79-86.

[4] 董毓. 批判性思维原理和方法 [M]. 北京：高等教育出版社，2010.

[5] 费孝通，方李莉. 全球化与文化自觉：费孝通晚年文选 [M]. 北京：外语教学与研究出版社，2013.

[6] 桂诗春. 新编心理语言学 [M]. 上海：上海外语教育出版社. 2000.

[7] 高瑛，许莹. 西方批判性思维研究：回顾与反思 [J]. 外语学刊，2014（05）：1-6.

[8] 辜正坤. 中西诗比较鉴赏与翻译理论 [M]. 北京：清华大学出版社，2003.

[9] 辜正坤. 中西文化比较导论 [M]. 北京：北京大学出版社，2007.

[10] 谷振诣，刘壮虎. 批判性思维教程 [M]. 北京：北京大学出版社，2006.

[11] 黄芳. 大学生批判性思维能力培养实践探索：一项基于商务英语教学的行动研究 [M]. 青岛：中国海洋大学出版社，2016.

[12] 霍华德·加德纳. 智力的结构 [M]. 北京：中国人民大学出版社，1983.

[13] 何善芬. 英汉语言对比研究 [M]. 上海：上海外语教育出版社，2002.

［14］黄源深．英语专业课程必须彻底改革：再谈“思辨缺席”［J］．外语界，2010（1）：11-16.

［15］蒋洪新．关于《英语专业本科教学质量国家标准》制订的几点思考［J］．外语教学与研究，2014，46（03）：456-462.

［16］杰里米·哈默．英语教学实践［M］．王蔷等，译．北京：人民邮电出版社，2011.

［17］教育部．高等学校英语专业教学大纲［M］．北京：高等教育出版社，2000.

［18］教育部．大学英语课程及教学要求［M］．北京：高等教育出版社，2007.

［19］教育部．义务教育阶段英语课程标准［M］．北京：人民教育出版社，2011.

［20］教育部．全日制普通高中英语新课程标准［M］．北京：人民教育出版社，2012.

［21］教育部关于全面深化课程改革落实立德树人根本任务的意见/［EB/OL］．（2014-04-08）［2021-12-20］．http：//www. moe. gov. cn/srcsite/A26/jcj _ kcjcgh/201404/t20140408 _ 167226. html2014.

［22］罗伯特·恩尼斯．批判性思维：反思与展望［J］．仲海霞，译．工业和信息化教育，2014（03）：16-35＋85.

［23］林崇德．思维心理学研究的几点回顾［J］．北京师范大学学报（社会科学版），2006（05）：35-42.

［24］连淑能．英汉对比研究［M］．北京：高等教育出版社，1993.

［25］连淑能．论中西思维方式［J］．外语与外语教学，2002（2）：40-46.

［26］麦克莱伦．世界科学技术通史［M］．王鸣阳，译．上海：上海科技教育出版社，2007.

［27］潘文国．英汉对比与翻译［M］．上海：上海外语教育出版社，2014.

［28］钱学森．关于思维科学［M］．上海：上海人民出版社，1986.

［29］塞缪尔·亨廷顿．文明的冲突与世界秩序的重建［M］．周琪，译．北京：新华出版社，2010.

［30］萨皮尔，杨信彰．语言：言语研究导论［M］．北京：外语教学与研究出版社，2002.

［31］束定芳．英语专业综合课目标与教师素质：第三届“外教社杯”全国高校外语教学大赛授课比赛述评［J］．外语界，2013（02）：43-49．

［32］沈家煊．现代汉语语法的功能、语用、认知研究［M］．北京：商务印书馆，2005．

［33］沈家煊．汉语“大语法”包含韵律［J］．世界汉语教学，2017，31（01）：3-19．

［34］孙有中．突出思辨能力培养，将英语专业教学改革引向深入［J］．中国外语，2011，8（03）：49-58．

［35］唐孝威，何洁．思维研究［M］．杭州：浙江大学出版社，2014．

［36］武宏志．批判性思维：多视角定义及其共识［J］．延安大学学报（社会科学版），2012，34（01）：5-14．

［37］文秋芳，周燕．评述外语专业学生思维能力的发展［J］．外语学刊，2006（05）：76-80．

［38］文秋芳，王海妹，王建卿，等．我国英语专业与其他文科类大学生思辨能力的对比研究［J］．外语教学与研究，2010，42（05）：350-355＋400．

［39］杨利民．现代大学英语精读 5-6［M］．北京：外语教学与研究出版社，2010．

［40］俞微．英语专业“高级英语”课教学的现状和思考［J］．成都大学学报（教育科学版），2007（06）：30-31．

［41］张汉熙，王立礼．高级英语（一、二册）［M］．北京：外语教学与研究出版社，2006．

［42］周军，袁振国．教学策略［M］．北京：教育科学出版社，2007．

英文部分

［1］ATKINSON. Critical Approach to Critical Thinking in TESOL［J］. TESOL Quarterly，1997.

［2］BRUCE E. Fleming. Art and Argument［M］. New York：University Press of America，Inc.，2003.

［3］DEWEY J. How we think［M］. Boston：Prometheus Books，1991.

［4］ELLIS R. Second Language Acquisition：Teacher Education and

Language Pedagogy [J]. Language Teaching，2010 (43)：182-201.

[5] ENNIS R H. Critical thinking assessment [J]. Theory into Practic，1993，32 (3)：179-186.

[6] HITCHCOCK D. Critical Thinking as an Educational Ideal [M]. Chicago：AMA，2011.

[7] LAYMAN C S. The Power of Logic [M]. CA：Mayfield Publishing Company，2000.

[8] MARIDELL F，David A. Thomas，Lynn Goodnight. Basic debate [M]. Illinois：National Textbook Company，1979.

[9] PAUL R. Critical Thinking [M]. CA：Sonoma State University，1990.